センの正義論

On Sen's Theory of Justice
Between utility and rights
WAKAMATSU Yoshiki

効用と権利の間で

若松良樹

勁草書房

まえがき

一九七〇年代に燃え盛った現代正義論の論争は個人の権利の重要性を強調する立場からの功利主義に対する批判によって口火を切られた。確かに、個人の権利の重要性は否定すべくもない。「仰向けに寝るか、うつ伏せに寝るか」といった極めて些細な事柄に対してさえも社会が口出しをするとしたならば、そのような社会は個人の自由を尊重しているとは言い難いであろう。だからといって、飢饉の際にも食料に対する個人の所有権の不可侵性を言い募る人の尻馬に乗る気にもなれない。私たちにはこの二つしか選択肢はないのだろうか。

これは、いささかデフォルメがすぎるかもしれないが、現代の正義論のある断面を切り取ったものである。言うまでもなく、前者が功利主義の、そして後者が権利論の戯画化である。デフォルメはデフォルメである以上、誇張や歪曲を伴うが、真実をいくぶんかは伝えてもいる。そしてこのデフォルメも一九七〇年代に正義論を席巻した「功利主義対権利論」という不毛な二者択一を迫る対立図式を前提とする限り、あながち不当とも言えまい。実際、二〇世紀を代表する法哲学者の一人であるH・

L・Aハート（H.L.A. Hart）は、それがどんなに狭いものであろうとも功利主義という浅瀬と権利論という暗礁の間、すなわち「効用と権利の間」の水路を通るべきであると強調している［Hart, 1979, 邦訳第六章］。このような警告にもかかわらず、ハート自身は海図を描いたり、この隘路を通り抜けるためのノウハウを示しはしなかった。本書はA・セン（Amartya Sen）*の理論を手がかりに、功利主義とも権利論とも異なった第三の道を求めて、この難所に船出しようとするものである。

* アマルティア・センは一九三三年にインドのベンガルに生まれた。幼いとき、ベンガル大飢饉（一九四三年）を目の当たりにしたことはその後の彼の理論の展開に強い影響を与えている。ケンブリッジ大学で経済学を学んだ後、ケンブリッジ、デリー、LSE、オックスフォード、ハーバードの教授を歴任し、九八年から母校ケンブリッジ大学トリニティーカレッジの学寮長に就いている。一九九八年にノーベル経済学賞を受賞したことは記憶に新しい。彼の業績は多岐にわたるだけでなく、多量であり、一口に要約することはできない（だからこそ本書が誕生するのだが）。一九九八年までの彼の著作のリストは *Scandinavian Journal of Economics* Vol. 101-2, pp. 191-203 に掲載されており、圧倒されたい読者は参照されたい。

センは文字通り知の「巨人」であり、その全体像を伝えることはそれほど容易ではない。恐らくは、さまざまな角度からさまざまな形で研究がなされた後に、初めてその全体像が浮かび上がってくるのだろう。本書も一定の角度からセンの理論の一部を照射しようとするものにすぎない。センが知の巨人であるといわれる理由の一つは、彼が倫理学と経済学という現在では大きくかけ離れてしまった二つの領域を再び接合しようとしている点にある。それではこの二つの領域はなぜ接合されなくてはならないのだろうか。それは一つには経済学が倫理学を必要とするからである。経済学には二つの源流があるとセンは主張する［Sen, 1987c, pp. 2-7, 邦訳一八―二四頁］。第一の源流はアリストテレスに端を発するものである。この伝統からすると、経済学は人々の暮らし向きをよくすべきものである以上、善き生とは何かを問うている倫理学とは無関係ではあり得ないはずである。経済学の第二の源流は工学的なアプローチであり、アリストテレスのように人間の目的を問うのではなく、一定の目的を所与として、その実現のための手段の発見をその課題としてきた。この二つの源流のうち、近代経済学は後者の源流からの洪水に飲み込まれ、貧困化してしまったとセンはいう。

この印象的で魅力的な主張の詳細についてはすでにわが国においても数多くの紹介、検討がなされてきた。その中でも特筆すべきものは、鈴村興太郎と後藤玲子による『アマルティア・セン』［鈴村・後藤 2001］であろう。同書はセンの活動のメインフィールドである厚生経済学や社会的選択理論にしっかりと根差しながらも、そこから強い光を照射し、センの倫理学を浮かび上がらせることに成功している。

それでは、この主張は経済学の倫理学による吸収合併を要求しているのだろうか。決してそうではあるまい。センによれば、倫理学もまた経済学を必要としているのであり、経済学との接合によって変化しなければならないのである［Sen, 1987c, p. 78, 邦訳一二六―一二七頁］。というのも、多数の人々の行動が相互に依存しあっており、一つの行動が思いもかけない結果を産出するような状況（相互依存状況）においては、正しい価値は、それを発見し正しい行為を命じさえすれば自ずと実現するとは限らず、価値の実現のためには経済学が有していたもう一つの源流である工学的な部分が有用だからである。要するに、倫理的な問題の多くは工学的な側面も有しており、経済学との接合は倫理学をこの側面において豊かにしてくれるのである。

センの倫理学に関してもすでに川本隆史によるものに代表されるいくつかの先行業績が存在する［川本 1995］。川本は飢饉等に対するセンの鋭い現実感覚を高く評価し、経済学者に対してセンが語っている倫理学的な言葉を倫理学者として真摯に受け止めようとする。私も川本の姿勢に共感する者の一人ではあるが、このアプローチにおいてはセンが経済学を変革しようとしていることの倫理学的な意味は明らかにされたとしても、センが倫理学自体をも変革しようとしているという側面は必ずしもくっきりとは浮かび上がってこないことも否定できない。センは確かに経済学におけるアリストテレス的な伝統を復活させようとはしているが、工学的な伝統を捨て去ろうとしているわけではないのである。

私見では、センの現代正義論に対する貢献は経済学に倫理学を導入した点だけでなく、工学的な伝統を経済学から輸出し、経済学と倫理学とが対話するための魅力的なインターフェースを整備した点にある。要するに、センは経済学が科学の名の下に目的を議論することをやめ工学的な伝統に凝り固まり、倫理学が正しい行為や価値についての議論に終始しその実現方法についての戦略を欠いているという状況の不毛さを暴き、両者が協働すべきであると説いているのである。センの理論のもっているこの側面は、センの理論の一番重要な特徴であるにもかかわらず、従来あまり明らかにされてこなかったように思われる。センのこの側面について明らかにすることが本書の課題である。

センによる経済学と倫理学との接合を示すための最適の舞台は前述の現代正義論に求めることができる。というのも、この舞台の上で経済学と倫理学との代理戦争が行われてきたからである。功利主義は経済学の源流の一つとして、そして工学的発想の元祖としての役割を演ずる。この功利主義に対して反旗を翻し、個人の権利の重要性を強調することによってドラマを展開したのが権利論である。権利論は必ずしも倫理学の正当な代理人とは言えないが、**少なくとも工学的な発想への敵対がテーマとなっていた現代正義論の第一幕においては功利主義という「敵の敵」として倫理学の友軍とみなしてもよかろう。

** たとえば多くの権利論は社会が共通の目的を有しているとは考えない点において反アリストテレス的でさえある。

さて、この功利主義と権利論との相剋のドラマにおけるセンの位置は微妙である。というのも、彼は倫理学と経済学との接合を試みる以上、どちらかの陣営にべったりと寄り添うわけにはいかないからである。彼は功利主義には批判的ではあるが、大半の権利論のように功利主義のすべてを否定するわけではない。彼が批判的であるのは功利主義的な目的に対してであって、その工学的な発想を全面的に否定することはない。他方、彼は権利論の重視する価値を基本的には擁護するものの、その実現のための戦略は批判する。このような役回りを演じるがゆえに彼の理論を明確に特徴付けることは思いのほか困難であるだけでなく、彼の理論は整合性などなく「いいとこ取り」しているだけではないかとの批判に常にさらされることになる。本書のもう一つの目的は「正義の観念が一番大きな意義を有するのは明白な不正義の所在を示すときである」〔Sen, 1999, p. 287, 邦訳三三一頁〕というセンのあまり注目されていない一節に導かれて、不正義の是正を目指すものとしてセンの理論を読むことによって、先の批判に答えることである。センの理論が「正義論」ではなく、「不正義論」であるという本書の解釈は必ずしもスタンダードなものではないし、そもそも本書はセンの理論の公式のガイドブックを目指しているわけでもないことをあらかじめお断りしておく。[***]

*** センの業績の紹介、検討としては、〔Arrow, 1999〕〔Atkinson, 1999〕〔鈴村 1998〕〔川本 1995 第六章〕を参照されたい。

センの正義論
——効用と権利の間で

目次

序論　正義の女神

西洋の公共の建物によく飾られている近代の「正義の女神像」を想い起こしていただきたい。近代以降に確立された正義の女神像によると、彼女は目隠しを付け[(1)]、右手に剣を掲げ、左手に天秤を下げた姿で描かれている[(2)]。天秤は対立する諸主張の重みを誰にも分かるような公明正大な仕方で測るために必要であり、剣は正義を実現するための力を象徴しているのだろう。これに対して、目隠しが何のためであるかについては判然としないところがあり、解釈も分かれているようである[(3)]。ここでは、「正義に適った判断を下すためには、天秤が伝えてくれる情報のみに依拠して、その他の情報を排除する必要がある」という思想を表現している、と解釈しておこう。

正義の女神と同様に私たちもまた、決定の際には目隠しを付けて、一定の情報を排除している。このような目隠し、情報の排除をセンにならって「情報制約（informational constraints）」と呼ぶこととしたい［Sen, 1985d, pp. 169–170］。情報制約は必ずしも悪いことではない。というのも、目隠しをはずして、あらゆる情報を考慮に入れることは不可能なだけでなく、時として不適切でさえあるからだ。たとえば、大学入試の合否判定会議において考慮に入れられるべきは、現在の受験制度を前提とする限り、受験生の点数であって保護者の資産ではない。もし合格者の決定が保護者の資産をも考慮に入れて下されたとするならば、その決定は不公平の誹りを免れないだろう。したがって、ある決定が正義に適っていると言えるためには、その決定は情報制約を課し、必要な情報を考慮し、不必要、不適切な情報を排除しなくてはならないのである。

私たちは正義の女神が「どのような決定を下すべきか」にのみ関心を向けがちであるが、正義の女神が「どのような情報に依拠するべきか」や「どのような情報を排除するべきか」もそれに劣らず重要な問題であろう。というのも、決定内容は情報基礎にもある程度は依存しており、情報基礎が変わればそれに応じて決定内容も一定程度変化しうるからである。このことは他者に一定の決定を下させるための有効な手段として、脅迫や贈賄等と並んで「情報操作」が挙げられることからも理解できるだろう。本書は「ある主張の是非を判定するためのよい方法は、それが無視しているものを見定め、検討することである」というセンの主張を手がかりに［Sen, 1985b, p. 130］、情報という観点からセンの正義論の全体像にアプローチしようとするものである。

正義の女神がどのような情報を必要とするかは、彼女にどのような問題をどの程度に解決することを期待するかにも依存している。漢字の書き取り問題を解決しようとする人には、数学の知識は基本的には必要ないだろうし、一〇〇点を狙う人は六〇点でよしとする人たちとは異なった情報を必要とするといった具合にである。ところで、現代では正義の女神に対する失望が蔓延しており、彼女に何も期待しないどころか蛇蝎のごとくに嫌悪する人たちも少なくないだろう。私も正義を声高に叫ぶことに恥ずかしさを感ずる一人ではあるが、正義の女神に対する安易な幻滅は過剰な期待の裏返しであることが少なくないことも事実である。正義の女神はすべての問題を解決できるわけではないが、だからと言ってまったく無力であるわけでも、彼女の存在が無意味になるわけでもない。(4) したがって、正義の女神のできることには限界があるとしても、依然として彼女には果たすべき役割があると考えるべきである。

正義の女神が解くことを期待されている問題を「正義の問題」と呼ぶことにしよう。大まかに分類するならば、正義の女神に解決を期待されてきた問題には三つの種類があり、それらのうちどれを重視するかは、理論によって異なる。第一の問題は「福利の増進」であり、人々の利益に配慮し、人々を裨益するような決定を下すことが正義の女神には期待されている。この問題を重視してきたのは、功利主義とその後継者である厚生経済学である。正義の女神に解決が期待される第二の問題は「制度の設計」であり、人々の行動を正しい仕方で調整するような制度を設計することが求められている。この問題を強調してきたのは、現代正義論の祖とでも呼ぶべきJ・ロールズ (John Rawls) であり、彼は正義とは社会の基本構造の主要な徳であるとして、正義概念の主たる適用領域として制度に焦点を当てている [Rawls, 1971]。第三の問題は「不正義の是正」であり、この問題の重要性を主張している代表的存在はJ・シュクラー（Judith Shklar）である［Shklar, 1990］。シュクラーは不正義を単なる正義の不在としてではなく、独自の意義をもった現象として理解すべきことを強調し、その是正を政府の任務として措定する。

いうまでもないことだが、これら三つの問題は相互に排他的なものではない。たとえば、人々の福利を増進しようとしたら、人々の行動を調整する制度が必要になるだろうし、人々の福利に対して影響を与える要因としての不正義を無視することもできないだろう。したがってある問題を主たるものとすることは、他の問題を無視することにはつながらないし、たった一つの問題だけを解決しようとする理論も少ないだろう。しかし、どの問題を主たるものとするかに応じて、他の問題の位置付けも変化し、正義の女神が必要とする情報も変わってくることも事実である。福利の増進を目指す場合には、制度はそのための手段として位置付けられ、福利の増進が制度の唯一の正当化理由となるだろうが、制度の設計を一義的に考える場合には、福利の増進以外にも、公平や平等といったさまざまな正当化理由を認めることができるといったようにである。したがって、何を解決しようとしているかを解明することは、ある理論の情報基礎の適否を評価する上で、決定的に重要な前提作業であろう。

＊

正義の問題をどの程度解決しようとするかも、何を解決しようとするかとともに必要な情報の種類に強い影響を与える。問題を完全に解決できなければ気がすまない優等生的な理論の代表例は功利主義である。優等生がよい点数を確保するために、テストとは無関係な情報を排除するというコストをしばしば払わなくてはならないように、功利主義の正義の女神も情報という面では高いコストを支払わされている。要するに、功利主義は正義の女神に対して過剰な期待を抱いているにもかかわらず（あるいはまさにそのゆえに）彼女に十分な情報を与えないのである。そこで、**第一章**では福利の増進の問題を完全に解決しようとしている功利主義を情報という観点から分析することにしよう。センは、情報制約という観点から古典的功利主義を分析し、その要素として、帰結主義（1・1）、厚生主義（1・2）、総和主義（1・3）という三つの情報制約を抽出している［Sen, 1985d, p. 175］。功利主義にもベンサム流の古典的功利主義以降、さまざまな変種が登場し、それらの共通要素を導出することは困難となっているが、それらは古典的功利主義の情報基礎（とりわけ厚生主義）をさらに貧困化するという点では一致しており、情報という観点からは古典的功利主義の情報基礎の狭隘さを指摘することができたら、功利主義全般に対する批判として十分であろう。

続く**第二章**から**第四章**までの三つの章では、功利主義の情報制約をどのように乗り越えるべきかを考察する。その際に、叩き台となるのがロールズ、R・ノージック（Robert Nozick）、R・ドゥウオーキン（Ronald Dworkin）らによって展開された七〇年代の権利論である［Rawls, 1971］［Nozick, 1974］［Dworkin, 1978b］。「権利論」と一口に言っても、功利主義に批判的であるという面では一致しているものの、それ以外の点においては多様であり、決して一枚岩ではない。実際、権利論による功利主義に対する攻撃自体も多岐にわたり、またその主張する権利の内容、その正当化理由等においても多様であった。それにもかかわらず、七〇年代の権利論は、少数の例外を除いてはまず第一に反帰結主義であったし、第二に、これまた少数の例外を除いては反厚生主義的であり、第三には反総和主義的であった。要するに、功利主義が排除した情報の中にその情報基礎を求めるという戦略を用いる点では権利論者の間で広範な一致が見られたのである。

センは功利主義の徹底的な批判者であるものの、七〇年代の権利論のこのような戦略に対しても批判的である。というのも、本来、功利主義の情報基礎が狭隘でありその情報基礎から重要な情報がもれているという批判は、功利主義の情報基礎には重要な情報がまったく存在しないといった批判までをも含意するものではないはずだからである。にもかかわらず、七〇年代の権利論は、功利主義との対立を鮮明にするために、往々にして後者の立場をとってしまったのである。要するに、七〇年代の権利論は、その情報基礎を功利主義の陰の中に、すなわち功利主義が排除した情報の中に求めようとしてきたように思われる。その結果、七〇年代の権利論は功利主義との間で「あれかこれか」という形で定式化され、その情報基礎が不当に狭く限定されてしまったのである。このような認識のもとで、センは「あれかこれか」を乗り越えて、新たな権利論を構築しようとする。

功利主義や従来の権利論に対するセンの切れ味の鋭い批判に酔う前に、七〇年代の正義論が正義の問題を功利主義と共有していたわけではないことにも留意すべきである。前者が正義の女神に求めていたのは「福利の増進」ではなく「制度の設計」なのであり、異なった問題を解決しようとしている以上、七〇年代の権利論が功利主義とはまったく異なった情報基礎を要求したとしても不思議ではない。どのような正義の問題を解決すべきかを明示せずに、情報基礎の評価を行っても意味がないように思われるが、センは自分が正義の女神に解くことを期待している問題をそれほど明確にはしていない。興味深いことに九〇年代に入るとセンのお膝元である社会的選択理論においてセンの権利論、さらには社会的選択理論の基本想定に対する批判が噴出している。この批判によれば、センは彼の理論を育んだ母胎でもあり、その活躍のメインフィールドでもある社会的選択理論の基本前提を受け継ぎ、福利の増進を正義の問題として理解しているのであり、まさにそのゆえに権利概念の意義を理解していないのである。そこで、**第五章**においては、社会的選択理論における権利概念の定式化をめぐる論争の検討を通じて、センの解こうとしている正義の問題を浮き彫りにしたい。そして、この問題に対する本書の解答は、「不正義の是正」がセンの主たる問題であるというものである。

第1章　功利主義の目隠し

　正義の女神はあらゆることに目を配るのではなく、その目隠しが象徴しているように一定の情報を排除する存在である。もしそうであるとするならば、正義の女神が何から目をそむけているかは正義論にとって決定的に重要な問題の一つであろう。そこで本書は、センによって定式化された情報分析という手法を用いて［Sen, 1985d, pp. 169–170］、さまざまな理論を検討することとしたい。彼はあらゆる道徳原理がその適用のためには一定の情報を必要とし、他の情報の直接的利用を排除していることに注目し、情報という観点から、原理の特徴を描き出そうとする。たとえば、「自分が相手にしてほしくないことは行うな」という原理について考えてみると、この原理の情報基礎は「自分が相手にしてほしくないこと」であり、この原理においてはこの情報は内在的な価値を有するものとして扱われる［Sen, 1991b, p. 16］。他方、この原理は一定の情報制約を課し、ある種の情報の直接的利用を排除している。たとえば、この原理においては、自分がやりたいことについての情報は直接的に考慮されることはない。もちろん、自分のやりたいことが自分が相手にしてほしくないことに影響を与える場合には、これらに関する情報を通じて間接的な仕方で考慮されることはあるが、自分がやりたいことについての情報の価値は内在的なものではなく、派生的なものとして扱われることになる [Sen, 1991b, p. 16]。

ある原理の道徳的適切性は、その情報基礎の適切性とある程度関連しているように思われる。ある原理は、それが回答を与えようとしている問題にとって関連のある情報を排除していたならば、不十分なものと非難されるであろう [Sen, 1991b, p. 17]。かといって、できるだけ多くの情報を考慮に入れればよいというわけでもない。というのも、ある原理が関連のない情報を考慮に入れ、しかもその情報が決定に強い影響を与えるならば、不適切さをとがめられるからである。したがって、「ある主張の是非を判定するためのよい方法は、それが無視しているものを見定め、検討することであ」り、センが提示した情報分析という手法は道徳原理の評価を行う際の有効な道具を与えてくれるものと思われる[1] [Sen, 1985b, p. 130]。

本章では、このセンの手法を功利主義に適用し、功利主義が正義の女神にどんな目隠しを付けたのかを検討する。功利主義は、少なくとも七〇年代までは英米の倫理学や正義論においては支配的な理論であっただけでなく、正義の女神についての最も明確なイメージをもった理論であるという点で、本書の出発点を飾るのにふさわしいといえよう。また、センによる功利主義に対する批判は後述する権利論による批判と比してかなり内在的なものであるため、功利主義はセンの理論の意義を理解するための背景を提供しているといえ、この意味でも功利主義に対する詳細な検討がまず何よりも必要である。

J・ベンサム（Jeremy Bentham）が定式化した古典的功利主義は、正義の女神を「共感する不偏の観察者」として描き出しており、この正義の女神像は**序論**で述べた近代の正義の女神像と極めて親和的である。この正義の女神の秤に載せられるのは人々の快苦であり、その快苦が誰のものかについての情報などは目隠しによって排除される。要するに、功利主義は人々の快苦の増減についての情報にのみ基づいて、ある政策、行為等の是非を決することを正義の女神に期待しているのである。

センは情報分析という観点から古典的功利主義を分析し、その情報制約として以下の三つを挙げている［Sen, 1985d, p.175］。第一は、ある行為等の評価をそれらが結果としてもたらす事態の評価に還元する「帰結主義（consequentialism）」、第二は、事態の評価を個人の効用というタームでのみ行おうとする「厚生主義（welfarism）」、第三は、事態の評価を個人効用の総和にのみ注目して行おうとする「総和主義（sum-ranking）」である。これらは、順次情報を排除していく。帰結主義は結果として生ずる事態以外の情報を排除し、厚生主義は個人効用以外の情報を事態から排除し、総和主義は総和以外の情報を個人効用から排除するといった具合にである。以下では、これら三つの情報制約の内容を順を追って確認していくこととしよう。

1・1　帰結主義

1・1・1　帰結主義とは何か

古典的功利主義はある政策、行為等の正当性を、それらがどのような影響をもたらすかに基づいて判定することを正義の女神に求めている。このようにある事柄の評価をその結果に基づいて行う立場のことを帰結主義と呼ぶ。「帰結主義」とは耳慣れない言葉だが、この言葉が英米の倫理学において用いられるようになったのも比較的最近のことであり、G・E・M・アンスコム (G. E. M. Anscombe) が対立する立場を揶揄するために用いたものに由来するといわれている[2] [Anscombe, 1958, p. 12]。帰結主義は従来の倫理学において「目的論 (teleology)」と呼ばれていた立場に近い[3]。両者の間には若干の違いがあるようにも思われるが[4]、以下では、特に断りがないかぎりは二つの言葉を同じ意味で用いることにしたい。

帰結主義、あるいは目的論を明確に定義することは困難である。というのも、それらは多くの場合、その代表的存在である古典的功利主義をイメージして定義されてきたため、古典的功利主義のいくつかの要素が帰結主義の定義の中に入り込み、どの要素を混入するかに応じて、帰結主義に関してもそれが何であるかについてのさまざまな見解が存在しているからである。たとえば、功利主義者D・ラ

イアンズ (David Lyons) は、目的論を「行為の正しさをその効用、すなわちその行為が内在的によい事態を促進するのに対してなした貢献にのみ依拠させる」理論として理解している[5] [Lyons, 1965, p. vii]。

また現代正義論における代表的な功利主義批判者であるロールズは目的論を次のように定義している [Rawls, 1971, p. 24]。彼によると、目的論的理論は二つの要素に分解される。すなわち、正から独立に定義される善と、善の最大化として定義される正とである。[6] この定義の特徴の一つは、平等、公平等、分配に関する考慮を「正」に関わるものとして帰結主義から排除した上で、帰結主義を善の最大化と結び付けている点にある [Rawls, 1971, p. 25]。

さらに、帰結主義に対する現代の批判を集大成したS・シェフラー (Samuel Scheffler) は、先のロールズの定義を受けて、行為帰結主義を二つの要素によって特徴付けている [Scheffler, 1982, p. 1]。第一の要素は、没人格的な (impersonal) 観点からあらゆる事態を最善から最悪までランク付ける原理であり、第二の要素は、あらゆる行為者にあらゆる事例においてその人に可能な最高ランクの事態を生み出すように要求する原理である。

これらの定義は、それぞれの理論家の目的にとって有効なものであったとしても、帰結主義のより明確な定義としては、古典的功利主義に引きずられすぎているため、不十分であるという印象を拭えない。まず第一にライアンズの定義は、ある行為の結果として生ずる事態のよさを個人効用に依拠させる点で狭い。というのも、事態のよさを個人効用以外のターム（たとえば、個人に与えられることになる富）で測定する帰結主義も可能だからである。要するに、帰結主義は厚生主義とは別の概念であり、事態のよさと効用との間には定義的な連関は存在しないのである(7)［Sen, 1979b, p. 463］［Parfit, 1984, p. 26, 邦訳三六―三七頁］。

第二にロールズの定義は、それを目的論ではなく帰結主義の定義として理解するならば、事態のよさの評価基準を効用に限定しない点でライアンズのそれよりも広いものの、総和主義を帰結主義の一要素とすることにより、帰結主義が公正等の分配的考慮と結び付く可能性を排除している点で依然として狭隘である。たとえば、各人の効用を平等化することを目指すような功利主義の変種は、個人効用という善の最大化を正として定義しておらず、ロールズ的な意味での目的論の範疇には入らないものの、依然として帰結主義、あるいは目的論に分類されるべきだろう(8)。要するに、帰結主義と総和主義は結び付くこともあるが、この結び付きもまた偶然的なものであり、定義的連関をもたないのである（1・3）。

これらの定義に対して、シェフラーの定義は事態の評価の基準を個人効用に限定していない点で、ロールズとともにライアンズの欠陥を回避できているだけでなく、総和主義と帰結主義とを同一視しない点で、ロールズの欠陥を克服していると言えよう。というのも、シェフラー流の帰結主義が各人に要求するのは、最高ランクの事態を生み出すことだけであり、そのランク付けをどのように行うべきか、すなわち、最高のランクを与えられるべきなのは、善の総量を最大化する選択肢であるのか、それとも善の平等な分配を実現する選択肢であるのか、といった問題に対する特定の回答を押しつけるものではないからである。

この面においてシェフラーの定義は、功利主義だけでなく、他の多くの帰結主義的理論をその射程に収めることに成功しているが、依然として、いくつかの帰結主義的理論を定義によって排除している。というのも、その定義は、まず第一に帰結主義にあらゆる事態を最善から最悪までランク付けること、すなわち「完備性（completeness）」を要求しているからである。[9] 確かに、古典的功利主義はこの意味での完備性を有していたが、この特徴はすべての帰結主義、さらには功利主義にさえも共有されているわけではない（4・2・2）。たとえば、最近の功利主義的理論の主流であるパレート原理を用いるタイプの功利主義は必ずしもすべての選択肢の順序を決定できるわけではないし、「最善の事態が何かはわからないが、最悪の事態を避けるように行為せよ」と命令するようなマキャベリ流の理論も完備性を備えてはいないが、それらの理論を帰結主義と呼ぶことに何の矛盾もないはずである。[10]

シェフラーの定義が、帰結主義一般の定義として狭隘である第二の理由は、それが「没人格的」観点から事態をランク付けることを要求している点である。このような帰結主義理解は一般的ではあるし、古典的功利主義の理解としては正しいが、後述するように（3・1）、帰結主義に人格的、個人的な視点を導入することは可能であり［Scanlon, 1998, p. 81］、没人格性はすべての帰結主義に共有されている特徴とは言えないのである。

帰結主義をどう定義するかの問題は単なる言葉の用法の問題であるように思われるかもしれないが、センの正義論の意義を理解する上では決して些細な問題ではない。というのも、**まえがき**において述べたように、センの理論の一つの特徴は倫理学に経済学のもっている工学的側面、すなわち一定の目的を所与のものとした上でその実現のための方策を探る思考法を導入しようとしている点にあり、そのためにはある行為が目的を実現するか否かを問う帰結主義を完全に否定するわけにはいかないからである。もちろん、後述するように帰結主義にはさまざまな限界があることも事実だが、その限界を強調するあまり正義の女神に結果を無視するように求めるのも合理的であるとは言えないだろう。帰結主義の限界を見定めつつ、その利点を吸収するためには、本来帰結主義とは無関係な要素を帰結主義から切り離しておくことが必要である。したがって、本書では、帰結主義を極めて一般的、かつ弱い形で定義することとしたい。

このような観点から、本書においては帰結主義を、センにならって「行為等の価値は、それが結果として生み出す事態の価値によって判定される」と主張する立場として定義しておきたい［Sen, 1985b, p. 175］。この定義は、ライアンズの定義とは異なり、事態の価値を判定する基準を厚生主義に限定するものではない。また、ロールズのように事態の価値の判定基準が分配を無視した総和主義的原理であることを帰結主義に求めたり、シェフラーのように完備性や没人格性を有していることを要求するものでもない。この意味において、この定義は極めて弱いものである。

功利主義の進展に伴い、最近では帰結主義を、事態を生み出す影響要因のうち何に注目するかに応じて、行為帰結主義、規則帰結主義、動機帰結主義等に分類することが多い(11)。古典的功利主義にはこのような区分は存在しなかったが、古典的功利主義の実現可能性に対する疑義などから、事態に対する影響要因のうちの一つに情報を限定することが古典的功利主義の末裔たちの間で流行した。この区分のうち、本書の定義はどれに該当するだろうか。本書の定義において用いられている「行為等」というあいまいな言葉は、行為帰結主義を連想させるかもしれない。もしこの連想が正しいものであるならば、先の我々の定義は、帰結主義を行為帰結主義と同一視することによって、規則帰結主義や動機帰結主義などを定義によって排除していることになるのではないか。そう問われるかもしれない。

確かに、帰結主義を行為、動機、規則等によって分類することは最近の流行ではあったが、帰結主義がこれらのうちのどれか一つの形態をとらなくてはならないわけではない。というのも、帰結主義は本来、行為だけでなく、「結果をよくしたり悪くしたりするものなら何でもカバーする」はずであり、事態に対する影響要因をたった一つに限定しなくてはならないとする帰結主義に内在的な理由は存在しないからである [Parfit, 1984, p. 26, 邦訳三六頁]。もちろん、帰結主義とは直接関係のない理由で影響要因を一つに限定することはありえる。実際、規則帰結主義や動機帰結主義は、人間の能力、性質についての一定の見解に基づいて、影響要因を限定しているのである。しかし、この限定は、事実についての一定の想定から導き出されるものであって、帰結主義をとったことの論理的な帰結ではない。それゆえ、本書では複数の影響要因を「行為等」という形であえて曖昧に表現し、影響要因の特定を避けることとしたい。要するに、本書において帰結主義とは「行為等、複数の影響要因の評価をそれらによって生み出される事態によって行う立場」として理解されることになる。

1・1・2　事態とは何か

「世界が滅ぶとも正義は実現されるべし」という格言を真に受けて、正義の女神に行為等の結果をまったく考慮に入れないように要求するのはあまり合理的とは言えないだろう。結果が何であれ一定のことを行うべきだという理論は、個人の信条としてはともかく、公共哲学としてはあまりに硬直しており不合理である。実際には、ほとんどの理論が何らかの形で正義の女神の目隠しを緩め、結果を完全に無視することまでは求めていない。意見が分かれるのはむしろ、正義の女神が考慮に入れるのは結果だけでよいのかという点にある。先に、本書で定義した帰結主義は極めて弱いものであると主張したが、弱いということは情報をまったく排除しないということを意味するものではない。帰結主義は結果として生ずる「事態（state of affair）」のみに注目する。したがって、事態は帰結主義の情報基礎であり、事態に入らないものが帰結主義の情報制約である。果たして、事態のみを考慮することで十分なのだろうか。この問題は次章において検討するが、この問題に立ち入る前に、事態という概念を明確化しておかなくてはならない。というのも、事態という概念も多義的であり、より一層の分析を必要としているからである。

事態の概念の最も狭い捉え方はノージックが「現時点切片原理（current time-slice principles）」と呼ぶ原理の中に見いだすことができる。ノージックは、分配的正義に関する諸原理を、「最終状態原理」あるいは「非歴史的原理」と「歴史的原理」とに分類している［Nozick, 1974, pp. 153-155, 邦訳二六〇―二六三頁]。彼によると、最終状態原理とは「誰が何を有するか」という最終結果状態にのみ情報を制約する原理である。最終状態原理の中にもいくつかの立場が存在し、その一つが現時点切片原理である。これは、分配的正義の問題を考える際に、現時点において時間を切断し、その切り口に表われた分配状態、具体的には現時点で誰が何を有しているかだけに情報を制約する理論であり、その典型例として従来の厚生経済学が挙げられている。このような最も狭い意味での帰結、事態の概念を、センにならって、「最終点帰結（culmination outcomes）」と呼ぶこととしたい［Sen, 1997, pp. 745-746］。

このような情報制約があまりに多くの重要な情報を排除していることは言うまでもない。というのも、ある状況の正否を判定するためには、最終的な状態だけでなく、その状態がどのようにして成立したのかという過程や歴史に関する情報も必要だからである［Nozick, 1974, p. 154, 邦訳二六一頁］。たとえば、この情報がなければ、過去の行為に基づき課される刑罰のような制度を正当化することも、過去の不正を正すこともできなくなるだろう。したがって、もし帰結主義がすべて現時点切片原理でしかありえず、過去についての情報を考慮に入れられないとするならば、それは致命的な欠陥をもっていることになるだろう。

しかし実際には、帰結主義はこのような狭い形態をとる必要はなく、帰結主義が歴史に言及することは可能である［Parfit, 1984, p. 26, 邦訳三七頁］。そのような原理の例として、ノージックが「歴史的なパターン付き原理（historical patterned principle）」と呼ぶものを挙げることができる［Nozick, 1974, p. 156, 邦訳二六四—二六五頁］。歴史的なパターン付き原理も、最終状態原理と同様、最終的に誰が何をどれだけ保有しているかに注目しており、この点で両者は共に帰結主義的理論であると言えよう。両者の相違は、最終状態原理が誰が何をもつべきかをすでにそれまでに成立している状態とは無関係に直接指示するのに対して、パターン付き原理はすでに存在している過去の「自然的次元（たとえば、功績）」と現在の保有状態がどの程度合致しているかに判定基準を求める点にあるように思われる[12]［Nozick, 1974, p. 156, 邦訳二六四頁］。したがって、帰結主義は過去をその情報基礎とすることができる。一例を挙げれば、一〇年前の状態から一切変更してはいけないと主張する極端な伝統主義も帰結主義である[13]。この伝統主義においては、ある行為は一〇年前の状態によって設定されたパターンから逸脱しない場合に限って許されることになる。この伝統主義は、行為の帰結として生ずる事態の判定基準を過去に求めるものの、依然として事態のみが価値を有するという立場に立っている点で、帰結主義なのである。

＊

「過去」とともに帰結主義の情報基礎からは排除されてしまう、としばしば批判されるもう一つの要素が「行為」である。確かに行為を排除する帰結主義は多く、その典型としてＪ・ラズ（Joseph Raz）が「厳格な帰結主義」と呼ぶものを挙げることができる［Raz, 1986, p. 269］。これは帰結のみが内在的価値を有し、行為の価値はその帰結によって決せられると主張する立場である。ラズはこのような厳格な帰結主義を次のように批判している。たとえば「人類の破滅」が内在的に悪いものであることは誰も否定しないだろう。しかしこの内在的な悪さを説明するためには、厳格な帰結主義は人類の破滅を行為としてではなく、帰結として捉えなくてはならない。というのも、前述したように、厳格な帰結主義においては内在的に悪いのは帰結だけだからである。その場合には人類の破滅において行為として残るのは、核ミサイルのボタンを押すこと、あるいはひょっとすると筋肉を動かすことだけになってしまうが、このような行為の理解が通常のそれとは大きく異なることは否定できない。私たちは人類の破滅を行為として捉え、それを内在的に悪いものとして理解しているからだ。このようなわけで厳格な帰結主義は、私たちの行為についての理解を歪曲するものである、と。

以上のラズの批判は、事態と行為とは互いに疎な概念であるという理解を前提とし、その上でどこに両者の間の境界線を引くべきかを問題にしている。このような理解は、帰結主義と義務論との対比を明確にするうえでは魅力的である[14]。すなわち、帰結主義が行為の帰結のみを内在的価値を有するものと考えるのに対して、義務論は行為が内在的価値を有すると考えるという対比である。

確かに、帰結主義の代表的存在である古典的功利主義は行為には何らの内在的価値も与えなかった[15]。しかしそれは、功利主義が後述する厚生主義をとり個人効用以外の情報を排除したことに由来しているのであり、帰結主義一般の特徴ではない。実際、帰結主義が厚生主義から切り離されるならば、帰結主義がより実質的な仕方で行為を事態に含めることは可能となる。先の「人類の破滅」の事例において、それを事態に含めるならばほとんど行為に余地が残されなくなってしまうというラズの指摘と同じくらい重要なのは、人類の破滅を行為に含めるならば事態概念にもまたほとんど余地が残されないという点である。行為は無限の帰結を有しており、その帰結を組み込んださまざまな仕方で記述可能であろう（筋肉の運動、ボタンを押す、核ミサイルの発射、人類の破滅等々）。したがって、もし行為の中に結果を取り込む仕方で記述するならば、道徳が注目するほとんどすべての問題は行為の観点から記述し尽くせることになる。そもそもこのようなことになってしまうのは、ラズが前提していることとは異なり、行為と結果は決して互いに疎な概念などではなく、共通部分を有しているからなのである。

さらに、人類の破滅を事態（あるいは行為）と捉えると行為（あるいは事態）の余地がほとんどなくなるという事実は、両者の共通部分が非常に大きいということを意味している。したがって、行為のかなりの部分を事態の中に含めて理解することは可能である。また行為を事態の構成要素とすることを禁止しなくてはならない帰結主義に内在的な理由は存在しない。というのも、帰結主義にとって本質的なのは、事態のみが内在的な価値を有するという観念であり、事態がどのような要素を含んでいるかに関する主張ではないからである［Scanlon, 1998, p. 80］。もし行為も事態の構成要素に含めるのであれば、行為は内在的価値をもつ事態の構成要素としてそれ自体も内在的価値をもちうるのである。このような仕方で、帰結主義は行為の内在的重要性を認めることができる［Sen, 1985d, pp. 181-182］(16)。

要するに、帰結主義の情報基礎となる事態の観念には最終点帰結だけでなく、それが成立したプロセスについての情報、たとえばその行為がどのような選択肢の中から選択されたのか、誰がどのような動機から選択を行うのか等についての情報も取り込むことができるように思われる［Sen, 2000, sect. 5］。このような事態の観念を、「包括的帰結（comprehensive outcomes）」と呼ぶこととする［Sen, 1997, pp. 745-746]。

ただし、包括的帰結を事態に組み込むことによって、帰結主義が義務論と同一になるわけではないことにも留意すべきである。帰結主義者は行為が内在的価値を有することを認めるものの、行為は事態を構成する一つの要素にすぎない。したがって、センが指摘するように、帰結主義者にとっては「正しい行為」という観念は派生的なものであり、根源的なものではないだろう［Sen, 1982b, p. 130］。というのも、行為は事態の構成要素の一つにすぎない以上、行為の正しさは行為だけでは決められないからである。これに対して、義務論者は正しい行為が単に派生的なだけでなく、根源的な観念であると主張するであろう。[17] 要するに、帰結主義を義務論から分かつ特徴は、行為を排除した仕方で事態を理解することにあるのではなく、事態の評価を無条件に行為の評価に優先させる点にあると言えよう［Sen, 1982b, p. 132］。

1・2 厚生主義

帰結主義はある行為、政策等の評価をそれらが結果として生ずる事態の評価に依存させる。それでは、具体的にはどのようにして事態を評価すべきなのだろうか。事態に注目するだけでは、どのような事態が望ましいのかはわからない。したがって、事態を評価するためには、帰結主義は別の理論によって補われなくてはならない。功利主義の場合、それは厚生主義によって与えられる。

古典的功利主義の祖であるベンサムは、「立法の科学」の樹立を志し、正義論の科学化を企てる。そのためにベンサムはまず、科学者が複雑な物質を単純な要素に分析することによってその物質の性質を理解するのと同じ手法を正義のような複雑な概念にも適用し、科学における原子のような明確な出発点を正義論においても発見しようとする。そのためにまず、彼は正義を社会の利益に翻訳し、さらに社会という実在が独自の利益をもつという有機体説的な理解を斥け、社会の利益とは「社会を構成している個々の成員の利益」にほかならないと主張する［Bentham, 1789, ch. 1, sect. 4, 邦訳八三頁］。その結果、正義の情報基礎は最終的には個人の利益に還元されることになり、正義や社会の利益といった観念を理解するためには原子としての個人の利益の理解が不可欠になる。というのも、個人の利益が何であるかを理解しなくては、社会の利益について語ることは無益となるからである［Bentham, 1789, ch. 1, sect. 5, 邦訳八三頁］。

個人の利益という概念は多くの理論にとって道徳的議論の出発点として期待されているにもかかわらず、かなりあいまいで混乱のもととなっていることも否定できない。その原因の一つは、個人の利益に関する理論が、「価値の対象」と「価値の指標」という二つの問題をそれほど明示的に区分していないことに求められる。りんごの等級はりんごの質の指標ではありうるが、りんごの質あるいは価値そのものではないことは明白である。指標は価値を推測する手がかりとしては重要ではあるが、それ自体として価値を有するものではない。したがって、価値の対象と価値の指標は区分されるべきであるが、厚生主義は価値の対象についての理論としても、価値の指標についての理論としても解釈することができる。本章では価値の対象に関する理論としての厚生主義を検討し、価値の指標としての厚生主義に関しては、**第三章**で扱うことにする。

個人の利益という概念をあいまいにしているもう一つの原因は、個人の利益をいくつかの構成要素にさらに分解できる点に求められる。そこで、以下では個人の利益を「主体性（agency）」と「福利（well-being）」という二つの要素に分解し、論述を進めることにしたい。人間は多様な側面を有している。人間はある文脈においては何かを行う「行為者」として、別の文脈においては一定の判断を下す「評価者」として、また別の文脈においては一定の利益を考慮される「受益者」として理解されうる。これらの側面のうち、どの側面が重要であるかは問題に応じて異なるだろうし、検討している問題とは切り離して、どれか一つの側面だけが他よりも優先的に重要であるということもないだろう。センは、人間のこれらの側面のうち、受益者としての側面を「福利アスペクト」、行為者としての側面を「主体性アスペクト」とそれぞれ呼んでいる［Sen, 1985d, p. 208］。これら二つの個人的利益のうち、功利主義が着目しているのは、前者、すなわち福利である。

個人の福利が正義の女神にとって重要な情報基礎であることを否定する理論は少数であろう。というのも、あらゆる理論はたとえ他者を救えとは命じなかったとしても、少なくとも他者を害さないように命じるからである。そして、他者を救う（あるいは害さない）ように命じる理論は、他者の状態を改善する（あるいは悪化させる）とはどのようなことかについての理論を必要とし、救われる人（あるいは被害者）の福利について考察しなくてはならない。このように福利は正義の女神にとって重要な情報基礎であり、センし自身も福利が内在的な重要性をもつ価値であると主張している。

しかし、功利主義は個人の福利を重視するだけでなく、さらに進んでそれだけを唯一関連ある道徳的事実としている点でセンの理論を含めた他の多くの理論とは異なっている［Scanlon, 1982, p. 108］。個人の福利だけに情報を限定する立場を「福利主義」と呼ぶこととしたい。福利主義を採用している理論としては、功利主義の他にもホッブズの系譜に連なる社会契約論が存在し、その理論家たちは個人が自らの福利を追求することを合理性の定義と捉え、それ以外の要素を排除し、自己利益だけから道徳を論証することに心血を注いでいる(18)。

同じく福利主義をとる理論の中で功利主義の独自の特徴と言えるものは、個人の福利を効用という観点から解釈している点にあり、功利主義による福利の解釈を「厚生主義（welfarism）」と呼ぶことにしたい。厚生主義とは、功利主義や従来の厚生経済学を批判するためにセンが造り出した用語であり、「事態の評価を個人の快楽や願望といった個人効用という観点からのみ行おうとする立場」を指す［Sen, 1979b, p. 468］。個人効用をどのように解釈するかに関しては功利主義の内部でも争いがあるものの、個人効用のみに注目するという特徴は功利主義をまさに功利主義たらしめている定義的な特徴であり、あらゆる功利主義によって共有されている。

福利主義と厚生主義の関係は一般と特殊の関係である。厚生主義は福利の有力な解釈ではあるが、唯一の解釈ではなく、それ以外の解釈も可能である。それゆえ厚生主義は福利主義の情報制約という遺産を相続しており、福利主義が排除した情報を考慮に入れることはできないのである。したがって、まず最初に福利主義一般が課す情報制約の内容を検討し（1・2・1）、その後、厚生主義という福利の特殊な解釈によって付加される情報制約の内容を分析することとしよう（1・2・2）。

1・2・1　福利と主体性

前述したように、個人の利益に還元できない社会の利益なる観念を排除し、個人の利益という明確な出発点から議論を始めることがベンサムの目的であった。しかし、個人の利益や福利という概念は、ベンサムの期待に反し、実際には絶望的なまでにあいまいで可塑的であり［Griffin, 1982, p. 332］、それほど明確な出発点を与えてはくれないのである。

その原因をセンは、個人の利益や福利が重要になる文脈が多様であり、それらに対する関心の焦点は複数あるにもかかわらず、これら多様な問いに福利というたった一つの概念で答えようとしている点に求める［Sen, 1985a, p. 1, 邦訳一一－一二頁］。たとえば、福利は「ある人にとって最善のものとは何か？」「この人物の利益になるものは何か？」「この人物にとって人生を最もうまくいかせるものは何か？」といった問題に対する回答として、その人の「福祉」「生活の質」「人生の成功」といったような概念と相互に関連している［Parfit, 1984, p. 493, 邦訳六六七頁］。これらの概念が一致する場合もあるが、そうでない場合も少なくない。そのような例として、目標と個人の福利との関係を考察してみよう。

私たちは人生においてさまざまな「目標」をもつ。このような目標の実現は多くの著作家たちによって個人の福利の中核的要素とみなされてきた(19)。しかし、目標と福利との関係は微妙であるように思われる。まず第一に、福利を目標の実現と同一視するラズ自身も認めているように［Raz, 1986, pp. 290-291］、目標という形で意識的に追求されなくても、当人の福利としてみなされるべきものがある。ラズは生物学的に規定されたニーズや願望をその例として挙げている。具体的には、雨風を防ぐとか十分な栄養を摂取するといったようなニーズは、たとえ当人に意識がなく、したがって当人がそれを目標として追求していない場合でも、当人の福利を構成すると言ってよいだろう。(20)

福利と目標との関係がそれほど簡単なものではない第二の理由は、目標にも多種多様なものが存在し、福利と直接関係しないような目標も存在する点にある。私は自分に利益をもたらすこと（たとえば、所得倍増）を自分の目標にすることもあるが、私の人生の状況には直接関係のない事柄（たとえば対人地雷の廃絶）を実現したいと思うかもしれない。そして私はこの目標を実現するためには、私財を寄進し、職を擲つかもしれない。私は地雷が埋設されている地域に生活しているわけではないので、この目標が実現されたところで私の生活に影響はないかもしれず、私の個人的福利が促進されたとは言えないように思われる。また私の観点からも、私が目標を実現すべく努力する理由は自己利益の促進ではない。このように目標のうちでも、自分の福利の低下を招いても実現したいと思う事柄をセンにならって「コミットメント」と呼ぶことにする［Sen, 1982a, p. 92, 邦訳一三四頁］。コミットメントの例が示すように、個人の福利は目標を実現することによって促進されるとは限らないのである。

このような主張に対しては、コミットメントの場合でも、私は対人地雷の廃絶を自分の目標とすることによって、その実現を私の生活と関連させており、その実現に邁進することによって自分の人生がよりよいものになるという利益を受けているという批判がなされるであろう［Raz, 1986, p. 292］。実際、私の観点からではなく、私に利益を与えようとしている裨益者の観点からは、私の運動に協力することが私に利益を与える方法として考えられるのであり［Scanlon, 1998, pp. 134-135］、この意味においては私のコミットメントの実現は私の福利の実現であるとも言えよう。

確かに福利を広く理解することは可能であり、広義の福利は狭義の福利を包含しているのだから、福利を広く捉えることで失われるものは何もないと言われるかもしれない。また、正義の女神は当事者ではなく裨益者なのだから、一人称ではなく三人称の観点から見た福利概念が適切であるという批判も存在するだろう。しかし本書では以下の二つの理由から福利を狭く捉えることとしたい。まず第一に、福利を広く理解すると福利は総括的な概念となってしまい、宝石としてではなく宝石箱としての意義しかもたなくなるように思われる。宝石は宝石箱に入っていなくても価値は変わらないが、宝石箱は中身がなければただの箱である。同様に、広義の福利概念においては、福利の構成要素はそれらが福利という箱の中に入れられ、福利に貢献しているから重要なのではなく、それ自体において重要なのである[21]［Scanlon, 1998, p. 127］。福利概念が内在的な価値を有していると考えるのであれば、それを総括的な概念にしてはならない。第二に、複雑な概念を単純な概念に分析するというベンサム的精神を徹底するならば、複数の構成要素を含むような福利概念は通過点にすぎず、さらにその構成要素に分析されなくてはならない[22]。

福利をこのように狭く捉えるならば、個人の目標の実現は個人の福利に貢献する場合もあるが、福利のすべてが目標実現によって促進されるわけではない（たとえば、生物学的に規定されたニーズ）し、さらにはすべての目標実現が福利の向上をもたらすわけでもない（たとえば、コミットメント）。したがって、目標追求によってもたらされる利益をラズのように福利と呼ぶのではなく、別の概念で呼んだ方がよいだろう。この目標実現に関わる利益を本書ではセンにならって「主体性」と呼ぶことにする［Sen, 1985d, p. 203］。主体性の実現によって同時に実現される福利も存在するが（たとえば、所得倍増）、コミットメントの例が示すように、そうではないような場合も存在する。つまり、主体性と福利との間にはまったく関連がないわけではないが、同一ではないので、両者を区分しておく必要があるだろう［Sen, 1985d, pp. 6–7］。

コミットメントの例から明らかなように人間は決して「合理的な愚か者」ではなく、自己利益以外にもさまざまな動機に基づいて自分の目標を追求する存在であり、その動機の中には道徳的なものも自己犠牲的なものも含まれうる。ある人が追求するに値すると考える目的、価値であれば何であれそれを追求したり、それらが実現されることがその人の主体性アスペクトである(23)［Sen, 1992a, p. 56, 邦訳八五頁］。

このように主体性アスペクトの中に道徳的要素を導入することに対しては、論点先取りであるという批判が投げかけられるであろう。すなわち、個人の自己利益という非道徳的出発点から道徳の必要性を論証しようとする立場からすると、出発点であるべき個人の目的の中に道徳的目的を含めることは循環論法になる。しかし、個人の非道徳的利益から道徳を導出するという観点からではなく、個人の評価から社会的、集団的評価を導出するという社会的選択理論の観点からは、個人の道徳的評価を論証の出発点にすることには何らの矛盾もないのである［Scanlon, 1998, pp. 116-117］。

福利と主体性の区分に加えてさらに、センはある人が実際に何を達成したかを示す「成果（achievement）」とその人がその状態を達成するためにどのような機会を有していたかを示す「自由（freedom）」との区分を導入する。成果と自由とは関連はしているが、同一ではない［Sen, 1992a, p. 31, 邦訳四七頁］。たとえば、裕福ではあるが宗教上の理由から断食をしている人と、貧困で食糧を入手できず飢餓に苦しんでいる人とでは、共に栄養が足りないという達成された実際の成果においては違いがないが、その成果を達成する自由という面においては大きく異なっている。両者の福利の状態を正確に把握するためには、福利の達成物である「福利成果（well-being achievement）」だけでなく、福利を達成するための機会である「福利自由（well-being freedom）」をも考慮に入れる必要があるのである［Sen, 1993a, p. 45］。

同様の区分は主体性にもあてはまる、とセンは考えている。すなわち、ある人の「主体性自由（agency freedom）」とは、その人が責任ある行為主体として自分が達成すべきだと決心したことを達成する自由である［Sen, 1985d, pp. 203-204］。これに対して、ある人の「主体性成果（agency achievement）」とは、その人が追求する理由があると考える目標や価値であれば、それがその人自身の福利に結び付いていようがいまいが、それを実現することである［Sen, 1992a, p. 56, 邦訳八五頁］。

さて、これらの四つの側面のうち、福利成果にのみ注目する功利主義との対比を鮮明にしようとする立場からは、主体性の本質は成果ではなく自由に存在するという批判が提出されるだろう。たとえば、ラズは行動の理由を「結果理由（outcome reasons）」と「行為理由（action reasons）」とに分類し、目標追求が主として行為理由であることを強調している[24]［Raz, 1986, pp. 145-146］。結果理由とは行動の帰結の価値に基づく理由であるのに対して、行為理由とはある行動が特定の行為主体によってなされることの価値に依拠する理由である。たとえば、自分の子供の健康を促進することは結果理由だが、自分の子供の健康を促進するために自分が努力することは行為理由である、とされる[25]。ラズが目標追求を基本的には行為理由であると考える理由は、私の目標追求のために他者ができることには限りがあるという点に求められる。他者は私の目標追求のために環境を整えることはできるが、私に代わって私の目標を追求することはできない、というわけである［Raz, 1986, p. 306］。

主体性にとって行為理由が主要な役割を果たしていることは確かであり、自分で達成しなければ意味のない目標も少なくないだろう。だが、このことは主体性の成果に対する関心を完全に排除するものではない。実際、自分の目標が実現されることは少なくとも当人の観点からは、重要な問題であり、ラズ自身も目標追求が基本的に行為理由であることを強調する際に、目標追求の成否がまったく重要ではないということまで主張するつもりはないだろう。このことを論証するために、センによる「手段としての主体性の成功（instrumental agency success）」と「実現された主体性の成功（realized agency success）」という区分を導入しておきたい［Sen, 1992a, pp. 57-58, 邦訳八六―八七頁］。前者、手段としての主体性の成功は自分の努力で自分の目標が実現されることであるのに対して、後者、実現された主体性の成功は自分の努力であるか否かにはかかわらず自分の目標が実現されることを意味している。

さて、これらの主体性の成功のうち、ラズが疑問視しているのは主体性の成功全般ではなく、後者、すなわち実現された主体性の成功のみであり、彼も前者、すなわち手段としての主体性の成功までは否定しないように思われる。というのも、自分の子供の健康を自分が促進することは確かに重要だが、自分が努力しさえすれば子供の健康という結果が得られようが得られまいがどうでもいいということまではラズも主張していないように思われるからである。したがって、彼も少なくとも手段としての主体性の成功は重視するであろう。

問題は実現された主体性の成功が重要な情報であるかどうかである。確かに、本人にとって実現された主体性の成功は手段としての主体性の成功よりも重要ではないかもしれないが、そのことはそれを他者が無視してもよいということを意味するものではない。個人の目的追求に必要な環境を整えることしか他者にはできないとしても、逆に言うならば少なくとも環境整備はできるわけであり、場合によっては他者あるいは社会はそうすべきであろう。たとえば、対人地雷の撲滅という目的は個人が独力で実現できるようなものではなく、その実現のためには国家の政策、さらには国際的な連携も必要になるだろう。しかし、だからといって、この目的の実現が当人、あるいは当該社会にとって無意味であるということにはならないのである。したがって、福利にとって成果とともに自由が重要であったのと同様に、主体性にとっても自由とともに成果は重要な情報であろう。

１・２・２　厚生主義という厚い目隠し

主体性についてはとりあえずおき、個人の福利に集中することとしよう。福利の解釈としては厚生主義は有力ではあるが唯一のものではない。D・パーフィット（Derek Parfit）は、福利についての解釈を三つに分類している［Parfit, 1984, p. 493, 邦訳六六七頁］。第一は「快楽主義理論」であり、ある人にとって最善のものは、その生を最も幸福にするものである、と主張する。第二は「願望充足説」であり、ある人にとって最善のものは、その生涯を通じてその願望を最もよく充足するものである、と主張する。第三は「客観的リスト説」であり、あるものは、私たちがそれをもつことに対して願望をもとうがもつまいが、私たちにとってよいものであったり悪いものであったりする、と主張する。

さて、これらの理論のうち、厚生主義はどの立場であるべきか、つまり個人の効用をどのように捉えるべきかに関しては功利主義陣営の内部で争いがあり、具体的には快楽主義理論と願望充足説との間で対立がある。(26) この対立に立ち入る前に、厚生主義が福利の解釈として排除しているもの、すなわち客観的リスト説と厚生主義との相違を確認しておこう。一般に、個人の福利に関して、その人の趣味、態度等に依存した仕方で福利を把握する主観的基準と、依存させない客観的基準とに分類することが行われている［Scanlon, 1975, pp. 656-658］［Griffin, 1986, p. 32, 53］。このうち、客観的リスト説は客観的基準の代表例であり、厚生主義は快楽主義理論の形態をとろうが願望充足説の形態をとろうが、個人の福利の主観的基準であることには変わりはなく、これが厚生主義の特徴の一つである。

それでは、どのような主観的基準を採用すべきか。ベンサムは効用を快楽主義理論に依拠して定義した［Bentham, 1789, ch. 1, sects. 1-3, 邦訳八一－八三頁］。彼によると、功利性とはある対象が問題になっている人の幸福を増進させる傾向であり、幸福とは具体的には快楽である。快楽は経験の一種であるため、快楽主義理論は人の経験に影響を与えるものだけが福利の内容となりうるという形で福利概念の境界線を明確に引くことができ、まさにその点で利点を有している。他方、快楽主義理論の問題点はそのようにして引かれた福利の領域があまりに狭いことにある［Scanlon, 1998, p. 113］。まず第一に、幸福や快楽が福利の重要な構成要素であることは確かだが、それら以外の心理状態の中にも、私たちの福利に関係しそうなものがある。そのようなものとしてセンは、刺激や興奮を挙げている［Sen, 1985d, pp. 188-189］。第二に、たとえ快楽主義理論が快楽以外の心理状態までも射程に収めたとしても、私たちの福利には心理状態以外の構成要素も存在する。たとえば、飢餓で苦しんでいる人達の福利を向上させるために阿片を配給することは、苦痛の軽減には貢献するものの、この人たちの福利に十分に配慮したとは言えないだろう［Sen, 1985d, p. 188］。また、前述の子供の幸せを願う父親の福利は、子供が幸せであると父親が思い込むことによって向上するとも言えないだろう。要するに、私たちの福利には経験だけでなく、経験を越えた何かも重要なのである［Scanlon, 1998, p. 113］。

願望充足説は、この経験を超えた側面に目を向けさせてくれるだろうか。願望という言葉も心理状態に言及しているように思われるが、J・グリフィン（James Griffin）は快楽主義理論と願望充足説との相違を心理状態説と世界状態説との対比として特徴付けている［Griffin, 1982, p. 338］［Griffin, 1986, pp.

13-14]。快楽主義理論は人間が一定の心理状態を経験することを福利の必要条件として要請している。(27)これに対して、願望充足説は望まれた事態が世界において実現することを要求するだけであり、それが実際に経験されることまでは求めていない。たとえば、ある父親が自分の子供の幸せを願っているとしよう。彼がその後自分の子供と会うことはなく、その消息を聞くこともなかったとしても、その子供が実際に幸福であるならば、父親の福利は増進された、と願望充足説は考える。もちろん、この父親は子供の状況について知らないので、幸福を経験しておらず、快楽主義理論の立場からはこの父親は幸福ではないことになる。ただし、センが指摘するように、願望充足説が心理状態説ではなく世界状態説であることを強調しすぎるのも誤りであろう［Sen, 1985d, p. 189］［Sen, 1992a, p. 54, 邦訳七六頁］。というのも、福利を個人間比較する際には、願望充足説も願望の強さのような心理状態に言及する必要が出てくるからである。この面では、願望充足説も快楽主義理論も共に心理的特性に注目する理論と特徴付けることが許されるだろう。

願望充足説の中でも、どの願望に注目すべきかに関していくつかの説が対立している。本書ではその詳細に立ち入らないが、(28)考慮される願望を多少限定したとしても、願望充足説は福利の解釈としては広すぎるように思われる。人間はほとんどすべてのことに対して願望を有することができるので、当人の生活とはほとんど関係のない事柄の実現を望むこともある。このような願望の充足は当人の主体性には貢献しているものの、福利に貢献するものとは言えないだろう［Griffin, 1986, pp. 16-17］。

周知のように、個人効用の解釈としてはこれ以外に「選好（preference）」説があり、むしろ、最近の功利主義的理論において主流を占めているのは選好功利主義である。にもかかわらずセンの厚生主義の定義は効用を快楽や願望に限定しており、この点で、センの厚生主義批判に対しては「功利主義をその到達した最高点においてではなく、最も超えやすい鞍部で跳躍しようとしている」との批判があるかもしれない。

この批判に答える前に、選好という概念がその愛好者の間でもその解釈は一致しておらず、少なくとも選択と願望という二つの意味を有していることに留意すべきである。たとえば、サミュエルソンによって提示された「顕示選好アプローチ（revealed preference approach）」は、選好を個人の「選択」として理解する［Samuelson, 1947］。彼は快楽主義理論が他者の心理状態という観察困難な対象についての情報を要求するという難点を有していることを指摘し、行動主義的観点からこの難点を回避しようとする。具体的には、ある人が別のものではなく、あるものを選択したという選択行動において明らかにされた情報のみに焦点を合わせ、その背後にある心理状態や熟慮のプロセスについての情報を排除しようとする。

情報という観点からは、顕示選好アプローチは古典的功利主義の情報基礎を行動主義的に切り詰めたものと評することができるだろう。このような切り詰めが実証経済学にとってどれほどの意義をもつものであろうと、厚生経済学にとってその代価は決して安いものではない。すなわち、個人の善についての主張としての厚生主義との結び付きを失うという代価である［Sugden, 1993, p. 1949］。というのも、厚生主義が捉えようとした個人の善と選択との間には必然的な連関はないからである(29)［Sen,

1985d, p.188]。人々は選好を満たすために行動するのではなく、ある理由からある行動を選好する。この意味において選好はあることを行ったり、選択したりするための「根底的理由 (ground-level reason)」ではなく、内在的に価値をもつものでもない[30] [Scanlon, 1991, p. 25]。コミットメントの例から明らかなように、個人の選択は福利だけでなく主体性とも密接な関連を有しているだけでなく、後述する適応的選好形成の例から理解できるように、個人はさまざまな理由で自分の福利に反する選択をさせられることもある。顕示選好アプローチのように選択に至る熟慮のプロセスについての情報を排除し、選択の結果のみに情報を制約したままでは、選好概念からは内在的な価値をもつものとしての福利はこぼれ落ちてしまうのである。

他方において、ハーサニは顕示選好のような表明された選好ではなく、その背後にある「真の選好」を正義の女神の配慮すべきものであると主張する [Harsanyi, 1982, p. 55]。この意味における選好は単なる選択行動というよりは、その背後にある願望に近いものとなるだろう。したがって、願望充足説の弱点をそのまま引き継いでいると言えよう。

*

グリフィンは福利の解釈として快楽主義理論は狭すぎ、願望充足説は広すぎるとして、その中間を模索すべきであると主張している [Griffin, 1986, p. 18]。しかし、中間に私たちの求めるものがあるという保証があるわけではない。というのも、広すぎるとされる願望充足説でさえも福利のある構成要素を捉え損ねているかもしれないからである。そのような要素としてセンは以下の二つのものを挙げる。

まず第一に、厚生主義はどちらの形態をとろうとも、実際に達成された個人の福利成果にのみ関心を集中し、その成果を達成するための自由あるいは機会についての情報を無視している〔Sen, 1992a, p. 6, 邦訳八頁〕。まず快楽主義理論について。快楽は行為等の最終点帰結の要素の一つにすぎず、その快楽がどのような原因、動機、理由でもたらされたのか、他にどのような選択肢があったのか等の情報を含むものではない。したがって、快楽主義理論が福利自由についての情報を排除していることは明らかだろう。

願望充足説に関しては事情は若干複雑であるように思われる。まず第一に願望の「対象」という側面に関して言えば、センも認めているように、願望の対象である事態を包括的帰結を含んだ仕方で記述するならば、福利自由を願望充足説の枠内に収めることはできるだろう[31]〔Sen, 1992a, p. 32, 邦訳四八頁〕。これは前述したように事態を広く捉えることの含意の一つであり、この面では願望充足説には福利自由を考慮に入れる余地が残っているが、顕示選好アプローチに代表されるようなセンの批判の対象となっている標準的実証経済学においては、事態は最終点帰結が中心であり、福利自由は手段としてのみ評価されていたにすぎないことも事実である[32]。

第二に願望がどのように「形成」されたのかという側面に関して言えば、願望充足説は願望がどのような選択肢の中から形成されたのかについての情報を排除しているため、「適応的選好形成

(adaptive preference formation)」という問題にあきれるほど鈍感である［Elster, 1982］。適応的選好形成とは、イソップの『酸っぱい葡萄』のキツネや幸福な奴隷のように、自分がおかれている現実の状況に適応して、高望みをせずにささやかな選好を形成することを言う。では、適応的選好形成はそんなに悪いことだろうか。仏教は煩悩の原因である執着を捨て去り、足るを知ることを求めているし、そこまで過激に望みを捨て去らなくても、高望みをしないというのはすべての人が行っている人生の智慧であるのかもしれない。しかし、このような教えが個人の人生訓としてどれほど有益であろうと、あるべき政策や社会のあり方を考察する公共哲学にそのまま応用することはできない。というのも、社会的抑圧や差別の事例から明らかなように、社会は特定の集団の状況を不利にすることができるからである。ある人の選択肢の集合からあらかじめ魅力的な選択肢を排除しておいて、残されたささやかな選択肢の中から当人が選択したことを実現するのを援助したからといって、社会はその人を尊重したとは言えない。このようなことは決して杞憂などではない。実際、文字を読めない多くの人は自分が容易に実現できないこと（たとえば本を読むこと）に対してはかない希望を抱いて失望を味わうよりは、現実に妥協してそもそも最初からそれを実現したいとも思わないものである。願望充足説は、本を読みたいという願望の充足を政府が援助しなかったとしても、人々はもともとそれに対する願望をもっていなかったのだから、その人の福利に悪い影響は与えないと主張するであろう。しかし、本を読みたいという願望がないという事実は、識字教育の普及に熱心ではなかった政府の口実に使われてはならない。ある人たちの選択肢を狭めて、その人たちにささやかな願望を抱かせておいて、それを少しばかり実現したとしても、その人たちの福利に配慮したことにはならないからである［Sen, 1990a, p. 51, 邦訳七五―七八頁］。要するに、願望充足説は自由に対する願望を説明することはできるかもしれないが、願望を抱く際の自由は説明できないのである。

このような主張に対しては、願望を純化することで対応できると考える人もいる。すなわち、実際の願望ではなく、理想的な状況で抱かれる願望を充足する場合には、福利自由についての情報を考慮することができる、というのである。しかし、その場合には願望充足説は福利に関する主観的基準であることをやめ、客観的基準に接近することになってしまうであろう。もし現実の願望に依拠したくないのであれば、反実的願望に訴えるよりも、むしろ客観的な善のリストに言及する方が直截簡明ではなかろうか［Sen, 1985d, pp. 191-192］。

福利の基準として厚生主義が狭隘である第二の理由は、厚生主義が関心を集中しているのが個人の心理的特性のみであるが、個人の福利の中にはそのような心理的尺度では測定できないものも存在するという点である［Sen, 1992a, pp. 54-55, 邦訳七七頁］。たとえば、前述した生物学的に規定されたニーズは、たとえそれらに対する願望がなかったとしても、個人の福利を構成しているように思われる［Raz, 1986, p. 291］。

要するに、福利主義は福利以外にも個人にとって重要なことがあるという事実を無視し、主体性についての情報を排除している点で狭隘である。第二に、厚生主義は福利主義の情報制約を引き継ぐだけでなく、福利の独自な解釈として、別の情報制約を付加することによって、さらに狭隘な理論となっている。具体的には、厚生主義は実際に達成された福利のみをその情報基礎とし、福利自由についての情報を排除しているだけでなく、達成された福利の中でも、心理的尺度で適切に測定できないものを軽視しているのである。(33)

1・3　総和主義

1・3・1　方法論的個人主義からの正当化——ベンサムの場合

結果として生ずる事態の中でも厚生主義の命ずるように個人効用のみに注視しても、それだけではその事態の評価を下すことはできない。社会的判断を下すためには個人効用を集計する理論が必要である。古典的功利主義においては、総和主義がこの役割を果たしている。総和主義とは、「効用情報のよさは当該効用の総和によって与えられる」とする情報制約であり、総和以外の考慮を排除する[Sen, 1985d, p. 175]。

功利主義の他の要素、すなわち帰結主義と厚生主義とが古典的功利主義以外の多くの功利主義的理論によって共有されているのに対して、総和主義を採用する功利主義者は最近ではまれである。というのも、総和主義では平等や公正といった分配的考慮が完全に放逐されてしまうからである。(33)私たちの多くは社会全体の利益をほんの少し増大させるためであれば著しい不平等をさらに拡大させてもやむをえないとは考えないだろう。ところが総和主義は正義の女神に不平等についての情報には目をつぶり、ほんの少し増加する総量だけに注目するように要求するのである。総和主義というまさにこの情報制約のゆえに、功利主義は人格の別個性を軽視しているという権利論の側からの常套的な批判を浴びることになる。もちろん総和主義が直観に反する帰結を有しているという事実は総和主義が正当化できないということを意味するものではない。間違っているのは直観の方であるかもしれないからだ。とはいえ、直観が間違っていることの挙証責任が総和主義の側にあることも事実だろう。それでは、総和主義はどのようにして正当化されるのだろうか。以下では、総和主義の正当化を行った三人の議論を紹介し検討する。

第一の正当化方法はベンサムによって与えられた。ベンサムは「方法論的個人主義」の立場から、社会の利益とは個人の利益の「総和」にほかならないと考えた［Bentham, 1789, ch. 1, sect. 4, 邦訳八三頁］。したがって、彼にとっては総和主義は方法論的個人主義の当然の帰結であると思われたのかもしれない。しかし、厳密には方法論的個人主義だけから総和主義が帰結するわけではない。まず第一に、功利主義と同様、方法論的個人主義に立ち、個人の利益から出発する理論の中でも、個人の利益を集計しない理論も存在している。[35]たとえば、J・M・ブキャナン（James M. Buchanan）に代表される「公共選択学派」は、方法論的個人主義を徹底するという観点から、市場における個人の自発的な交換を称揚し、超越的な主体が個人の利益を集計して、社会的決定を下すという功利主義的想定を批判している［Buchanan, 1954］。公共選択学派が批判の対象としているこの想定を「集計主義」と呼ぶことにしたい。[36] したがって、方法論的個人主義が総和主義を含意するためには、まず第一に少なくとも集計主義という前提を付加しなくてはならない。

第二に方法論的個人主義に集計主義を付加しても、依然として総和主義は帰結しない。というのも、総和主義は集計のための一つの方法にすぎないからだ。後述するように、総和主義は分配に配慮していないとして批判されることが多いが、分配に配慮した集計原理（分配主義）も可能である。たとえば、各人の利益の平等化を目指す平等主義などはその最も単純な例である。また総和主義と同じく分配ではなく、社会全体における利益の総体に配慮するもの[37]、総和主義とは異なる結果を正当化する集計原理の例として、パレート原理を挙げることができる。パレート原理は、総和主義とは異なり、現状と比べて誰かの利益を低下させてまで社会全体の利益の総量を増大させようとはしないが、誰かの利益を低下させない限り、不平等の拡大を容認するという意味で分配主義的な集計原理であるとも言えないのである。

要するに、古典的功利主義は、個人の福利を綜合する際に、第一に個々人の自発的な交換を市場等の「神の見えざる手」によって調整する反集計主義を排除し、個人の利益を綜合する主体を前提とする集計主義を採用している。第二に、集計主義の中でも分配主義を排除し総体主義を採用するだけでなく、総体主義の中でも総和主義という特殊な集計原理を用いている。したがって、ベンサムの想定とは異なり、方法論的個人主義という前提だけからは総和主義を正当化することはできないのである。

1・3・2　人格概念からの正当化――パーフィットの場合

総和主義の第二の正当化の試みはパーフィットによって示唆された。[38] 彼は総和主義が個人の別個性、すなわち個々人が別個の存在であるという事実を無視しているという批判[39]に応えるため、人格の同一性についての「還元主義的見解」に訴える。[40] 還元主義的見解によると、人格とは独自の実在ではなく、その構成要素である身体、脳、経験、記憶等に還元される。したがって、重要なのは経験の主体としての人格ではなく、経験そのものである [Parfit, 1984, part III, 邦訳第三部]。この還元主義的見解からすると総和主義が魅力的になることを示すために、パーフィットはまず第一に、財の個人間での分配と個人内の時点間での分配とを同じような仕方で扱うべきこと、第二に、両者を統べる原理は総和主義的原理であるべきことを論証しようとする。

第一に、個人間の差異と個人内の時点間の差異との関係について。私たちの大部分は、異なった時点における利益の平等がそれ自体として道徳的に重要であるとは考えていない、とパーフィットは想定している [Parfit, 1984, p. 340, 邦訳四六六頁]。たとえば、多くの親は子供に「あなたの将来のためだから」と漢字の書き取りを強制するが、これなどは子供時代における不利益を大人時代における利益が補って余りあると考えているからであろう。この文脈では、多くの人は総和主義者であり、利益や不利益が人生のどの時点で発生するかには関心をもたない。しかし多くの人は、ある大人に漢字の書き取りを強制することによって、別の大人に利益を与えることには反対するだろう。つまり、多くの人は個人間の分配に関しては分配主義者なのである。このように二つの文脈で多くの人が意見を変えるのは、時点1における私と時点2における私は「私」という同一の実体によって統一されているが、人1と人2とを統一するような実体(たとえば、社会、民族精神)は存在しないと考えているからであろう。

これに対して、パーフィットは人格に関する以上のような観念に攻撃を仕掛けることによって、二つの文脈における分配問題を同一の仕方で扱おうとする。彼は人格をその構成要素(経験や記憶)から独立に存在する実体であると把握する「非還元主義的見解」を否定し、人格を構成要素に完全に還元できるとする還元主義的見解をとっている。この見解によると、重要なのはこれらの構成要素であって、人格という経験が起こった場所ではない。もし多くの親たちが想定するように何が「いつ」起こるのかが重要ではないとするならば、それが「誰」に起こるのかも重要ではないはずである。というのも、両方とも場所の違いにすぎず、重要なのは起こることの性質だからである[Parfit, 1984, ch. 13, 邦訳第一三章]。したがって、個人間の境界線は時点間の境界線と同様に重要ではなく、両者を別の仕方で扱う必要はない、とパーフィットは主張する。

パーフィットの第二の課題は、還元主義的見解をとった場合には、個人間においても時点間におけるのと同様に総和主義的原理を採用すべきであることの論証である。この論証のために、彼は人1と人2のうち、どちらか一人の苦痛しか除去できない例を考察する[Parfit, 1984, p. 341, 邦訳四六八頁]。人1を助けると苦痛の除去という点でより大きな成果を達成でき、人2は過去に人1よりも多くの苦痛を受けていたとする。つまり、この状況においては人1を救う方が両者の苦しみの総量を減少することができるが、人2を救う方が両者の苦しみの量を平等なものに近づけることができるのである。

パーフィットは還元主義的見解が総和主義を含意し、この例において人1を救うべきであると考えている。その理由を示すために、彼はヒュームにならい、人格を国家と比較する。というのも、私たちの多くは人格に関しては非還元主義者であり、先の問題は人格が関連するものであるため、非還元主義に目を曇らされて還元主義の含意を明確に示せないかもしれないが、私たちの多くは国家に関しては還元主義者であるため[41]、国家に関してなら還元主義の帰結を明瞭に示すことができるだろうと期待できるからである。先の例の人1と人2を国家1と国家2に改変して考えた場合、苦痛に満ちた歴史をもつ国家2を救うことによって、両国を苦痛に関して平等化しようとする人はほとんどいないだろう、とパーフィットは主張する。というのも、異なった歴史の間で、すなわち異なった時点の間での平等を実現するために、人類の苦痛の総量が大きいままでいることを認めることが正当だと私たちの大部分は信じないからである［Parfit, 1984, p. 341, 邦訳四六八頁］。要するに、還元主義的見解をとるならば、重要なのは経験の主体としての人格ではなく、経験それ自体であり、苦痛を除去する際には、人格も生涯も、道徳的に有意義な単位ではないのである［Parfit, 1984, p. 341, 邦訳四六八頁］。したがって、時点間におけるのと同様、個人間の分配は重要な問題ではなく、苦痛という経験の総量という重要な情報のみに注目する総和主義的原理が正当化される、というのである。

以上のようなパーフィットの見解が権利論によって行われた功利主義批判への応酬としてある程度

の説得力を有していることは否定できない。すなわち「功利主義は人格の別個性を無視している」という権利論の側からの攻撃に対して、パーフィットは人格という単位が権利論が想定していたほど圧倒的な重要性をもっているわけではないという可能性を示したと評すことができよう。しかし、彼の人格概念がどれほど魅力的なものであろうとも、総和主義の正当化としては弱点を抱えているように思われる。というのも、経験の主体ではなく経験そのものが道徳的に意味のある単位であり、個人間の分配と時点間の分配とを同様の仕方で扱うべきであったとしても、だからといって、どちらにおいても分配は重要ではなく、経験のよさの最大化を目指さなくてはならないとは必ずしも言えないからである [Broome, 1991, p. 49]。

このことをセンは『リア王』の例で示す。パーフィットは、私たちが個人内における時点間の分配を重要ではないと考えると想定しているが、その場合にはリア王の境遇の悲劇性は理解できないものとなるであろう。リア王の人生は、幸運に恵まれた前半生と娘たちから造反される後半生の不運とから構成されており、分配を無視すれば彼の人生は幸福であったと言える。しかし、私たちの多くがリア王の境遇を悲劇的だと考えるのは、私たちが個人内の時点間の分配も重要だと考えていることの証拠であろう [Sen, 1979b, pp. 470-471]。要するに、個人間の分配と時点間の分配が類似しており、同様の仕方で扱うべきであったとしても、経験が「どこ」で起こったかも重要な問題なのである。もしそうであるならばパーフィットの結論とは異なり、時点間の分配において平等が重視されるように、個人間の分配においても平等に配慮すべきであるということも言えそうである。したがって、人格に関する還元主義的見解だけから総和主義的原理を導出することはできない、と結論づけてよかろう。

1・3・3　合理性概念からの正当化――ハーサニの場合

総和主義の第三の正当化の試みは、J・C・ハーサニ（John C. Harsanyi）によって提出された。前述したように、パーフィットは個人間の境界線が重要ではないことを論証するために、時点間の境界線が個人にとって重要ではないという必ずしも自明ではない主張を出発点とした。これに対して、ハーサニはリスクの伴う状況においては選択肢となる事態の間の境界線が重要ではないということから、総和主義を導出しようとしている。(42) ハーサニは自らの理論を「古典的功利主義の現代版」と特徴付けており、このような理論こそが合理性と不偏の共感に基づく人道主義的道徳との両者に矛盾することのない唯一の倫理学説であると主張している［Harsanyi, 1982, p. 61］。したがって、彼の前提は合理性と道徳である。

ハーサニはある価値判断が「道徳的価値判断」であると言えるための条件から議論を始める。彼によると、道徳的価値判断は特殊な種類の選好判断であり、それは不偏（impartial）かつ没人格的（impersonal）でなければならない。たとえば、消費税率を上げるべきかという問題に対して、上げることから自分が利益（あるいは不利益）を受けるという理由で賛成（あるいは反対）することは、個人的な判断であって、道徳的判断ではない。判断者が消費税率についての道徳的判断を下すためには、消費税率が現状のままの社会状態と税率を上げた場合の社会状態のそれぞれにおいて自分がどのような立場にあるのかをあらかじめ知らず、各人の立場に等しく身をおいて、つまり自分がどの立場にも等しい確率でなりうるという前提の下で判断を下さなくてはならない、とハーサニは考える［Harsanyi, 1982, pp. 44-45］［Harsanyi, 1976, pp. 3-4］。このような観念のもと、道徳的価値判断にとって必要な不偏性と没人格性を確保するために、ハーサニは個人を「無知のヴェール」に類似した情報制約のもとにおき、この制約のもとで判断者がどのような判断を下すかを検討しようというのである。

同じように個人を無知のヴェールの下に置きながらも、ロールズがそこから反功利主義的かつ分配主義的な正義原理を正当化した［Rawls, 1971］のとは対照的に、ハーサニは功利主義的かつ総和主義的な原理を正当化しようとする。彼によると、両者の相違は前述の道徳のモデルの性質の相違に起因するものではなく、「合理性」の相違、具体的にはロールズがマキシミン原理という不合理な原理に訴えたことに起因しているのである(43)［Harsanyi, 1982, p. 47］［Harsanyi, 1976, pp. 40-43］。ハーサニは無知のヴェールの下にある決定者の合理的選択を次のように説明している。無知のヴェールに覆われている決定者は、自分が社会の中の誰の立場に置かれるのかわからないが、すべての人の利益を等しく配慮するために誰にでも等しい確率でなりうるという想定のもとで決定を下す。この意味で決定者はリスク（偶然性）を伴った状況下に置かれていることになる［Harsanyi, 1976, p. 4］。そしてハーサニはリスクを伴った状況における合理的決定の基準をフォン・ノイマンとモルゲンシュテルンの「期待効用理論」に求める(44)［von Neumann and Morgenstern, 1953, ch. 1］。

期待効用理論によると、もしこの決定者の行動が一定の合理性基準（フォン・ノイマン＝モルゲンシュテルン公理系）を満たすならば、期待効用仮説が成立し、決定者の選好順序は期待効用によって数値化でき、決定者はその最大化を目指して行動すると想定される。ある状態 x におけるある個人 i の立場にあることの価値を $W_i(x)$ で表現するならば、決定者はこれらの W_i のそれぞれの期待値を最大化するものを選択する。すなわち、今 n 人からなる社会において、i の立場になる確率を p_i で表現するならば、期待効用仮説の下では、決定者は $\sum_{i=1}^{n} p_i W_i$ を最大化する選択肢を選択する。前述したように、誰の立場に置かれる確率も等しいと想定されているので、p_i という要素は無視することができる。したがって、$\sum_{i=1}^{n} W_i$ という原理が導出されることになり［Harsanyi, 1982, pp. 45–46］、W_i を i の効用であると考えるならば古典的功利主義に類似した総和主義的原理が正当化されるのである。

ハーサニの理論においては、道徳的価値判断は無知のヴェールの背後で自分自身の見込みを最大化しようとする選択者個人の内部での判断と同一視されることになる。この同一視の結果、個人間の差異は事態間の差異と同様の仕方で理解され、自分がその社会において何番目に恵まれた地位に就くかは、自分が何等賞のくじに当たるかと同じ問題として扱われる。このように個人間での財の比較衡量を事態間での財の個人内比較衡量へと転換することがハーサニの戦術の要である［Broome, 1991, p. 53］。この戦術によって、ハーサニは合理性が平等を無視して総和主義的原理を採択するように要求することを示したのである。

ハーサニの理論に対してはさまざまな批判が提出されているが(45)、ここではハーサニの道徳的価値判断ではなく、合理性の理解に対するセンの批判だけを簡単に紹介しておこう(46)。まず i の立場に置かれることの選択者にとっての価値W_iは期待効用理論においては「効用」と呼ばれているものの、選択者の行動を予測するための基礎としての役割しかもたない。したがってそれは、iによって知覚される効用U_i（快楽、願望充足等）と必ずしも一致しないだけでなく、選択者がiの立場に置かれたときに享受すると期待されるものとも異なっている［Sen, 1985d, pp. 193-194］。というのも、前述したように選択者の選択の理由は自分の福利であるとは限らないからである。このようにW_iがiや選択者の効用ではなく、選択者の選択を予想するための基礎であるとするならば、それは当然、選択者のリスクに対する態度を反映したものとなる。そして、この選択状況において選択者が知らないのは誰の立場になるかということであるから、リスクに対する態度は不平等に対する態度と対応するであろう。したがって、たとえ快楽や願望充足という意味での効用U_iが変化しなくとも、不平等に対する態度が変化したら、W_iもそれにつれて変化するのであり、このような形で分配に対する考慮はW_iの中にすでに組み込まれているのである。以上のような理由からセンは、合理性をフォン・ノイマンとモルゲンシュテルンの公理系を充足するという極めて限定された意味に解したとしても、合理性は平等を評価することと敵対するものではないと結論付けている［Sen, 1985d, p. 194］。

1・3では、分配に関する考慮を排除することの正当化の試みを検討した。第一はベンサムによるものであり、彼は方法論的個人主義という観念から総和主義を正当化しようとした。第二はパーフィットによるものであり、彼は人格の概念を還元主義的に理解することによって総和主義を正当化しようとした。第三はハーサニによるものであり、彼は道徳と合理性という二つの観念から総和主義を導出しようとした。いずれの試みも総和主義の魅力の一端を説明してはいるが、分配的な考慮を完全に排除することまでは説明できていないように思われる。したがって、総和主義を情報基礎とすることはともかく、それ以外の情報を排除していることは功利主義の欠陥の一つといえるだろう。

＊

本章では古典的功利主義をその情報制約という観点から三つの要素に分析し、それぞれの情報基礎と情報制約とを検討してきた。帰結主義は、行為等によってもたらされる事態以外の情報を排除する情報制約である。しかし、事態概念を広く捉えるならば、これはそれほど厳しい情報制約ではなく、実際、功利主義以外の多くの理論によっても共有されている。厚生主義は事態のうちでも個人効用にのみ情報を制約するものであり、古典的功利主義以外のさまざまなタイプの功利主義にも共有されているという意味で、功利主義の定義的な情報制約である。この情報制約は、主体性を排除し福利のみに、福利のうちでも福利自由を無視し福利成果のみに、そして福利成果の中でも心理的特性にのみ関心を集中している点で、極めて厳しいものであり、多くの重要な情報を排除している。最後に、総和主義は効用の総和以外の情報を排除している点で、かすかに残った効用情報をさらに貧困なものにしてしまっているのである。

古典的功利主義のもつこのような情報的な吝嗇は、その子孫である現代の功利主義者にも受け継がれ、増幅されている。一部の功利主義者は帰結主義をさらに限定し、結果として生ずる事態の影響要因のうち、規則や動機などにのみ関心を集中する。別の功利主義者は厚生主義を古典的功利主義よりも狭く解釈し、効用が与えてくれる情報を基数的ではなく序数的なものに縮減したり、個人間比較に関する情報を排除する。さらに別の功利主義者は総和主義を放棄し、それよりも情報量の少ないパレート原理に依拠する。このように、現代の功利主義者は情報という観点からは、古典的功利主義の乏しい遺産を食い潰していく放蕩息子のような存在なのである。

功利主義は私たちの直観に反する奇妙な結論を往々にして正当化してしまうとして批判されるが、その理由の一端は功利主義の情報基礎がこのように貧困なものになっているからである。私たちは正義の女神に功利主義の目隠しを外させ、功利主義が隠してきたいくつかのことを正義の女神に見せ、功利主義が見せてきたいくつかのことを隠さなくてはならないのである。次章以降の三つの章では、功利主義に対する徹底的な批判者である七〇年代の権利論がこの課題にどのように取り組んでいるかを検討してみよう。

第2章　世界は滅ぶとも権利は守られるべきか

前章で確認したように功利主義は正義の女神に分厚い目隠しを付けさせた。これに対して、七〇年代の権利論は正当にもこれらの目隠しが排除している情報の中にも重要な情報が存在することを指摘した。そのような情報として注目されたのが「個人の権利」である。この批判に対しては、もちろん功利主義の側から強力な反論がなされ[1]、七〇年代の正義論は「功利主義対権利論」という対立軸を中心に展開した。本章以降の三つの章では功利主義から七〇年代の権利論に目を転じて、権利論の情報基礎と情報制約とを検討する。

功利主義批判という土壌から芽を出したことが現代の権利論にとって幸福であったかはいささか疑問である。というのも、七〇年代の権利論は、その反功利主義的性格と功利主義の欠陥を克服するためには権利が必要であるという認識以外にはあまり共通点はなく、混乱状態にあると言ってよいからである［Lomasky, 1987, pp. 9–10］。もちろん、多様な権利論が存在すること自体は健全な状態ではあるが、権利論が功利主義と安易な仕方で棲み分けてしまったことは決して健全とは言えない。具体的には、権利論は功利主義との間で「あれかこれか」という二者択一的な仕方で自らのアイデンティティーを確立し、その情報基礎を狭めてしまったのである。以下では、この点を権利論による帰結主義批判（第二章）、厚生主義批判（第三章）、総和主義批判（第四章）に即して論証することにする。(2)

前章で確認したように、帰結主義の情報基礎である事態の中に行為についての情報を含むことは可能であった。しかし、可能だからといって、既存の帰結主義理論が行為の意義を十分に捉えられているという保証は何もない。古典的功利主義でさえ行為に関する情報の派生的な価値は認めていたが、このような取り扱いが帰結主義批判者たちを満足させるものではないことなどはその証拠である。果たして、帰結主義的枠組みの中に行為についての情報を取り込むことは、木に竹を継ぐようなものなのだろうか。

帰結主義批判者たちによると、行為についての情報は功利主義が考慮に入れられるような浅いものではなく、帰結主義の枠組みそれ自体を突き破るような深いものを含んでいるのである。功利主義はシーザーの刺殺が誰によってなされようと、それが効用情報に影響を与えない限り、同一の評価を下すことを要求する。このように行為主体が誰であろうと同様の評価を下すことを要求する理論の性質を「行為主体中立性（agent neutrality）」と呼ぶ。しかし、行為や主体性という要素を道徳の世界に導入すると、シーザーの刺殺という事態に対する評価は、ブルータス本人と後世の歴史家とでは異なりうる。というのも、たとえ両者が同一の道徳的アプローチを共有していたとしても、ブルータスにとってその事態には自分の行為が含まれているのに対して、後世の歴史家にとってはそうではないからである［Sen, 1985d, pp. 182-183］。このように自分が行為主体であるか否かに応じて事態の評価が異なりうることを「行為主体相関性（agent relativity）」と呼ぶ。ひとたび行為者が道徳的世界に登場すると、帰結主義の描き出した行為主体中立的な世界は瓦解しかねない。そこでまず2・1においては、行為主体を導入することが帰結主義の拒否に繋がるのかどうかを検討する。

この問題に対する2・1の結論は帰結主義が行為主体相関性を導入することは可能であるという肯定的なものだが、可能であるということと有意義であるということは別物である。果たして、行為主体相関性と帰結とを共に考慮するハイブリッドな理論は魅力的であろうか。そのような知的アクロバットは必要だろうか。この問題を検討するために、2・2においては、権利論の情報基礎から帰結についての情報を排除しようとするノージックの権利論を考察することによって、ハイブリッドな理論の魅力を解明する。

2・1　帰結主義は行為主体を抹殺するか

2・1では行為主体を導入した道徳的世界は帰結主義に余地を残さないのかという問題について検討する。功利主義に対する徹底的な批判者として知られるB・ウィリアムズ（Bernard Williams）は、帰結主義が行為主体についての情報を排除していることを批判し、その根拠を明らかにしている（２・１・１）。ウィリアムズによって口火を切られた最近の帰結主義批判の焦点の一つは、「行為主体相関性」という概念にある。この批判によると、帰結主義は行為主体についての情報を排除しているがゆえに、私たちの日常の道徳的思考において重要な位置を占めている行為主体相関的な道徳的概念を無視してしまうのである。そこで、行為主体相関性という特徴を簡単に確認し、行為主体相関的な概念の代表例である「自律性」と「義務論的制約」の特徴を簡単に確認する（２・１・２）。このような帰結主義への批判を検討したうえで、センは「評価者相関性」という概念を導入することによって、行為主体相関性を帰結主義的枠組みの中に取り込む可能性を提示した（２・１・３）。センの分析を通して、行為主体が登場する道徳的世界において帰結主義が位置を占める可能性を確認することが２・１の課題である。

２・１・１　消極的責任

帰結主義はしばしば「行為主体に対して過度の要求を行なう」と批判される。この批判を最も端的に示しているのが、ウィリアムズによる「消極的責任（negative responsibility）」論批判である［Williams, 1973, pp. 93-100］。ウィリアムズは、帰結主義が事態にのみ関心を払い、その事態が私の作為の結果生じたものか、不作為の結果生じたものかに無関心であると断じた上で(3)、帰結主義が消極的責任という観念を伴わざるをえないと指摘する。消極的責任論とは、「そもそも私が何かに対して責任があるとするならば、私は自分がそのままにしていたこと、あるいは自分が防がなかったことに対しても、日常的なより限定された意味で私自身がもたらしたことに対するのと同じだけの責任をもたなくてはならない」という観念である［Williams, 1973, p. 95］。ウィリアムズはこの消極的責任という観念が人々に過度の要求を行なうことを示すために、以下のような有名な例を導入する。

ジョージは化学の博士号を取得したばかりだが、就職が極めて難しいことを知る。……この状況について知っている先輩の化学者は「ある研究所のまずまずの給料が支払われる職なら世話ができるが、その研究所は化学生物兵器の研究を行なっている」とジョージに告げる。ジョージは「自分は化学生物兵器には反対なので、この職を受けることはできない」と答える。先輩の化学者はこれに対して「自分はその問題をそれほど気にかけてきたわけではないが、その問題について言えば、結局ジョージが拒否したところでその職や研究所がなくなるわけではない。なお一層重要なこととしては、自分がたまたま知っているところによれば、ジョージがその職に就かなければ、その職はおそらくはジョージの同輩にいき、この人はもし任命されたらそのような良心の呵責に何ら苛まれることなく、ジョージよりも熱意をもって研究に邁進するだろう」と述べる。……ジョージはどうすべきだろうか［Williams, 1973, pp. 97–98］。

議論のために、化学生物兵器の開発は悪であり、ジョージが就職した方が化学生物兵器の開発は遅れると想定しよう。このような状況においては帰結主義はジョージに就職することを命ずるだろう。というのも、ジョージが就職した方が結果として生ずる事態はよいからである。しかし、これは苛酷な要求である。というのも、ジョージは化学生物兵器に反対するというコミットメントを有しており、帰結主義の要求はこのコミットメントを放棄することを求めているからである。このようなコミットメントこそが彼の人生に意味を与え、彼の人格を統合し、彼の決定や選択を導いているにもかかわらずである。一般に人々はさまざまな目標や計画を追求しており、それらは多くの場合、相互にまったく連関がないわけではなく、ある程度統合され、その人の人生の指針となっている[4]。このような目標をウィリアムズは「基本計画（ground project）」と呼んでいる［Williams, 1981, pp. 12–14］。ジョージの例から理解できるように、基本計画は必ずしも利己的なものである必要はないが、それにもかかわらず帰結主義の不偏的な道徳と対立する可能性は残されている。その場合に帰結主義はジョージにその基本計画を放棄するように要求するが、ジョージの基本計画が他者のそれとのトレードオフの結果、凌駕されたというだけの理由で、ジョージの人格を定義している基本計画の放棄を要求することは不条理であり、人格の「統合性（integrity）」に対して攻撃を加えている、とウィリアムズは痛烈に批判している[5]［Williams, 1981, p. 14］［Williams, 1973, pp. 116–117］。

＊

もし帰結主義がこのような消極的責任論を伴うものであるとするならば、帰結主義道徳の下では行為者は閉塞感に苛まれるであろう。というのも、帰結主義は行為者にさまざまなことに対する責任を負わせ、行為者に自分だけのための余地を残さない口うるさい理論であり、行為者は自分にとって必要なことにエネルギーを費やすことを許されないからである。

それでは、どうして帰結主義はこのような苛酷な要求を行なう消極的責任という観念を伴わざるをえないのだろうか。ウィリアムズは消極的責任という観念の基礎を「不偏性原理（principle of impartiality）」に求める［Williams, 1973, pp. 95–96］。不偏性原理は「道徳的観点からはある利益がもたらされるのが私ではなく他者であるという事実は重要ではなく、それに反対する理由にはならない」と主張する。たとえば、宝くじの一等賞に当たったのが私ではなく他の誰かであるという事実は、それだけではこの宝くじに反対する道徳的根拠とはならないのである。この原理を支持するという点では、帰結主義は独自の存在ではなく、他の多くの道徳的見解と変わるところがない(6)。帰結主義の独自性はこの原理を害悪や利益の受け取りだけでなく産出にも適用している点にあり、この適用によって消極的責任原理が導出される。すなわち、帰結主義において重要なのは事態だけであり、事態が誰によってもたらされたのかは道徳的観点からは重要ではない。したがって、私は自分の行ったことに対するのと同様の責任を自分が行わなかったことに対しても負うというのである。

不偏性の原理が正義の女神に対する目隠しとして機能していることに留意すべきである。この原理は「私」とか「あなた」といった人称だけでなく、行為者か犠牲者かといった立場の相違も偶有的な事実として正義の問題から排除しているからである。この目隠しに対して、一部の義務論者は反発し、ノージックに代表される一部の権利論者は消極的責任論によって負わされるこのような苛酷な責任から、行為者を解放するために権利概念に依拠する。(7) 消極的責任論を否定しようとする理論が依拠するのは、以下の二つの観念である。第一に消極的責任否定論は、いくつかの事例においては帰結主義が命ずるような事態を生み出さなくてもよいという「行為者中心的特権（agent-centered prerogative）」を行為者に与える［Scheffler, 1982, p. 5］。第二に、消極的責任否定論は、いくつかの事例においては帰結主義が命ずるような事態を生み出してはならないという「行為者中心的拘束（agent-centered restrictions）」を行為者に課す［Scheffler, 1982, pp. 4-5］。

以下では、この分野での通例の用法に従って［Nagel, 1986, p. 165］、前者を「自律性」、後者を「義務論的制約」とそれぞれ呼ぶことにしたい。自律性が行為主体による最善の事態を産み出さない行為を認めるだけでなく、最善の事態を産み出す行為も認めるのに対して、義務論的制約はある場合には最善の事態を産み出すことを禁止するという相違がある。自律性や義務論的制約が一般人の共通感覚に根差し、常識道徳の中に散見されるものであることは否定できない。(8) たとえば、自分に害を与える行為は、通常の道徳においてはおおめに見られるが、帰結主義においては他人に害を与える行為と同様に許されないだろう。また、自分が誰かを殺すことと他人がその人を殺すことは、通常の道徳では異なった扱いを受けるが、帰結主義においては同一の扱いを受けるといった具合にである。以下ではこれらの概念を帰結主義の枠内で扱う可能性について検討するために、自律性と義務論的制約に共通する特徴である「行為主体相関性」という概念を導入しておこう（２・１・２）。

2・1・2　行為主体相関性

前述したように（1・1・2）、帰結主義における事態という観念は多様な要素を含みうるものであった。しかし、広義の帰結主義でさえもいくつかの情報を排除しているのではなかろうか。帰結主義が前述した不偏性原理を採用するものであるとするならば、それが描き出す道徳的世界は利害の分配や産出において「私」や「行為主体」という個性が消えた没人格的なのっぺりした世界なのではないだろうか。私は自分の目標や自分の行為や自分と特別の関係にある人たちと強い関係を有している。にもかかわらず、これらを道徳的には重要でないとして洗い流してしまう点で帰結主義は厳しい情報制約を課しているのではなかろうか。パーフィットは帰結主義の情報制約によって排除されている道徳的理由の特徴を「行為主体相関性」と呼んでいる［Parfit, 1984, p. 27, 邦訳三七―三八頁］。彼によると、帰結主義が命じる道徳的な理由はすべての行為主体に共通の道徳的目的を与えるという意味での「行為主体中立性」と呼ばれる特徴を有している。これに対して、行為主体相関性は異なった行為主体に異なった目的を与える道徳的理由の特徴であり、帰結主義はその情報基礎のうちにこの特徴を取り込むことができない、とパーフィットは指摘している(9)。

以上のような行為主体相関性と行為主体中立性の区分にはあいまいな点も残っているので(10)、センによる区分をここで導入することにしよう［Sen, 1982d, pp. 21-22］。この区分を導入するに当たって、いくつかの舞台設定を行う。同一の行為主体相関的な道徳を共有している二人の人 i と j が存在し、どちらか一人だけしか行為できないが、相手から止められない限り、どちらも行為できるとする。そしてどのような結果が生ずるかは、行為が行われたか否かにのみ依存しており、誰が行為をしたか、どちらが相手に止められたのかは問題ではないとする。

さて、このような前提の下、センは行為主体中立性を、その論理的性質に応じてさらに以下の三つの概念に区分する。

行為者中立性 (doer neutrality)　人iがこの行為を行ってよいのは、人jがこの行為を行うことを人iが許すことができる場合、かつその場合に限る。[11]

観察者中立性 (viewer neutrality)　人iがこの行為を行ってよいのは、人iがこの行為を行うことを人jが許すことができる場合、かつその場合に限る。[12]

自己評価中立性 (self-evaluation neutrality)　人iがこの行為を行ってよいのは、人jがこの行為を行ってよい場合、かつその場合に限る。[13]

以上の三つの行為主体中立性の否定によって、以下の三種類の行為主体相関性が得られる。ただし、行為主体中立性の定式化の中の「許すことができる」という表現は、「止める義務を負わない」という表現に読み替える。

行為者相関性 (doer relativity)　人 i がこの行為を行ってよいのは、人 j がこの行為を行うことを止める義務を人 i が負わない場合、かつその場合に限るというわけではない[14]。

観察者相関性 (viewer relativity)　人 i がこの行為を行ってよいのは、人 i がこの行為を行うのを止める責務を人 j が負わない場合、かつその場合に限るというわけではない[15]。

自己評価相関性 (self-evaluation relativity)　人 i がこの行為を行ってよいのは、人 j がこの行為を行ってよい場合、かつその場合に限るというわけではない[16]。

これらの区分に即して、行為主体相関的な理由の代表例である自律性と義務論的制約とを分析してみよう。まず自律性について。これは自分の主義主張等、自分の人格を統合し、自分の人生の中心となっている要素に関わるものである。先のジョージの事例において問題となっているのは、義務論的制約であろうか、それとも自律性であろうか。つまり、この事例においてはたとえそれが最善の結果をもたらさないとしても、就職を拒否することを認められるべきだ、とウィリアムズは考えているのか、それともジョージは就職するべきではない、あるいはジョージは就職することを禁止されるべきであると考えているのだろうか。

ウィリアムズはジョージに彼の基本計画を放棄するように要求することは不条理である、と主張している [Williams, 1973, p. 116]。というのも、基本計画はジョージが「自分の人生そのもの」として大切にしているものであり、ジョージは自分の基本計画を放棄することはでき、な、い、からである。しかし、この主張を額面通り受け取るならば、ウィリアムズはジョージにその基本計画を放棄することを禁止する義務論的制約を課していることになろう。しかし、その場合には彼は消極的責任だけでなく、自分の行為に対する責任という意味での積極的責任という観念に対しても攻撃を仕掛けてしまうのである［Harris, 1974, pp. 266-267］。というのも、もしジョージは自分の基本計画を放棄することはできないとするならば、彼は自分の統合性を保持するためであれば、何をやってもよいことになり、責任という観念そのものの基底が掘り崩されてしまうからである。[17] したがって、ウィリアムズはより弱い主張、すなわち、少なくともこの場合においてはジョージが就職を拒否することは（そしてもちろん受諾することも）許されるという自律性に関する主張を行っていると理解すべきだろう。

このように理解するならば、ウィリアムズの消極的責任に対する批判は、センが指摘するように二つの要素を含んでいる［Sen, 1981a, p. 52］。第一の要素は厚生主義に対する批判である。ジョージが彼の人生に中心的な基本計画から外れた道を歩まなくてはならないとしたら悲劇的である。功利主義者はもし基本計画がジョージの人生において中心的なものであるならば、その喪失は効用の激減という形で把握することができる、と主張するであろう。しかしここで失われているものは、単なるジョージの喜びや欲求充足といった効用のタームで捉えられるものだけではなく、内在的な価値をもった何かなのであり［Williams, 1973, p. 116］、ウィリアムズの議論はこの厚生主義批判という文脈においては一定程度成功していると言えるだろう。しかし、前述したように、厚生主義は帰結主義がとりうる唯一の形態ではない。厚生主義を放棄しつつも帰結主義的枠組みを維持するならば、ジョージの統合性に対して功利主義よりも深い仕方で配慮できるかもしれない。たとえば、非厚生主義的帰結主義はジョージがそのような人生を歩まなくてはならないという事実はその事態をより悪いものにする一つの要素であると考えるかもしれない［Sen, 1981a, p. 52］。

このような帰結主義による回答はウィリアムズを満足させるものではない。というのも、彼の批判には第二の要素として反帰結主義が存在するからである［Sen, 1981a, p. 53］。ウィリアムズはこの文脈で人格の統合性を不偏性原理と対比し、人格の統合性の価値を前述の消極的責任論の否定、すなわち「私たちはそれぞれ他者の行いではなく自分の行いに対して特に責任を有する」という観念と関連付けて説明している［Williams, 1973, p. 99］。ウィリアムズに言わせれば、帰結主義は道徳と個人の目標との関連を誤解している。不偏性の原理は各人に自分の人格の統合性の保持に対して他者のそれと同じ価値を与えるように要求するが、私たちは自分の人格に対して特別な責任を有しており、そのようなわけにはいかないのである。要するに、人格の統合性は行為主体相関的な価値であり、帰結主義的な行為主体中立的な枠組みの限界を超えている、と。

＊

ウィリアムズの批判の反帰結主義的要素を明確にするために、先の事例に戻ろう。今、ジョージ（gと表現する）と先輩の化学者（oと表現する）がどちらも化学生物兵器に対して反対しているとしよう。そして、ジョージがその職に就くことに対するジョージの判断、すなわち自分は就職すべきではない

という判断を $A_g(g)$ で表現することにする。もちろん両者が化学生物兵器に対する意見を異にしている場合には、そのような研究所への就職に対する両者の意見は異なりうるが、それは行為主体相関性とはまったく関係がない。というのも、そのような場合には先輩の化学者の判断は $B_o(o)$ あるいは $B_o(g)$ として表現されるべきであり、$A_o(o)$ や $A_o(g)$ を必ずしも含意するものではないからである。

さて、人格の統合性に関わるものとして、センは「統合性尊重（integrity respect）」と「統合性責任（integrity responsibility）」とを区分している［Sen, 1982d, p. 26］。統合性尊重とは誰の統合性であれそれを一般的に尊重することを意味し、統合性責任とは、自分自身の統合性に対する個人的な責任を意味している。統合性尊重においては、行為者相関性（DR）や観察者相関性（VR）は存在しない。というのも、ジョージと先輩化学者のどちらがそのポストに就き行為者となるにせよ、どちらが観察者になるにせよ、化学生物兵器に巻き込まれることは人格の統合を傷つけるので望ましくないからである。また行為者中立性（DN）、観察者中立性（VN）の二つの中立性はもう一つの中立性である自己評価中立性（SN）を含意するので[18]、自己評価相関性（SN）も成立しない［Sen, 1982d, p. 22］。実際、ジョージも先輩化学者も自分が就職すべきではないと考えているのである。

これに対して、統合性責任はいくつかの行為主体相関性を伴う。ジョージが就職することを止める責務を先輩化学者は負っていない。これはジョージが決める問題だからである。しかしたとえそのような責務を先輩化学者が負っていなくてもジョージが就職することはジョージの人格の統合性を傷つけるがゆえにジョージにとっては許されないことである。[19] したがって、観察者相関性（VR）が存在する。さらに、行為者相関性（DR）も含まれている。というのも、先輩化学者はジョージが就職するのを止める責務は有していないとしても、自分の統合性を保持するために、自分自身は就職すべきではないからである。[20] しかし、統合性責任においては自己評価相関性（SR）は成立しない。というのも、ジョージも先輩化学者も自分が就職すべきではないと考えている点では一致しているからである。[21]

これらの統合性にかかわる要素のうち、統合性尊重を帰結主義の枠内に収めることは容易である。何故ならば、そこにはいかなる行為主体相関性も含まれていないからである。これに対して、統合性責任は行為者相関性（DR）と観察者相関性（VR）とを含んでおり、ウィリアムズが帰結主義の限界に位置付けていたのもこの要素であろう。

＊

第二に、義務論的制約について。その典型的な例としては、たとえば誰かがより多くの殺人を犯すのを防ぐためであれ、あなたが殺人をすることを許さないという命令を挙げることができるだろう。この命令は、たとえ最善の結果をもたらすためであれ、一定の行為を行うことを禁止するという性質を有している [Scheffler, 1982, pp. 4-5]。その性質を解明するために、義務論的制約の行為主体相関性を明瞭に示しているネーゲルの結論を検討してみよう。

あなたはお婆さんに何かをさせるためにその小さな孫の腕をねじりあげるべきではない。たとえその何かが極めて重要であり、それに匹敵する利益を他の誰かが子供の腕をねじるのを妨げるために無視したら理にかなっているとは言えないほど重要であったとしてもである［Nagel, 1986, p. 177］。

ここであなた（yと表記する）と他の誰か（sと表記する）とが同一の道徳を共有しているとしよう。あなたの自分は子供の腕をねじるべきではないという判断を$D_y(y)$として表記することにする。義務論的制約はまず第一に行為者相関性（DR）を伴っている［Sen, 1982d, p. 23］。というのも、あなたは他の誰かが子供の腕をひねって当の利益を確保することが不合理とは考えないからである。[22] さらに、義務論的制約は観察者相関性（VR）も有している［Sen, 1982d, p. 23］。他の誰かはあなたと同じ義務論的道徳を共有しているのだから、自分が当の利益のために腕をひねるのはよくないと考えているものの、あなたを止める責務までは受け入れていないからである。[23] これに対して、義務論的制約は自己評価相関性（SR）という性質はもたず、自己評価中立性（SN）が成立する［Sen, 1982d, pp. 23-24］。あなたにとって自分がひねるのは許されないのと同様、他の誰かにとっても、この人が義務論的道徳を共有している限り、自分がひねるのは許されないからである。[24] このような仕方で、義務論的制約は行為主体相関性を含んでおり、帰結主義にとって扱いづらい観念であると言えよう。

＊

自律性と義務論的制約はどのような関係に立つのだろうか。シェフラーは義務論的制約を自律性よりも強い要求と捉え、消極的責任を否定するためには、義務論的制約のように私たちの直観に反する強い要求である必要はなく、自律性だけで足りると主張している［Scheffler, 1982, pp. 4-5］。反対に、義務論的制約だけしか認めない立場も存在しうるだろう。そのような立場の代表例としてノージックの側面的制約としての権利論が挙げられることがある。たとえば、J・ウォルドロンは、ノージックのアプローチは暴行を受ける側の権利ではなく、暴行をする側の義務違反に焦点を当てていることから、それは権利基底的な理論ではなく、義務基底的な理論であると捉えている［Waldron, 1988, p. 77］。

確かに論理的には義務論的制約と自律性とは別個の要求ではあるが、問題は一方を他方なしで現実に保障できるのかという点にある。ノージックの重視する側面的制約を他者の観点からではなく権利保持者の観点から見るならば、そこには自律性に関わる要素も不可欠であるように思われる。つまり、私の権利は他者にとっては義務論的制約として機能し、最善の事態を産み出すためでさえ侵害してはならないものだが、私にとっては最善の事態を産み出すような仕方で権利を行使する責任を負わせるわけではないという意味において自律性を与えている、と言えるのである。実際ノージックの権利論の中にも自律性を強調している側面も存在する。たとえば、ノージックはパターン付き原理を批判して、次のように主張している［Nozick, 1974, pp. 167-168, 邦訳二八一－二八四頁］。権利保持者は権利を有している以上、それをパターンを崩壊させる仕方で行使することが許される。たとえば、裕福な人に財産を与え不平等を増大させることは、平等というパターン（最善の結果）を崩すが、これは各人の自由な権利行使の当然の帰結として甘受されるべきである、と。要するに、私の自律性を確保するためには、他者の義務論的制約が必要になるというような形で、権利という概念のもと、二つの要素は共存しているのであり、どちらか一方を選択しなくてはならないというわけではないように思われる。したがって、権利論は行為主体を帰結主義の干渉から守るためには、他者の侵害からの保護だけでなく、自由に行動できる領域も与えなくてはならないのである［Scanlon, 1978, p. 66］。

2・1・3　評価者相関性

自律性と義務論的制約は、前述したように個人の自由を守るためには不可欠な要素であるが、行為主体相関性を含んでいるため、標準的な帰結主義の枠内に収めることは困難である。しかし、困難であるということは不可能を意味しないのであり、この問題は検討に値する。確かに、標準的な帰結主義においては、すべての人がその行為、受益者等に対する位置の差異とは無関係に同一の結果評価関数 $G(x)$ をもたなければならない、つまりあらゆる人 i と j、あらゆる事態 x に関して、$G_i(x)=G_j(x)$ でなければならない、と想定されてきた［Sen, 1982d, pp. 29-30］。しかしこの「評価者中立性（evaluator neutrality）」の想定は帰結主義にとって不可欠なものであろうか、それとも偶然的なものであり、単に帰結主義が功利主義を連想して定義されてきたことの反映にすぎないのだろうか。

この問題に対してセンは［Sen, 1981a, p. 47］、評価者中立性の想定は道徳の領域では帰結主義の標準的想定ではあるが、非道徳的領域では「評価者相関性（evaluator relativity）」こそが標準的であることを指摘する。たとえば、エゴイズムは評価者相関的な帰結主義的理論の代表例である。二人のエゴイスト i と j とが存在し、j の利益を犠牲にすることで i の利益を促進する事態 x に対して評価を行うならば、両者の評価は当然異なっているだろう（$G_i(x) \neq G_j(x)$）。それではエゴイズムが評価者相関的な帰結主義であることはG・E・ムーア（G.E. Moore）が主張するように、エゴイズムの内的矛盾を意味するものだろうか［Regan, 1983, sect. 3］［Darwall, 1986, sect. 2］。このような疑念は決してムーアだけのものではない。評価者相関性に対する疑念は二つの命題に依拠しており、したがってこれらの命題のうちの一つ、あるいは両方を否定することで評価者相関性を帰結主義道徳の内部に導入することができる、とセンは主張する［Sen, 1982d, p. 33］。すなわち、

1　同一の事態の道徳的評価の個人間の差異は矛盾する道徳的信念が存在することのしるしである。

2　いかなる道徳理論も矛盾する道徳的信念の保持を是認すべきではない。

これら二つの命題のうち、後者を否定する戦略をとっているのがヘアらに代表される「二層理論」である［Hare, 1981, ch. 3, 邦訳第三章］。この理論は道徳を、あらゆる帰結を考慮に入れているがゆえに

合理的ではあるが複雑にすぎて普通の人々には理解し難い「高次の道徳」と、普通の人々の熟慮や評価行動を導く日常道徳に類似した単純な「低次の道徳」とに区分し、評価者中立的な高次の道徳が評価者相関的な低次の道徳を手段として正当化するという形で評価者相関性を導入している。

これに対して、センは前者の命題を否定することによって、評価者相関性を手段としてではなく、道徳理論の本質的構成要素として導入するという戦略をとる [Sen, 1982d, pp. 34-35]。彼の戦略の要は「位置」というパラメーターを導入することにある。評価者相関的な判断はもしそれを同一の事態の同一の特徴に対する二人の評価として捉えるならば、矛盾した言明を伴うことになるだろう。確かに、ある人が「xは正しい」と述べ、別の人が「xは正しくない」と主張するならば、この二つの命題は矛盾する。しかし、センはこの二つの命題が同一の事態xの同一の特徴に対する評価であるかどうかを疑う [Sen, 1982b, pp. 114-115]。たとえば、「太陽が沈んでいる」という観察命題は「地球上のどの地点でも太陽が今沈んでいる」という観察命題を含意するものではない。前者の命題は場所に関するパラメーターを含んでおり、ケンブリッジにいる人が「太陽が沈んでいる」と述べることは、香港にいる人が「太陽が昇っている」と主張することとは矛盾するものではない。このようにいくつかの観察命題の真偽は、観察者の位置に依存している。もちろん、あらゆる観察命題が位置依存的なわけではないが[25]、観察命題に関する限り位置相関性は無矛盾性を疑わせるような厄介な要素を孕んではいないのである。

それでは、道徳命題に関してはどうだろうか。すなわち、「xは私の立場からはよい」と「xはあなたの立場からは悪い」という二つの判断は矛盾するものとして捉えられるべきだろうか。この問題に対する回答は道徳的評価の対象である「事態」の観念の捉え方に依存する。もし功利主義のように事態を狭く捉え、最終点帰結のみをその構成要素とするならば、事態の中に位置の相違をもたらすような本質的な要素は存在せず、先の二つの命題は互いに矛盾するものと捉えられるだろう。しかし、事態を包括的帰結を含めた広い仕方で捉えるならば、事態には行為や行為主体についての情報も含まれることになり、ある行為主体によるある事態に対する道徳的評価もその事態が自分の行為によってもたらされたという事実に反応しうるのである [Sen, 1982b, p. 118]。たとえば、ジョージが就職することによって化学生物兵器の開発が遅れるという事態は、単なる開発の遅延ではなく、ジョージの開発への関与という側面をも有しているがゆえに、その事態に対するジョージの判断と先輩の判断とは異なりうるのである。

このことを例証するために、センは評価関数 $G_i(\cdot)$ を分解可能なものとして想定し[26]、行為 a のよさに対する評価関数 $z_i(\cdot)$ と、その行為によってもたらされる事態の残りの部分 b に対する評価関数 $y_i(\cdot)$ とに分離する [Sen, 1982d, pp. 31-32]。さて、事態 $x = (a, b)$ であるとき、評価関数 $G_i(x)$ は $V(z_i(a), y_i(b))$ として表現できることになる。これらの関数が評価者相関的となるか中立的となるかは、文脈によって異なる。義務論的制約を考える場合には、$z_i(a)$ は自分が行為主体であるかどうかに依存する点で評価者相関的であり、$y_i(b)$ は評価者中立的であると考えることができるだろう。自律性に関しても同様である[27]。これに対して、前述の二人のエゴイスト i と j にとって、j の利益を

犠牲にして i の利益を促進する事態の評価は、その事態が誰によってもたらされようとその行為の評価は変化しないので、$z_i(a)$ は評価者中立的となるが、犠牲にされるのが自分の利益かどうかによって事態の評価は異なるので、$y_i(b)$ は評価者相関的になるだろう[28]。また、他人の子供の利益を犠牲にしてでも、自分の子供の利益を自分の行為によって促進することが重要な場合には、二つの評価関数はともに評価者相関的になるであろう[29]。このように評価関数の構成要素の一方、または両方を評価者相関的にすることによって、行為主体相関性のすべての要素を矛盾なく帰結主義的枠組みに取り込むことができるのである。

このような評価者相関性という概念に対しては、どのような信念も正しいという底なしの主観主義に道を拓くのではないかという疑念が提出されるであろう。というのも、評価者相関性という言葉には、評価者が異なれば、それだけの理由で同一の事態に対して異なった評価を下してもよいという含みが存在するからである。しかし、まず第一に、「ケンブリッジでは太陽が沈んでいる」という命題と「太陽は火の玉である」という命題の区分は、位置に関するパラメーターを含むか否かに関するものであって、主観的か客観的かという区分とは別である。したがって、客観的な位置相関的命題は可能であり、評価者相関性という概念は、同一の位置に立つすべての人が同一の評価を下すべきであるという立場を排除するものではない[30] [Sen, 1982d, p. 36]。

第二に、前述したように、センの評価者相関性概念は事態に対する位置と評価との相関性に依拠するものであった。したがって、位置が違わないのに異なった評価を下すことを認めるものではない。

センの挙げている例を用いるならば、子供の手をひねる行為者であることが特定の道徳において重要な位置であるとするならば、その道徳を共有している二人の評価者が共同して子供の手をひねった場合には、その事態に対して異なった評価を下すことは許されないのである［Sen, 1982d, p. 36］。したがって、評価者相関的な帰結主義においても、いくつかの信念は矛盾するものとして、認められないのである。

＊

私たちは従来、公平無私な理論を構築するために、正義の「女神」のようにあまりに超越した存在を措定しすぎていたかもしれない。その最も華々しい例が功利主義の想定する「不偏の観察者」モデルである(31)。このような想定に対して批判的なロールズらのカント主義的理論でさえも(32)、現実の人間から超越した目的の王国に遊ぶ存在である理性的存在者を措定し、具体的な人間存在から大きく隔離している点では、ウィリアムズが指摘するように功利主義と変わるところはないのである。

従来の理論のあまりに客観的な態度に対する反省は他の分野でも始まっている。たとえば、「相対性理論」や「不確定性原理」は観察者と観察対象との関係に注目する必要があることを明らかにした。また、現象学は「生活世界」の発見によって、観察者が無媒介的に観察しているのではなく、文化や伝統や言語といった道具を媒介にしていることを示し、科学哲学における「観察の理論負荷性」「パラダイム論」といった議論も、観察が決して理論から独立した行為ではないことを強調してきた。これらの思想動向に共通している主張は、観察者が観察をする際には一定の視点や位置に立脚しているという主張であり、共同体主義やフェミニズムが台頭してきた背景の一つともなっている[33]。

このような思想動向を突き詰めていけば正義の女神という想定そのものに対する批判へと行き着くであろう。というのも、正義の女神は従来、客観的で超越的な立場から人々の利益を測定し、道徳的問題に対して判定を下す存在として理解され、正義の女神の立脚点や視点については問題視されてこなかったからである。この問題については**第五章**で論ずることとするが、ここではセンが位置というパラメーターを導入することによって正義の女神という想定を維持しようとしていることだけを記しておきたい。センによれば、「没人格性（impersonality）」は「位置を持たないこと（impositionality）」とは別物なのであり、公平無私な判断を下すためには、没人格性は必要かもしれないが、選択を行う状況における自分の位置を無視することまでは必要ないのである［Sen, 2000, p. 486］。セン自身による評価者相関性という概念の検討はそれほど進んでいないのが現状だが[34]、道徳理論における評価者相関性は、以上のような思想動向とも照らし合わせて積極的に検討するに値する概念であるように思われる。

2・2　ノージックの目隠し

行為主体を道徳的世界に導入することによって行為主体相関性という性質が道徳理論にもたらされ

る。帰結主義はこの性質を取り込むことができるが、この事実は功利主義者のように、行為主体相関的な価値の内在的重要性を認めない人たちにとっても、純粋な義務論的立場のように、行為のみに情報を制約し、行為についての判断を事態についての判断と関連付けようとはしない人たちにとっても些細なことであろう［Sen, 1982b, p. 120］。つまり、帰結主義が行為主体相関性を取り込むことができるかという難問は、帰結と行為という二つの要素に共に惹かれる人たちためだけの贅沢品であり、その片方で満足する人たちには頭の体操としての意味しかもたないであろう。したがって、次に検討されなくてはならないのは、そもそも権利論の文脈で両者をともに考慮に入れる必要があるのか、すなわち、反帰結主義的権利論と帰結主義的権利論とでは、どちらが魅力的であるかという点であり、2・2でこの問題を扱う。

この問題を検討するにあたって、まず第一にセンによる権利に対する三つの観念の区分［Sen, 1981a, sect. 4］を導入し、それらを具体的な事例という遠心分離機にかけ、これらの観念の相違を明らかにする（2・2・1）。次に、それらの観念のうち目標権利説が魅力的である理由を、ノージックが正義の女神に付けさせている三つの目隠しとの関連で確認する（2・2・2から2・2・4）。

2・2・1　三つの権利観念と一つの道徳的問題

センは帰結主義的権利論の魅力を説明するために、権利に関する見解を三つに分類する。すなわち、「道具説（intsrumental　view）」「義務論的見解（deontological　view）」「権利包括的目標説（goal-included view)」の三つである。権利包括的目標説はまた、「目標権利説 (goal-rights system)」とも呼ばれる。こちらの方が理解しやすいので、この用法を用いることにしたい。道具説は、権利、あるいは権利を承認するルールや慣行をそれ自体において価値あるものとしてではなく、権利から独立した他の目標を追求する際に有用な道具的重要性を有するものとして捉える [Sen, 1982d, p. 4]。このような目標の代表例は前章で確認した古典的功利主義による「最大多数の最大幸福」であるが、目標には厚生主義的なもの以外にもさまざまなものが可能だろう。

道具説に対しては、権利の重要性を十分に捉えていないという批判が権利論の側から加えられており、その代表例をノージックの中に見いだすことができる。彼は２・１で確認した「義務論的制約」に依拠して、権利の内在的重要性を強調している。この批判の重要な貢献の一つは、「功利主義は権利を軽視している」という権利論の常套的批判をさらに一歩進めて、帰結主義批判にまで至っている点にある。功利主義が権利を軽視してしまう原因はしばしば功利主義の善の定義である厚生主義に由来するものとして理解されてきた。しかし、ノージックによると、問題の根はもっと深く、権利を軽視するのは功利主義だけの特徴ではなく、帰結主義全般の特徴なのである [Nozick, 1974, p. 28, 邦訳四四―四五頁]。前述したように、センは事態の概念を拡張することで帰結主義を隘路から救い出そうとしているが、ノージックに言わせれば、事態の概念をそのように拡張し権利侵害の最小化を望ましい目的として提示する立場（権利帰結主義）(35) でさえも権利の重要性を捉えきれない点では功利主義と変わらないのである。具体的には、権利帰結主義においても誰かの権利を侵害することは、他者のより重要な権利侵害を防止するためであれば正当化されてしまう。そのような権利のトレードオフは、ノージックに言わせると、個人が別々の存在であることを無視し、実際にはある人を犠牲にして別の人に利益を与えているにすぎないのにもかかわらず、社会全体の利益を持ち出すことでそれを隠蔽しているのである［Nozick, 1974, pp. 32-33, 邦訳五一―五二頁］。要するに、個人の利益を権利として捉えようと効用として捉えようと、帰結主義のように個人の利益をトレードオフすること自体が「個人の別個性を無視している」というのである。

個人の別個性を尊重しトレードオフを排除するために、ノージックは権利を達成されるべき結果状態に組み入れるのではなく、行われるべき行動に対する「側面的制約（side constraints）」とみなすべきであると主張する［Nozick, 1974, p. 29, 邦訳四五頁］。「側面的」というのは、自分の行動に対する制約が帰結主義的、目的論的な理論におけるように実現されるべき目標という上方のものから加えられる「垂直的」なものではなく、他の人々の権利によって加えられるという意味での横からの制約として用いられことを表現している。この義務論的見解においては、権利はまず第一に内在的な重要性を与えられるだけでなく、第二に帰結主義におけるように権利が事態の判断を通じて行動の判断に間接的に影響を与えるのではなく、行動の判断を直接的に規定するような仕方で機能する点に特徴がある［Sen, 1982d, p. 5］。したがって、「個々の権利は社会的順序付けを決定するのではなく、特定の選択肢を排除したり、他のものを確定すること等によって社会的選択が行われるべき領域に制約を課すのである」［Nozick, 1974, p. 166, 邦訳二八〇頁］。つまり、行動の判断は事態の判断に優先し、行動の判断に抵触しない範囲においてのみ、事態の判断を下すべきなのである。

＊

以上二つの説は多くの点で対照的であるにもかかわらず、権利の実現や侵害を目標に含めないという点では共通性を有している［Sen, 1982d, pp. 5-6］［Sen, 1981a, p. 48］。すなわち道具説においては、帰結主義的推論は用いられるものの、権利はその推論構造の中で派生的な重要性しか与えられないため、権利が内在的重要性をもった仕方で目標の中に組み込まれることはない。このような特徴をセンは「権利から独立した帰結評価」と呼んでいる［Sen, 2000, p. 493］。これ対して義務論的見解においては、権利の内在的重要性は認められるものの、権利は帰結主義的推論から切断されるため、権利と目標は無関係、場合によっては対立するものとして捉えられることも少なくない(36)。このような特徴をセンは「権利内包的非帰結的手続き」と呼んでいる［Sen, 2000, p. 493］。つまり、先ほどのノージックの言葉を用いるならば、どちらの枠組みにおいても権利は社会的順序付けを決定しないという点で共通性を有しているのである。

これに対して、目標権利説は、権利を目標の中に組み込み、権利の非実現を事態を悪化させる要素として捉える「権利内包的帰結評価」という特徴を有している。したがって、目標権利説は権利の内在的重要性を認める点で権利道具説と異なるものの、権利を帰結主義的枠組みから切断しない点で義務論的見解からも区別される。目標権利説が従来あまり検討されてこなかった一つの理由は、目標や帰結主義が功利主義の独占物であるかのように扱われてきたからである。しかし、センが主張するように、功利主義と目標との強い結び付きは歴史的なものであって、論理的なものではない［Sen, 1985c, p. 13］。したがって、反功利主義的な目標は決して形容矛盾ではないのである。

もちろん、センが強調しているように、目標権利説の中にもさまざまな変種がありうる［Sen, 1982d, p. 15］。具体的には、目標に取り入れられるべき権利の種類や内容、目標に含められる権利以外の要素、評価者相関性を認めるか否か等によって、目標権利説のさまざまなタイプを作り上げることができる。たとえば、目標権利説と権利道具説、義務論的見解との差異を微妙なものとするような変種を考えることさえも可能である。第一に目標権利説は、権利道具説を包含したものでありうる［Sen, 1981a, pp. 48-49］。目標権利説の主張は、いくつかの権利が目標の中に取り込まれるということであって、すべての権利に内在的な価値を与える必要はない。したがって、目標権利説もいくつかの権利が道具的重要性を有していることを否定する必要はない(37)。また、目標権利説を権利道具説にではなく、義務論的見解に限りなく接近させることも可能である。ノージックが指摘しているように側面的制約は人々の間でのトレードオフを許さないが、目標権利説においても一定の権利に絶対的なウェイトを与えることによって、その権利のトレードオフの可能性を事実上排除することはできる［Raz, 1986, p. 276］。しかし、センの主張するように、目標権利説の独自性は権利のトレードオフを認める点にあり、トレードオフを排除したければ、むしろ義務論的見解をとった方が直截であるように思われるので、トレードオフを排除する可能性についてはこれ以上追求しないこととしよう［Sen, 1981a, p.

49]。

さらに目標権利説は行為主体に対する要求の厳格さという点でも多種多様でありうる。最も厳格な理論は、あらゆる行為主体に権利実現の最大化の責務を負わせるであろう。この厳格な理論は少なくとも二つの方向でその厳格さを緩和していくことができる。一つの方向は最大化の責務を緩和することであり、最善の帰結をもたらす責務を廃棄し、代わりにそのような行動をとる許可を与えるような理論がその代表例である［Sen, 1981a, p. 47］。厳格な理論を緩和する第二の方向は、あらゆる行為主体に同一の要求を行なうことをやめ、評価者相関性を導入することである。この場合にはある人の些細な権利を侵害することで別の人の重要な権利を実現することは、後者の権利主体の友人にとっては責務であったとしても、そうではない人にとっては責務ではないということがありうる［Sen, 1981a, pp. 47-48］。もちろん、この二つの方向の途中には無数の中間点があり、二つの方向の組合わせ方法も無限に存在するだろう。

目標権利説はこれ以外のさまざまな仕方でも無数の変種を産み出すことができるが、以下ではそれらについてこれ以上論ずることはせず、三つの権利論の代表的存在の一般的比較に移ることにしよう。以下では、権利道具説の代表的存在として厚生主義的な理論を、義務論的見解の代表的存在をノージックの側面的制約としての権利論をそれぞれ取り上げることにする。それらは、いくつかの点でセンが提示しようとする目標権利説の対極にあり、ここで我々が解明をめざしている目標権利説の魅力をくっきりと描き出してくれるであろう。

以上の三つの見解の差異を示すため、以下では、センによって導入された事例を考察してみよう[Sen, 1982d, sects. 2-3]。

＊

アンは地元の暴漢ビルがその晩、人目につかない場所でカールに暴行しようと計画していることを知った。その場所がどこかをアンは知らないが、カールはたまたまそこに一人で行くだろう。カールはビルの計画についてまったく知らないものの、日中どこかよその場所に行っているので警告のしようもない。アンは警察の助けを借りようとしたが、空想好きの人が作り出した妄想であることは明らかだとして相手にしてもらえない。アンはカールがデーヴィッドの書斎のテーブルに自分がその晩どこに行くかを記したメッセージを残していることは知っている。不幸にもデーヴィッドは外出中であり数日間は連絡がつかないし、彼の部屋には鍵がかけられている。アンはデーヴィッドの部屋に極めて簡単に入り込み、カールの書き置きを見つけるためにデーヴィッドの書類に目を通すことができる。しかしアンは、デーヴィッドが詮索されるのが嫌いな人間で、誰かが押し入って自分の机の上にある個人的な書類を調べたと知ったなら当惑するだろうことも知っている[Sen, 1981a, pp. 43-44]。

このような状況ではデーヴィッドの部屋に押し入るべきだという根拠を求めて、アンはさまざまな理論に助けを求める。まず、アンは厚生主義にならって効用情報に限定して考えてみる。ビルはもともと惨めな人間で、彼は暴行しなければその効用は１にとどまるが、暴行したら気分が晴れて６に上がるとする。カールは通常はとても幸福な人間で、暴行されなければ彼の効用は10だが、暴行を受けると６に下がるとする。アンは最初に古典的功利主義の教えに従って、効用の総和にのみ注目することにする。暴行がビルとカールの効用にしか影響を与えないと想定するならば、暴行をした方がしないよりも効用の総和は大きいので[38]、ビルの暴行は正しいと結論付けなくてはならなくなる。これではおかしいというので、アンは総和主義を放棄し、効用の総和ではなく平等に注目することにする。その場合にも、暴行しない場合よりも暴行した場合の方が平等であるので[39]、アンは暴行を支持しなくてはならなくなる。アンはこの結論から逃れるため、ロールズ流の格差原理の厚生主義版をここで用いることにする[40]。しかしこの場合でも暴行を加えた方が効用に関して最も恵まれないビルの効用を上昇させるので、暴行が許されることになってしまうのである［Sen, 1981a, p. 44］［Sen, 1982d, p. 9］。

そこで、アンは間接的功利主義[41]に救いを求める。社会が暴行を全面的に禁止するルールをもつことは効用の面から正当化可能であるように思われる。しかし、もしビルのケースのように暴行を加えることで効用の総和が増大する場合には例外として暴行を認める柔軟なルールが可能であるならば、そちらの方がよいのではなかろうか。なにゆえ功利主義は次善の策に満足すべきなのか。一部の間接功利主義者が主張するように、そのようなルールは実行不可能であるのかもしれない。人間の能力には限界があるため、人間に要求できるのは、正しい結果をもたらす行為をその場その場で効用計算して確定し実行することではなく、せいぜいのところ正しいことを行う一般的性向をもつことであるのかもしれない。間接的功利主義には周知のようにいろいろと難点はあるが、[42] そうした難点を別にしても間接的功利主義は少なくともアンの問題には答えていない。というのも、アンの問題は「ビルを諭してどのような性向をもたせるべきか」といったものではなく、「自分はデーヴィッドの部屋に押し入るべきか」というものであるからだ。さらに一層悪いことに、他人の部屋に押し入るという性向は涵養されるべきものではないだろうから、アンは直接的功利主義だけではなく、間接的功利主義からも助力を得られそうにはないのである［Sen, 1982d, pp. 9–11］［Sen, 1981a, p. 45］。

これらの厚生主義的諸理論の説得にもかかわらず、アンは依然としてビルによるカールへの暴行がよいことだとは思えない。確かに、カールは暴行を受けることで効用も失うだろうが、アンにはそれが事柄の本質ではないように思われる。そこで、アンは厚生主義から訣別して、情報基礎を変更することにして、ノージック流の義務論的見解に宗旨替えしてみる。この見解はなにゆえビルの行動が正しくないのかを明確に説明してくれる点で魅力的である。この見解によると、カールの事例は効用情報では捉えきれない権利、具体的にはカールの消極的自由が侵害されていることが問題なのである。アンはこの回答に満足する。

次にアンはこの事態を止めるために何かをしたいと考えるが、義務論的見解はアンに何もしないように要求する［Sen, 1982d, p. 12］。考えれば考えるほど彼女はデーヴィッドの部屋に押し入るべきだと確信する。確かにデーヴィッドには申し訳ないが、デーヴィッドを当惑させるというコストを払ってでも、カールの身体的安全は確保されるべきであろう。もちろん、アンは自分がそのような責務を有しているとは考えないが、そうする自由は認められるべきだと思う。それでは、彼女は押し入る自由を有しているだろうか。残念ながら、義務論的見解の下ではそうではない［Sen, 1981a, p. 54］［Sen, 1982d, p. 12］。というのも、ノージックの理論ではデーヴィッドも側面的制約としての権利を有しており、「カールの権利の方がデーヴィッドの権利よりも重要だから」という根拠で、この権利を侵害することは許されないからである。前述した通り、ノージックほど権利のトレードオフに批判的な人間はいないのであり(43)、義務論的アプローチが与える自由は帰結分析からの自由にすぎないのである［Sen, 1982d, p. 12］。

要するに、ここまで考察してきた道徳理論はすべてアンがデーヴィッドの部屋に押し入ってカールに対する暴行を止めることに反対している。彼女に必要なのは、アンに暴行を止めることを要求するか、あるいはそうすることを認めるような消極的自由に対するアプローチであり、それが目標権利説である［Sen, 1982d, p. 12］。目標権利説はアンによるデーヴィッドの部屋への侵入行為を、結果として生ずる事態の中の一つの構成要素として理解し、事態の判断に基づいてその行為の評価を下す。したがって、この事例においてアンの行為を正当化しうる唯一の理論は目標権利説なのである。

2・2・2　権利は両立可能か

これらの三つの見解のうち、センは目標権利説を支持し、残り二つの権利論に批判的である。これらのうち、センによる権利道具説に対する批判の根底をなしていた厚生主義に対する批判については、別の箇所で扱うこととし（1・2と3・1）、ここでは義務論的見解の反帰結主義的性格に対する批判を検討することとしよう。

義務論的見解は、「積極的自由」だけでなく、カールの事例から明らかなように「消極的自由」に関してさえもまともに扱うことができない、とセンは批判する［Sen, 1982d, p. 6］。その理由は人間社会においては「多面的な相互依存性（multilateral interdependences）」が発生する場合があり、そのような場合には義務論的見解の理論根拠が掘り崩されるという点に求められる。多面的相互依存性とは、先ほどのアンの事例におけるように、ある人（カール）の権利が侵害されるかどうかが、その権利を侵害する人（ビル）の行動だけでなく、それとは無関係な人（アン）の行動にも依存しているような状況を言う。積極的自由と他者の積極的自由、あるいは消極的自由が両立可能ではないことは広く知られているが(44)、センによると、いくつかの消極的自由でさえも両立可能ではないのである［Sen, 1985c, p. 16］。というのも、私たちの住んでいる世界においてはすべての人が道徳的であるわけではなく、ビルのように他者の権利を侵害する人たちも存在しており、道徳に対する完全遵守が存在しない状況では先の事例から明らかなように、消極的自由も両立不可能となるからである。センの権利論の特徴の一つは、従来の権利論が権利保有者と権利侵害者との間の関係にのみ関心を集中していたのに対して、このような不完全な道徳遵守状況、多面的相互依存状況の中での権利の実現、侵害を考慮に入れようとする点にある。(45)

このような目標権利説に対しては、相互依存の多面性を行為者と被害者の一面的な相互依存関係に還元しようとする立場から、次のような批判が提出されるであろう。すなわち、アンの状況においてカールの権利侵害に対して責任を有するのはビルであって、アンではない。また、デーヴィッドの権利侵害において責任を有するのはビルではなく、アンである。したがって、ここでは権利の競合は存在せず、カールの権利もデーヴィッドの権利も同時に尊重できるし、どちらも侵害されるべきではない、と。(46)

この批判に答える前に強調しておかなければならないのは、目標権利説はカールの権利が侵害されたことに対して主として責任を有するのはアンであるとか、アンがビルと同等の責任を有するといった主張に与する必要はないということである。目標権利説が主張しているのは単に、この事例において正義の女神の視野には、ビルとカールだけでなく、アンやデーヴィッドも登場すべきであるということにすぎない。要するに、目標権利説にとって譲ることができないポイントはアンの責任についての特定の見解ではなく、多面的な相互依存関係を一面的なそれに還元することはできず、したがって行為の結果に配慮せざるをえないという主張なのである。権利論の文脈ではこの主張を確立する方法は二つある。第一は権利の両立可能性を否定することであり、第二は手続き的権利以外の権利を導入し、権利行使の結果に注目する必要性を確立することである。

まず第一の方法について。あるものは単独では存在可能だが、複数になると共存できない。たとえば、世界のすべての人格と物に対する所有権は、存在するとしてもたった一人にしか保有されえず、複数の人間が同時にそのような権利を有することはできない(47)。権利の両立可能性は反帰結主義的な権利論の生命線である。というのも、権利が両立可能でない場合には、少なくともいくつかの権利は競合することになり、どちらにしても誰かの権利を侵害せざるをえないような状況が存在することになるからである。その場合にこの競合を解決するためには、権利の間のトレードオフ、すなわち、それぞれの権利行使の結果を考慮に入れることによってある権利を他の権利のために犠牲にするというやり方をとるのが普通であるように思われる。これに対して権利が両立可能である場合には、ある権利を他の権利のために犠牲にする必要はまったくない。したがって、権利行使の結果について考慮する必要もないことになる。

当然のことながら、ノージックも自分の提唱する権利が両立可能なものであると想定し、各人は自分の思うままに自分の権利を行使することができる、と主張している［Nozick, 1974, p. 166, 邦訳二八〇頁］。この想定からノージックが引き出す結論は、個人の自由が重要であるならば私たちは各人の権利行使の結果を受け入れなくてはならない、というものである。ノージックの権利論においては、権利が競合しない以上、権利のトレードオフは不要である。権利行使の結果に介入し、ある権利を別の権利のために犠牲にすることは、実際には権利をある目的のための道具として理解し（権利道具説）、ある人の人格をある目的のための手段として利用することとなのである。かくして、ノージックは権利のトレードオフを行うことは、人格の別個性を重視していない証拠であると主張することになる。

しかし、権利の両立可能性を確保するのは決して容易ではない。周知のように、権利の本質に関しては、それを権利保有者の利益の実現に求める「利益説」と権利保有者の意思が実現されることに求める「選択説」とが対立している(48)。この問題に関して権利の利益説をとる場合には、ウォルドロンが指摘するように権利の競合は不可避である［Waldron, 1993, p. 203］。というのも、この説においては権利の本質は道徳的に重要な利益にあり、それらの利益の衝突は時には避けられないからである［Waldron, 1993, p. 205］。

他方、権利の選択説は権利の競合を避けることができるだろうか。この可能性を誰よりも深く追究したスタイナーの結論は、極めて奇妙なものである。彼はまず、行為の「内包的定義」と「外延的定義」とを区分することから説明を始める。行為の外延的定義とは、場所や対象といった行為の物理的構成要素を指示する定義であり、「時間t_1に場所p_1において対象o_1を所有すること」などがその具体的な例である。したがって、外延的定義においては、一つの行為が複数の仕方で定義されることはない。これに対して、内包的定義は行為者の目的を指示する定義であり、内包的に定義される行為に対応するものは複数存在しうる。たとえば、現在私が行なっているスタイナーの本を持つという行為は、調べものをする、本を書く、哲学をするといった無数の仕方で記述可能なのである［Steiner, 1994, p. 36］。

行為に対する二つの定義を区分した上で、スタイナーは二つの行為 A と B との「共存不可能性」を両者の外延的定義に共通部分集合が存在することとして定義する［Steiner, 1994, p. 37］。たとえば、あるペン o_1 を場所 p_1 において時間 t_1 から t_6 まで使用することとそのペン o_1 を場所 p_2 において時間 t_6 から t_8 まで使用することとは共存不可能である。というのはこの二つの使用は時間 t_6 という共通部分集合を有しているからである。したがって、二つの権利が共存可能であるためには、それらの権利によって要求される諸行為を外延的に、しかもそれらが共通部分集合をもたないような仕方で定義する必要がある、とスタイナーは主張する［Steiner, 1994, pp. 91-92］。

これが可能であったとしても、奇妙な主張であることは誰も否定しないだろう。通常、権利は内包的な仕方で定義されている。外延的な仕方で定義したら、権利の定義はあまりに煩雑になり役に立たないということがその理由の一つなのだろう。もちろん、このことは外延的定義を決定的に排除する理由にはならないかもしれないが、このような奇妙な仕方でしか権利の両立可能性を確保できないということは、権利の両立可能性という想定の説得力を疑わせるには十分であろう。

また、外延的定義を捨て内包的定義をとった場合でも、権利の数を極めて少数に制限するならば、両立可能性を確保することができるかもしれない。実際、権利の両立可能性テーゼは、「権利のインフレ」に対する批判という文脈で展開されることも少なくない。しかし、権利が価値に基礎を置くべきものであるとするならば、両立可能性を確保するために価値ある権利のいくつかを除外するのは、本末転倒と言えるのではなかろうか。大切なのは価値であって権利の両立可能性ではなく、両立可能性はそこまでしてでも確保されるべき重要な価値ではないように思われる。

2・2・3　手続きがすべてか

以上のような議論がすべて皮相なものであり、権利が実際に両立可能であったとしても、権利行使の結果に注目する必要がないと言えるかどうかは依然として検討に値する。権利と帰結との通路を断つ第二の方法は権利を手続き的なものに限定することである。手続き的権利とは、「ある人が何を持ってよいか、あるいは持ってはいけないかを直接的に明示するのではなく、その人の実際の保有、あるいは行動を正当なものとするためには従わなくてはならないルールを示す」ものである［Sen, 1985b, p. 133］。その典型例はノージックの「権原理論（entitlement theory）」の中に見出すことができる［Nozick, 1974, p. 151, 邦訳二五六頁］。権原理論はある人が何を持つべきかを規定するものではなく、ある人による保有物の獲得、交換が正当であるためのいくつかのルールから構成されている。この手続きに従って産み出された事態は、誰の権利侵害も伴わない限り正当なものであり、正統な手続きを経て生じた結果に介入して一定のパターンを実現しようとすることは権利侵害である、とノージックは口を極めて批判する。

ハートは、このようなノージックの権利論が無制約の功利主義と多くの点で対照的であるにもかかわらず、功利主義の最も受け入れ難い結論と同一の結果をもたらすという逆説的な特徴を有していることを指摘している［Hart, 1979, p. 833, 邦訳一九四頁］。両者が共に認める結論とは、ある条件さえ満たされれば、著しい不平等も容認されるというものである。無制約の功利主義にとっては社会の幸福の総和がそれによって最大化されることがその条件であり、ノージック流の権利論にとっては、そのような不平等が誰の権利も侵害せずに帰結したものであるということがその条件である、という違いはあるが。

ノージックの権利論が悲惨な結果さえも正当化してしまうという懸念は決して杞憂ではない。センは、数百万人が餓死した最近のいくつかの飢饉の事例を詳細に分析した後、その原因が食糧供給量の不足ではなく、ノージック流の権利の正当な行使（たとえば、買い占め）によって食糧価格が高騰し、一部の人達が十分な食糧を入手できなくなったことにある、と示したのである(49)［Sen, 1981b, ch. 10, 邦訳第一〇章］。もしそうであるならば、ノージックは正しい状態から正しいステップを経て生じたものはそれ自体すべて正しいと考えているので、飢饉も正しいと主張しなくてはならなくなるのである［Nozick, 1974, p. 151, 邦訳二五六頁］。

ハートはノージックがこのようなおぞましい結論を正当化してしまう原因を、ノージックの道徳的世界においては権利以外のものは存在せず、道徳的悪事はすべて権利侵害という形態をとることに求めているようである［Hart, 1979, p. 832, 邦訳一九二頁］。しかし、必ずしもノージックの道徳的世界において権利以外の要素が不在であるわけではないし(50)、前述したように（2・2・1）ノージックの権利理解とは異なった仕方で権利を理解することも可能である。たとえば目標権利説に基づくならば、たとえ道徳的世界において権利しか存在しなかったとしても(51)、「飢えない権利」を導入して、飢饉を権利侵害として非難する可能性は残されている。飢えない権利は手続き的権利とは異なり結果に言及しているし、他の権利（たとえば食糧に対する所有権）と両立不可能であるため、ノージックの権利論の中で位置を占めるのは困難であろう。しかし目標権利説においては、手続き的性格や両立可能性は権利にとって定義的に必要な特徴というわけではなく、それらが欠けているというだけの理由で権利としての資格がなくなるわけでもない。要するに、ノージックが奇妙な結論を正当化してしまうのは、彼が権利以外の情報を排除しているからではなく、両立可能な手続き的権利のみを情報基礎としている点に原因があるのである[52]。

2・2・4　権利の侵害と実現

これに対して、センは権利をノージックのようにそれ以上の分析する必要のない道徳的思考の出発点とはせず、潜在能力という基礎的価値と関連付けることによって、その分析を一歩でも進めようとしている[53]。センはこのような権利理解に基づいて、通常の権利理解とは異なった側面に焦点を当てて権利論を展開する。権利は可塑的な概念であるだけでなく、多様な要素を含んでいるため、どの要素に焦点を当てるかに応じてかなり異なったイメージを与えうる。従来の権利概念の分析は主として、権利の主体とその相手方との間の関係に基づいて行われてきた。たとえば、現代の権利概念分析に対して決定的な影響を与えたW・N・ホーフェルド（Wesley Newcombe Hohfeld）は、権利を二当事者間の関係として理解し、その関係の相違に応じて四つの種類の権利と義務とを描き出している［Hohfeld, 1919]。ここでその詳細に立ち入ることはできないが、二当事者間の関係に注目することは、権利概念についての結果志向的な分析を行うための一つの有益な方法であることは否定できないだろう。(54)

しかし、二当事者間の関係に基づく分析は、いかに有益であろうと権利の分析を行う可能な唯一の方法ではないし、文脈によっては別の仕方での分析の方が優れていることもあるだろう。そのような方法としてセンが提示しているのは、権利の正当化理由と関連付けて権利を分析する方法である。この方法においては、権利は権利主体と権利の対象である潜在能力との関係として理解される [Sen, 1982d, p. 16]。このアプローチの利点を検討するために、先に述べた道徳的事例に立ち戻ることとしよう（2・2・1）。

先の事例においては、アンは暴漢ビルがカールに暴行しようと計画していることを知ったが、暴行がどこで行われるかは知らず、その場所についての情報を入手し、カールに警告を与えるためには、アンはデーヴィッドの部屋に押し入らなくてはならなかった。これを**事例A**と呼ぶことにする。**事例A**を若干修正することによって、**事例B**を作り出すことができる。**事例B**においては、カールの生命を危うくしているのは、暴漢ビルではなく先の大戦で残された不発弾である。いささか無理な想定ではあるが、アンは不発弾の場所がどこかは知らないが、カールが訪れる場所に不発弾が残されていることは知っているとする。そして、**事例A**と同様、アンがその場所を知るためには、デーヴィッドの部屋に押し入らなくてはならないとする。この場合、アンはどうすべきか [Sen, 1981a, p. 50]。

前述した側面的制約説は、この二つの事例において同じ命令をアンに与える。すなわち、どちらの事例においても、アンはデーヴィッドの部屋に押し入ることを許されないのである。ビルによるカールの権利侵害を防止するためであれ何であれ、アンによるデーヴィッドの権利侵害を認めない側面的制約説とは対照的に、目標権利説は一定の目標のためであれば、アンによる権利侵害を認める。そのような目標として、以下では「より重大な権利侵害を防止すること」だけを取り上げ、単純化のため、目標権利説の下では、**事例A**においてはビルによるカールの重大な権利侵害を防ぐため、アンによるデーヴィッドの些細な権利侵害は許されるとしよう。それでは、**事例B**においてもアンは同じことを許されるだろうか。

この問いに対する答えは、目標権利説のうちでもどの立場を採るかに応じて異なる。権利を二当事者間の関係と捉える目標権利説においては、二つの事例はまったく異なったものとして理解される。というのも、**事例A**においてはビルによるカールの権利侵害が存在するのに対して、**事例B**においてはカールの権利は誰かによって侵害されるわけではなく、より重大な権利侵害を防止するためという正当化理由が存在しないからである［Sen, 1982d, p. 17］。したがって、権利の二当事者モデルは、**事例A**においてはビルによるカールの権利侵害を防止するためアンによるデーヴィッドの権利侵害を認めたとしても、**事例B**においてはカールの権利は誰からも侵害されていない以上、アンによるデーヴィッドの権利侵害を許さないだろう。

これに対して、目標権利説の中でも権利を権利主体と潜在能力との関係と捉える立場は、二つの事例を極めて類似したものとして理解するであろう。というのも、カールの潜在能力、危険なしに動き回る能力が阻害されているという点においては、どちらの事例も変わりがないからである。したがって、このアプローチにおいては事例Aにおけるのと同様、事例Bにおいてもアンがデーヴィッドの部屋に押し入ることを認めるであろう。

このように目標権利説の中でも、二当事者間の関係に注目するアプローチと権利主体と潜在能力の関係に注目するアプローチとの間には相違があるが、どちらのアプローチが優れているかは文脈によるだろう。潜在能力に注目する権利論が重要な文脈は、権利の侵害と権利の非実現とを区分することで明らかになるだろう。「侵害」という言葉の通常の理解によれば、事例Bにおいてはカールの権利が侵害される危険が存在しているとは言えないだろう。二当事者間の関係に定位する権利論が強調するように、この事例においてはカールの権利に対する侵害者が存在しないからである。

しかし権利において重要なのは、その侵害・非侵害という次元には限られないだろう。というのも、もしカールの安全への権利が誰かに侵害されないことが重要であるならば、カールが実際に安全であるという事実が重要ではないなどということはありえないからである［Sen, 1985b, p. 135］。逆に言うならば、カールが実際に安全でなくてもかまわないのであれば、彼の権利に対する侵害の有無は些細な問題となろう。ここで示されているような権利の侵害・非侵害以外の重要な次元として、S・カンガー（Stig Kanger）は権利の実現・非実現という次元を挙げている［Kanger, 1985, pp. 75–77］。これは権利によって保障されている行為を実際に行うことができるか否かという次元である。権利の侵害・非侵害の次元と実現・非実現の次元とは必ずしも一致しない。ある権利は侵害されていないが、実現されないことがありうるからである。たとえば、日本から出国する私の権利は、日本国が私の出国を制限するという形で侵害しなくても、日本国が世界のすべての国に圧力をかけて私の入国を拒否させることによっても無意味なものになりうる［Sen, 1981a, p. 51］。この場合には私の権利は侵害されなかったけれども、実現もされなかったのである。確かに権利の侵害は権利の非実現の主要な事例ではあるが、そのすべてを網羅するわけではない。

センも権利の実現を重視する。それは、権利が紙の上だけのものになったり、本来期待されている役割から逸脱したものになってしまうような圧力をつねに受けており、この圧力に抗するためには、権利概念をその導入目的と強く関連付けて理解する必要があるからであろう［Nussbaum, 2000, p. 97］。二当事者モデルのように、権利の侵害・非侵害だけに権利に関する情報を限定してしまうことは、潜在能力に対する正義の女神の関心を制度設計の段階で断ち切ってしまい、その制度の実際の運用の結果についての情報を排除することである。逆に言うならば、権利の侵害・非侵害についての情報で十分であると考えることは、潜在能力に対する関心を完全に満たすような仕方で制度を設計できるという想定を暗黙のうちに行うことであり、制度を設計する人間の理性に対する傲慢なまでの過信を反映しているともいえよう(55)。

権利の実現・非実現に焦点を当てていることから理解できるように、センは不正義を単なる規則違反、二当事者間の関係を規定するルールや権利の侵害に縮減しようとはせず、ルール違反には還元できないような重要な不正義についての情報を権利概念によって掬い取ろうとしているように思われる。

もちろん、このような考え方は少数派であり、通常の正義論は正義を制度設計の問題と把握し、不正義をルール違反として捉えている［Shklar, 1990, pp. 16–17］。しかし、センの思索の出発点となったベンガル大飢饉の惨状は、彼をして通常の正義論に安住することを許さなかった。前述したように、ノージックの権利論に対してはセンは徹底的な批判を展開している。それは、ノージックの権利論が不正義をルール違反に縮減し、保有物が一定のルールにしたがって取得され、移転されている限り、飢饉を引き起こすような分配でさえも正当であると強弁するからである。センはこのような権利論に対して次のように問う。

私が問うているのは次のことである。飢餓や飢饉のような結果が起こる場合にも、その悲惨な帰結にもかかわらず保有物の分配は依然として道徳的に受け入れられるのだろうか。もしそうだというのであれば、何か極めておかしなところがある。一体全体どうしたら所有権等のルールが生死の問題にかくも絶対的に優先すべきであるということになるのだろうか［Sen, 1985b, p. 134］。

この一文においてセンは、悪い結果を生み出してしまう場合にさえもルールに拘泥することの愚かさを戒めている。センが権利概念に期待しているのは、単にルールとして個々人の行動を調整することにはとどまらない。むしろ、ルール違反には還元できないような不正義を除去するための道具として権利は重要なのである。だからこそ、センは帰結主義の枠組みを無理やりにでも拡大し、権利と結果との通路を確保しようとするのである。

ノージックが権利を側面的制約として捉える背景の一つには、権利を効用の総和に対する考慮から守るためには、帰結全体から切り離して権利のトレードオフの可能性を排除することが必要であるという問題意識があったのかもしれない。確かに、その結果、権利は決して効用の総和とはトレードオフされない絶対的な地位を手に入れたが、そのために支払った代価は極めて高いと言わざるをえない。つまり権利は効用とのトレードオフだけでなく、権利間のそれをも含めたすべての帰結とのトレードオフを排除するために、両立可能な手続き的なものに限定されてしまったのである。ノージックは側面的制約として権利を捉える根拠を、個人が自分自身を意味あるものにするためには側面的制約が必要な砦であることを挙げているが［Nozick, 1974, pp. 48–50, 邦訳七六―八一頁］、ハートが指摘するように、意味のある生を送るためには他人の行動からの保護だけでなく、自由の行使の機会や手段も必要であろう［Hart, 1979, 邦訳一九八頁］。したがって、ノージックの側面的制約としての権利論は、情報という観点から分析するならば、功利主義が重視してきた要素を無視するだけでなく、飢饉の例から理解できるように私たちにとって大切な最も基本的な自由でさえも無視してしまうのであり、権利論の情報基礎としては極めて狭隘である［Sen, 1999, p. 67, 邦訳七四頁］。

＊

本章の出発点であるウィリアムズの消極的責任論批判に立ち戻ることにしよう。この批判は定義に基づいて不毛な二者択一を迫っていることに留意すべきである。前述したように、彼は消極的責任という観念を自分の行なったことに対する責任と同等の責任を自分の行なわなかったことに対しても認めるものとして定義している［Williams, 1973, p. 95］。したがって、彼が私たちに迫っている踏み絵は、完全な消極的責任を認めて自分の行為や主体性という概念に余地を認めないか、それとも行為や主体性を重視して消極的責任をまったく認めないかというものである。しかし、実際には、完全な消極的責任（功利主義の責任論）と完全な消極的責任の否定（側面的制約の責任論）との間には、消極的責任と積極的責任のそれぞれにゼロではない別々の比重を与えるさまざまな中間的立場が可能であり［Sen, 1981a, p. 55, n. 31］、目標権利説も評価者相関性を取り込むことによりこの中間的な立場をとることができる。

先ほどのアンの事例に即して述べるならば、目標権利説が評価者相関性を認めないならば、アンはカールの不利益がデーヴィッドの不利益を上回る場合にはいつでもデーヴィッドの権利を侵害すべきであり、そうしないことに対して責任を有することになろう。この意味で、評価者中立的な目標権利説はウィリアムズの主張するとおり消極的責任論に立脚していると言えよう。しかし、目標権利説が評価者相関性を取り入れるならば、目標権利説と消極的責任論の関係は変化する。評価者相関的な目標権利説においては、カールとデーヴィッドの不利益の差がそれほど大きくない場合には、アンは自分の行為に対する配慮から、そのような行為を差し控えることを許されるかもしれない。その場合には、評価者相関的な目標権利説は完全な消極的責任を肯定しているわけでも、完全に否定しているわけでもない。アンの不作為は、事態の一つの要素として考慮されるが、アンの主体性に対する責任が考慮に入れられるため、消極的責任論とは異なり彼女の作為に対する責任と同等の重みを与えられるわけではない。しかし、義務論的な見解とは異なり、評価者相関的な目標権利説においては、アンの主体性に対する責任もあくまでも事態の一つの要素であるにすぎず、事態全体の評価を下す際にいつでも決定的な要因であるとは限らない。それ故、この理論においては自分の行為に対する責任は不作為の結果に対する責任よりも重いものの、それをいつでも凌駕するほどのウェイトは与えられないのである。この意味で、評価者相関的な目標権利説は完全な消極的責任論と完全な消極的責任の否定との中間に位置すると言えるだろう。

ウィリアムズが指摘するとおり消極的責任におぞましい帰結がつきまとうのは確かだが、だからと言って、ウィリアムズの挑発に乗って、帰結に対する責任を完全に否定しなくてはならないわけではないし、そうするべきでもない。責任には程度があり、行為に対する責任と同程度の責任を認められないからといって、帰結に対する責任を完全に否定するのは馬鹿げているからである。

帰結に対するある程度の責任を認めるならば、権利についての捉え方も変わってくる。本章では帰結に対する責任を完全に排除した仕方で作り上げられた権利論がいかにいびつであるかを、ノージックの理論に即して見てきた。ノージックが帰結を排除するために払った代価は、権利を両立可能な手続き的権利に限定し、二当事者間の関係のみに情報を限定することであった。これは自由に関心をもつ人にとっては受け入れがたいほどのコストであり、トレードオフの回避と引き換えのためならば、とこのコストを喜んで支払う人はほとんどいないだろう。

第3章　天秤に何を載せるのか

功利主義の情報制約の第一の構成要素である帰結主義から、第二の構成要素である厚生主義へと目を転ずることにしよう。正義の女神はその掲げている天秤に示されるように個人間比較を行い、対立する諸主張の軽重を判断することを求められている存在である。コンクールなどで使われる「すべての事情を勘案して綜合的に判断した結果」という常套句は、不利な決定を下された側の不平を押さえ込むための目くらましとしてはともかく、道徳的判断の現実からは程遠い。すべての事情を勘案することは人間には不可能であるだけでなく、望ましくもないからである。だからこそ正義の女神は目隠しを付けて、一定の利益のみを天秤に載せて個人間比較を行わなくてはならないのである。

それではどのような利益で比較を行うべきか。この問題に対する回答は、あらゆる人が同一のものを自分の利益と考えるのであれば比較的簡単に与えられる。たとえば、すべての人が金銭によって自己の利益を表現できると考えるのであれば、金銭で比較をすればよいといったように。もちろん、個人の所有する金銭の平等化を目指すべきか総和の最大化を目指すべきかといった問題は残るので、比較の基準の決定は問題解決の十分条件ではないが、比較されるべきものの確定が問題の解決を容易にすることも確かである。しかし、現代社会においては、人々の価値観は多様化し、個人の利益と考えられるものが拡散しているため、天秤に何を載せるべきかということ自体が論争の的となっている。金銭で比較をしてほしい人と試験の点数で比較をしてほしい人との対立をどのようにして解決したらよいのだろうか。

厚生主義が意外な生命力を発揮するのはこの文脈においてである。前述したように（１・２・２）、厚生主義は個人の価値の対象についての理論としてはそれほど説得力がない。というのも、私たちは快楽や願望充足以外のものにも価値を認めるからである。しかし、厚生主義は個人の価値の指標についての理論としても解釈可能であり、その場合には、厚生主義は利害に関する人々の考え方の多様性という現実によく対応して、各人の考え方、趣味といったものに依存した仕方で利害の基準を定式化しようとしているものとして評価できよう（３・１・１）。七〇年代の現代正義論において主流を占めていたリベラリズムは、個人の人生に対する理想である善が多様であることを強調し、政府が一定の善についての理想を押しつけるべきではないと主張する点に共通の特徴があった［Dworkin, 1978a, p. 127］。このような文脈においては、すべての人に共通の福利のリストを提示する客観的基準は、個人の差異に敏感であるという意味での柔軟性に欠けているだけでなく［Griffin, 1986, p. 54］、個人によって善の観念が異なるというリベラリズムの公準に抵触しており、リベラリズムにおける福利の基準としては不適切であるように思われる。これに対して、主観的基準は個人の目的の相違に敏感であり、個人の趣味の主権性に最大限の尊重を払っている点で魅力的である［Scanlon, 1975, p. 657］。

このような価値の指標についての理論としての厚生主義に対して反旗を翻し、個人の権利や自由といった非効用情報の重要性を強調したのがロールズやドゥウオーキンといったリベラルたちであり、彼らの批判を契機に正義の女神が注目すべきなのは「効用か権利か」という論争が展開されていったのが、七〇年代の正義論の状況である。

以下では、個人の価値の基準をめぐるこの論争を検討する。まず、厚生主義及びそれに代表される主観的基準の魅力を確認した後（3・1・1）、それに対するロールズやドゥウオーキンの批判を紹介し、主観的基準への代替案としてロールズが提示した客観的基準、すなわち社会的基本財の理論を検討する(1)（3・1・2）。

セン自身も厚生主義に批判的であるだけでなく、さらにはその際の基本精神までをもロールズやドゥウオーキンと共有している。しかし、センとロールズやドゥウオーキンとの共同戦線は部分的なものにとどまる。センによると、ロールズ流の客観的基準はあまりに客観的にすぎるし、厚生主義に代表される主観的基準はあまりに主観的にすぎるのである。そこでセンは両者の欠陥を克服するために独自の代替案を提出し、中道をいこうとする（3・1・3）。具体的にはセンは「内在的に価値あるものは結果として生ずる効用でも手段としての財でもなく、人間の機能である」という主張を展開し、

「機能」に分析の焦点を当てることを要求する。

しかし、このようなセンの理論に対しては、ロールズらが客観的基準によって目指しているものを誤解しているとの批判が提出されている（3・2・1）。社会的基本財の理論を仔細に検討すると、ロールズと厚生主義者の相違が「個人の福利をどのように捉えるべきか」という狭い問題にとどまらず、正義の女神の役割に関するより深い問題にかかわるものであることが理解できる。具体的には、ロールズらによる功利主義批判の要旨は、「正義の女神は大衆に利益を与えることだけを願う裨益者ではなく、どのような制度を作るべきかという問題を決定する判定者である」というものであるように思われる。裨益者は大衆の幸福や利益とは何かを知る必要があるが、正義の女神は「制度の設計」問題を解決しようとしているのであり、それに役立つ範囲でのみ人々の幸福や利益を知れば足りるはずである。もちろん、人々の利益は制度の設計に有用な情報を与える場合もあるだろう。しかし、制度の設計にとって重要な情報は人々の利益には限られないかもしれないし、また個人の利益に関するいくつかの情報は有害なものとして断固として排除しなくてはならないかもしれないのである[2]。したがって、ロールズの客観的基準は個人にとっての価値そのものを捉えようとしたものではなく、制度の設計という問題にとって必要な情報を提供しようとしているのであり、目的を異にしている厚生主義とは同列に論じることはできない。にもかかわらず、センはあくまでも社会的基本財を厚生主義と同一の土俵の上で論じようとしており、この点でセンはロールズの厚生主義批判の骨子を誤解している、と批判されるのである。

確かに、センの理論にはこのような批判を受けても仕方のない側面が存在した。というのも、センの業績は功利主義の正統な嫡子である厚生経済学や社会的選択理論の内在的な批判であり、それらの理論的枠組み自体を破壊しようとするものではなかったからである。しかし、センのアプローチは個人の福利の基準としてのみ有用であるわけではないし、それだけを目指したものでもない。最近では、彼は福利自由や主体性、とりわけ主体性自由といった自由の重要性を強調することが多くなっているように思われる。(3) センはこの課題に答えるため、機能を「自由」の方向へと拡張し、選択できる機能の組み合わせの集合としての「潜在能力」集合に注目する。センによると、ロールズによる主体性の重視、責任ある行為主体としての人間像により整合的であるのは、社会的基本財の理論ではなく、潜在能力アプローチなのである（3・2・2）。

3・1　どうやって利害を比較衡量するのか

3・1・1　主観的基準の魅力

正義の女神は対立する利害、主張の軽重を比較衡量することを求められている存在である。それでは、人々の利害をどのように把握し、どのような基準で比較したらよいのだろうか。人々はその利害において対立するだけでなく、何が自分の利害であるかに関しても対立している。ある人にとってはお金が一番大切なものであり、別の人にとってはあの世での救済こそが人生の目的であるかもしれない。このように利害についての捉え方が異なっている人々の間で、一体どのようにして利害の比較衡量を行ったらよいのだろうか。

T・M・スキャンロン（Thomas M. Scanlon）は、利害の個人間比較のための基準が満たすべき属性を三つ挙げている［Scanlon, 1975, pp. 655-656］。第一の属性は一定の「コンセンサス」を得られるようなものであること。方法論的個人主義においては、個人の利害はある制度を批判したり正当化したりするための議論の出発点になることを期待されている。この役割を果たすためには、個人の利害の基準はコンセンサスを得ることができるものでなければならない。というのも、この基準にコンセンサスを得られなければ、ある制度の正当化、あるいは批判に対するコンセンサスはますます得られないと思われるからである(4)。

個人の利害の基準が満たすべき第二の属性は趣味や利害における人々の「差異」を斟酌できること。人々は決して同一ではなく、人々の利害も同一ではない。人々の多様性を無視した仕方で利害の「お仕着せ」の基準を作ることは容易ではあるが、魅力的ではない。そのような基準は前述したコンセンサスを得ることが難しいだけでなく、「人間は多様である」というリベラリズムの基礎的公準にも抵触するだろう。それでは多様な人々の多様な利益を一体どのようにして比較するのか。この難問に対して個人の利害の基準は（この難問を回避するということも含めて）何らかの形で対応しなくてはならないのである。

スキャンロンが挙げる第三の属性は「結果志向的（result-oriented）」であること。結果志向性とは若干あいまいな言葉だが、特定の財の組み合わせをランク付けることで分析を終わりにしてしまうのではなく、その財をもつことによって個人が受ける影響の仕方へと分析の焦点を移すことである。たとえば同一の量の食物に対する評価はその食物の好き嫌いに応じて人によって変化するのが当然であろうし、同一の趣味の人たちでさえも、体格、年齢、職種等が変われば必要となるカロリー摂取量も異なってくるため、同一のニーズを有しているとは限らない。したがって、個人の利益に関する基準は、食物のレベルで分析を終わりにしてしまうのではなく、趣味嗜好やニーズにおける相違を反映しなくてはならない、というのである。

これら三つの属性は相互排他的なものではなく、ある程度共通した観念を表現しているように思われる。すなわち、個人の利害の基準は人々の差異を無視したお仕着せのものではなく、人々の身の丈に合わせた細やかなものでなければならないという観念である。

＊

こうした観念に照らして考えると、厚生主義に代表される主観的基準は意外な生命力を発揮する［Scanlon, 1975, p. 657］。もちろん、前述したように厚生主義は、「第一人称の観点から見た場合に内在的価値をもつ対象は何か」についての主張として理解するならば説得力をもたない。というのも、「私」の観点からは、効用以外にもさまざまなものが価値をもつからである。具体的には、まず第一に人間には目標追求者としての側面、すなわち主体性が存在するし、第二には福利の成果だけでなく、自由も重要であり、第三に快楽や願望では捉えきれない福利の要素が存在する。

しかし、このような解釈は厚生主義の唯一の解釈ではない。すなわち、厚生主義は「第一人称の観点から見て個人の利益とは何か」についての主張としてではなく、「第三人称の観点から見てある個人が評価していることの証拠となるものは何か」についての主張として解釈することも可能である。私たちの追求する目標が多様で通約不可能であるとするならば、利益の内容も人によって異なるはずである。このような状況においては、各人の利益の内容に注目して、そこから共通の尺度を導き出すことは極めて困難であろう。むしろ、各人の利益に直接目を向けるのではなく、利益の実現から生ずる心理状態等の共通性に注目する方が各人の利益を各人の考え方に即した仕方で理解できるかもしれない。たとえば、各人は自分の利益とみなす事柄に関しては意見が一致しないだろうが、自分の評価していることを実現したいと願うこと、そしてその実現から快楽を得ることに関しては一致しているように思われる。したがって、私の利益に貢献しようとする第三者（裨益者）の観点からは、私の願望や快楽は私が何を評価しているかを教えてくれる「評価の証拠」として重要な役割を担いうるのである［Sen, 1987a, p. 10, n. 8］。そして、正義の女神は私たちの利益を配慮する第三者である以上、裨益者として私たちの効用に注目するのがある程度は理に適っているようにも思われる。

個人の価値の指標として解釈するならば、厚生主義はスキャンロンの三つの基準をかなりの程度で充足している。まず、厚生主義は個人の趣味に最大限の配慮を払っており、個人の趣味の「差異」を斟酌していると言えよう。たとえば、同量のお酒の配分を受けることの意義は万人に等しいものと考えるべきではない。効用に注目することによって、厚生主義は下戸の人と上戸の人との嗜好の差異をある程度は把握できるであろう。第二に厚生主義は結果志向性を有している。お酒の例に戻るならば、厚生主義はお酒という財の段階で分析をやめてしまうのではなく、お酒によってもたらされる心理状態に注目することで結果に焦点を当てていると言えよう。第三に、厚生主義は一定のコンセンサスを得ることにも成功するだろう。効用を内在的価値を有するものとしてではなく、個人の価値の指標と考えるならば、厚生主義は次のような魅力的な原理に依拠しているものと解釈できる。すなわち、ハーサニが選好的自律の原理と呼んだ「ある個人にとって何がよいもので何が悪いものかを決定する際に、究極の基準はその人自身の欲求であり、その人自身の選好でしかありえない」という原理である［Harsanyi, 1982, p. 55］。

もちろん、厚生主義に代表される主観的基準は価値の指標として見た場合にさえも、いくつかの難点を抱えている。具体的には、**第一章**で確認した内在的価値についての主張としての厚生主義に対する批判のいくつかは、そのまま価値の指標としての厚生主義に対しても当てはまる。(5) しかし、主観的基準には右で確認したような長所がある以上、単にその短所をあげつらうだけでは生産的とは言えず、代替案を提示する必要があるだろう。そこで、以下ではロールズによって提示された厚生主義に対する代替案である客観的な基準を検討することとしよう。

客観的基準を提示することは簡単だが、客観的基準は前述した三つの要請を満たすことができるだろうか。一見するとそれは困難であるように思われる。というのも、客観的基準はある人の利益をその人の趣味等から独立した仕方で定義しようとする以上、少なくとも第二の差異という属性を満たすことは容易ではないからである。この点に関して、客観的基準の方向へと進もうとする理論の中でも、二つの立場が存在する。第一はロールズらに見られるもので、そのような差異を考慮に入れる必要はないと考える。第二の立場はセンに見られるものであり、客観的基準も客観性を失うことなく個人間の差異を一定程度考慮に入れることができる、と主張する［Sen, 1985d, p. 196］。まずは、前者から検討することとしよう。

3・1・2　ロールズと客観的基準

現代正義論の嚆矢となったロールズの『正義論』は多くの点で功利主義に批判的ではあるものの、他方で功利主義が一定の魅力を有していることも承認していた［Rawls, 1971］。具体的には、彼は功利主義のもつ明晰性、体系性を評価し、それらを欠く直観主義を批判している。したがって、彼にとっては功利主義を批判するだけでは不十分であり、功利主義に対する代替案、しかも功利主義に比肩しうるほどの体系性をもった理論を提出することが必要であった。

功利主義が体系性、明晰性といった特徴を有しているのは、それが個人の利益という比較的明確な出発点から議論を始めているからである。個人の利益に関するロールズの基準を紹介する前に、まず彼の幸福観を確認することから始めよう。彼は人間の幸福を自分の「合理的な人生計画の成功裏の遂行」のうちに求めている [Rawls, 1971, p. 548]。もちろん、そのような人生計画は脅迫や無知の下ではなく、好適な条件下で形成されたものでなければならないという留保は付けられてはいるが。ロールズによると、幸福は合理的な計画を成功裏に遂行するという側面と当人の精神状態という側面という二つの側面を有している [Rawls, 1971, p. 549]。この成功裏の遂行という側面を含んでいる点で、ロールズの幸福の定義は精神状態にのみ注目する快楽主義理論とは異なっている。さらに、この幸福観は願望充足説とも異なっている。願望充足説も人生計画の実現を幸福として定義するだろうが、ロールズにとって幸福とは単に自分の人生計画が実現されることにはとどまらない。というのも、彼の幸福の定義は人生計画の単なる「実現 (fulfillment)」だけでなく、「遂行 (execution)」という行為と強く結び付いた言葉をも含んでいるからである。

ロールズの正義論の特徴の一つは、このような幸福の二つの構成要素のうち、厚生主義が注目してきた精神状態 (福利成果) や人生計画の実現 (実現された主体性の成功) といった側面ではなく、遂行という側面 (主体性自由と手段としての主体性の成功) を重視している点である。要するに、ロールズにとっては自分の人生計画が単に実現されるだけでなく、自分でその実現のために行為することが幸福の中でも最も重要な構成要素なのである。このことを最も端的に示しているのはロールズが厚生主義に対する代替案として提出した「社会的基本財 (social primary goods)」という概念である。社会的基本財は「自然的基本財 (natural primary goods)」とともに基本財の一種として、合理的な人間であるならば、他に何を手に入れたいと考えていようと、手に入れることを望むと想定されるものである。ある個人の人生計画の詳細がどのようなものであるかにかかわらず、その人が少ないよりも多くをもつことを選好するようなさまざまなものがあると思われる。これらのものを多くもつことによって、自分たちの目的が何であれ人々は自分の目指すものを遂行し、それに向かって前進するのにより大きな成功を一般に収めることが確実にできるのである［Rawls, 1971, p. 92］。

あらゆる目的の遂行のために必要な手段としての基本財は社会的基本財と自然的基本財とに区分される。「社会的基本財」とは、基本財のうちでも社会の基本構造が分配できるものであり、具体的には権利と自由、機会と権力、収入と富、自尊心の社会的基礎などが挙げられている(6)［Rawls, 1971, p. 92］。これに対して「自然的基本財」は知力や体力等、社会の基本構造に影響は受けるものの、社会がその分配を直接コントロールできないような基本財である［Rawls, 1971, p. 62］。ロールズが正義の女神に課す情報制約の第一の特徴は、これらの基本財のうち社会的基本財の分配にのみ正義の女神の目を向けさせようとする点にある。ロールズがこのような制約を課すのは、正義の女神の解決しようとしている問題が誰に何をどれだけ分配すべきかというものであり、社会が分配できないものは考慮の対象外として無視できるからである(7)。

ロールズが正義の女神に課す情報制約の第二の特徴は、目的遂行のための手段や機会にのみ情報を限定し、その手段等を用いて得られる成果に関する情報を排除している点にある。この点においてロールズの理論は福利成果に関心を集中している厚生主義と極めて対照的である。(8) それでは、ロールズはどうして手段や機会にのみ情報を限定し、成果についての情報を排除するのだろうか。この点についての彼の見解がよく表れているのが「贅沢な趣味」の問題である［Rawls, 1982, pp. 168-169］。この問題は、しばしば「安価な趣味」の問題と特徴付けられる、前述した（1・2・2）適応的選好形成とは極めて対照的な問題である。しかし、J・ローマー（John Roemer）が指摘するように二つの問題は同一のコインの完全な裏と表の関係にあるわけではない［Roemer, 1996, p. 238, 邦訳二七四頁］。というのも、適応的選好形成が問題であるのは個人が非自発的な仕方で不当にもちっぽけな望みをもたさせられることから生じていたのに対して、贅沢な趣味は個人が自発的な仕方で不当にも高価な望みをもつことから生ずる問題だからである。(9)

厚生主義は人々の趣味の相違にも敏感であることを誇りに思っており、社会的基本財の理論に対しては、次のような批判を行うであろう、とロールズは予想している。

一方にミルク、パン、豆といった食品で満足する人がいるのに対して、他方では高価なワインとエキゾチックな料理がないと狂乱する人がいるとしよう。要するに、一方が贅沢な趣味を有しているのに対して、他方はそうではない。正義の二原理を（私がここで想定しているような）単純な形態で理解するならば、反論によると、平等な収入で両者が等しく満足すると私たちは主張しなくてはならないというのである。しかし、これは明らかに事実に反する。市民の収入や富はせいぜいのところ、彼らの満足のレベルの大雑把な指標でしかなく、指標としてさえもあまり正確ではありえない。より重要なことに、これはあまりに不正確なので不公平であることも少なくない、というのである［Rawls, 1982, p. 168］。

要するに、厚生主義者によると、基本財はこの二人の趣味の相違に鈍感であり、鈍感ではないと主張するためには、二人が等しい基本財で等しく満足しているという滑稽な主張をしなくてはならないのである。実際には、この二人の満足のレベルを平等化しようとしたならば、両者に不平等な仕方で資源を分配しなくてはならないだろう[10]。このような資源の不平等な分配を正当化することによって、厚生主義は個人の趣味の差異に対応しているのである。

この問題は決して些細なものではなく、ロールズが厚生主義から脱却できているかに関わる重要なものでありうる。たとえば、R・アーヌソン（Richard Arneson）は、社会的基本財の理論が多様で異質な基本財の各構成要素に対するウェイト付けを行わなくてはならないことを指摘する［Arneson, 1990］。そして、このウェイト付けに関して、社会的基本財の理論はすべての人が社会的基本財の各構成要素に対して同一のウェイト付けを行うとする卓越主義的理論か、ウェイト付けが各人の厚生関数を反映する厚生主義のいずれか（どちらもロールズが回避しようとした理論である）に瓦解してしまうという興味深い批判を展開している。

この問題に対して、ロールズは正義の女神の解くべき「正義の問題」を転換することによって答えようとする。まずロールズは厚生主義が奇妙な人格観を前提としていることを指摘する。先の贅沢な趣味の人と倹しい人との事例において、厚生主義は趣味の相違に配慮するという名目の下に、前者に後者よりも多くの資源を分配しようとする。しかしこの主張には釈然としないところが残る。というのも、厚生主義の下では自発的に贅沢な趣味を涵養したら、それだけで社会に対してより大きな資源の分け前を要求できるようになり、わがままな人が得をして、倹しい人が損をすることになりかねないからである。この奇妙な結論は公平とは言い難いだけでなく、「市民の選好はたまたま発生しただけの性癖や渇望のように市民たちのコントロールを超えたものである」という著しく直観に反する人間観を前提としてしまっているのである［Rawls, 1982, pp. 168-169］。もし選好が人間のコントロールを超えたものであるならば、確かに選好は社会に対する要求の強い根拠となるかもしれないが、その見返りに人間は願望や快楽を盛り付けるための器のような受動的な存在に貶められてしまう。したがって厚生主義は、贅沢な趣味の人に多くの資源を分配するように要求することによって、煎じ詰めれば人間を「願望の受動的保有者（passive carriers of desires）」として把握していることになる、とロールズは批判する。

ロールズに言わせると、ここで欠落しているのは「自分の目的に対する責任」という観念である［Rawls, 1982, p. 169］。ロールズの理論においては［Rawls, 1993, p. 189］、個人と社会の間で責任に関する一種の社会的分業が存在する。社会は人々に平等な基本的自由を保障し、維持する責任を引き受ける一方で、個人は自発的かつ自由な仕方で自分の目的を形成する責任を負う。したがって、自由かつ好適な環境下で形成された目的に対しては本人が責任を有しており、その結果に対して社会に不平を言うことができない、とされる。このような理論枠組みにおいて重視される人間の側面は、快楽や願望の宿る器といった受動的な側面ではなく、自由に選択し、その代わり自分の選択に対して責任を負う能動的な行為主体としての人間の側面である「主体性」であるように思われる。

主体性を重視することから、ロールズは個人の利益の基準としての社会的基本財の理論を正当化しようとする［Rawls, 1993, pp. 33-34］。彼の正義論における人格についてのモデルである「秩序ある社会の市民」は自分たちの目的に対して責任を負うことができる自由な存在である。したがって、市民の社会に対する主張や要求の重みも、欲求や願望の強さや心理的強度といった主観的基準によって与えられるものではなく、市民としてのニーズという客観的基準によって測定されるべきものである。言い換えれば、基本財を個人の利益の基準として用いることは、単に厚生主義的な利益の基準に対する代替案を提示することにとどまるのではなく、人間像の転換を伴っているのであり、社会的基本財の理論が自分の目的に対する責任を引き受ける能力を有する存在としての市民を前提としている以上、「基本財が贅沢な趣味を持っている人に対応していないということは、それ自体基本財の使用に対する反論とはならない」のである［Rawls, 1982, p. 168］。

要するにロールズにとって正義の女神が解くべき問題は、「社会」が誰に何をどの程度分配すべきかというものであり、この問題を解くためには、正義の女神は「個人」の目的実現の程度や福利成果に関心を寄せる必要はない。というのも、それらは個人が責任を負うべき事柄であり、社会の責任ではないからである。したがって、ロールズの理論において正義の女神は、個人が自分の目的や福利を実現するために必要な手段をどれだけ有しているかに関する情報にのみ基礎を置いて決定すれば足り、それらの手段を用いて市民が何を成し遂げたかについての情報は必要としない。このようにロールズは「自分の目的に対する責任」という要素を導入することによって、厚生主義の対極に位置する客観的基準を代替案として提出したのである。(11)

3・1・3　主観主義と客観主義のはざまで

以上で確認した厚生主義とロールズの社会的基本財の理論の内では、センは後者に対してより好意的であるように思われる。実際、セン自身も自分とロールズとの間に基本的な共通性があることを承認している [Sen, 1985b, p. 142]。両者の類似点に関しては、ローマーによる整理が有益である [Roemer, 1996, p. 164, 邦訳一九二頁]。彼は両者の類似点として四点を挙げている。第一に両者は共に非厚生主義者であり、個人効用とは別の基準で個人の利益を捉えようとしている。第二に、両者は共に平等主義者であり、個人効用以外のものを平等化しようとする点で一致している。第三に、両者は共に最終点帰結の平等化を目指しているのではなく、個人の責任に余地を残そうとしている。第四に、だからといって両者は共に形式的な機会の平等に満足しているわけではなく、より実質的な平等の実現を目指す点でも一致しているのである。

このような基本的な一致にもかかわらず、センは社会的基本財のような客観的基準では満足できず、独自の基準を提出することになる。その理由を、センがロールズを超えようとした二つの方向に即して確認していこう。G・A・コーエン（G. A. Cohen）はこの二つの方向を「財から機能へ」と「実際の状態から機会へ」という形でまとめている［Cohen, 1993, p. 10］。

センは厚生主義の代替案となる基準を探求する際に、進むべき方向が主観的基準ではなく客観的基準であるという点においてはロールズに賛成するが、どこを終着点とするかという点においてロールズと袂を分かつ［Sen, 1987a, p. 15］。彼の批判を理解するために、ここでセンにならって四つの観念を区分しておきたい［Sen, 1985b, p. 138］。それは、「財（a good）」、ある財の「特性（a characteristic）」、ある人の「機能（functioning）」、そして「効用（utility）」である。

財xはさまざまな望ましい性質、すなわち特性をもつ。たとえば、米という財はさまざまな特性cを有しており、カロリーや栄養を与えるという特性などはその一例である。[(12)] 人iは財xを所有することにより、さまざまな特性に対する支配権を確立することができるようになる。たとえば、米を所有することにより、飢えをしのぐ、栄養を摂取するといった米のもつさまざまな特性を入手できるようになる。しかし、財の特性はあくまでも財のもつ性質にすぎないので、「それを用いて人が何をなしうるかを教えてくれはしない」［Sen, 1985a, p. 9, 邦訳二一頁］。たとえば、米という財xを摂取することにより、人iは栄養不足に陥ることなく生活するという機能を得ることになるかもしれないが、その人の得る機能は財の特性だけによって決定されるのではなく、その人のもつ身体的特徴（たとえば、寄生虫がいるか、熱帯に住んでいるか、妊娠しているか）や社会的要因（たとえば、どのような仕事をしているか、どのような調理法が用いられているか）等の財の特性以外の要因によっても影響を受ける[13]。これに対して機能とは、財やその性質ではなく、財を用いる人の性質であり［Sen, 1985b, p. 139］、具体的にはある人がある状態になることやある行為を行うことである［Sen, 1992a, p. 39, 邦訳五九頁］。最後に、人は機能を獲得すること（あるいはしないこと）から一定の心理状態を得るだろう。この心理状態の一つの表現が効用である[14]。

もちろん、これら四つの観念は相互に連関している。米という財のもつ特性が人に飢えをしのぐという機能を与え、この機能を獲得することによって人は空腹の苦痛からの解放といったような効用を得ることになるのである。しかし、この連関は人により異なりうる。一合の米という財を二人に与えても、両者の身体的条件等が異なれば、両者が同じように飢えをしのぐという機能を獲得するようになるわけではない。また、両者の米に対する嗜好が異なれば、一合の米から得られる効用も異なったものになるだろう。したがって、この四つの観念は関連はしているものの別個のものとして区分されるべきである。

それでは、これら四つの観念のうち、何に注目すべきなのか。これらのうち、厚生主義は効用のみに情報を制約するのに対して、ロールズは社会的基本財の理論によって財にのみ情報を制約していた。これに対して、センは機能に注目する必要性を指摘する。この主張を説明するためにセンが用いている例を導入しよう。

AとBの二人がいるとしよう。両者は共にかなり貧困だが、Bの方が貧困である。Aの方が高い収入を得ているためいろいろなことができるが、中でもより多くの食料を購入し消費できる。しかし、Aの方が代謝率が高いだけでなく、ある種の寄生虫による病気も患っている。そのため、Aの方がより多くの食料を消費しているにもかかわらず、実際にはAの方がBよりも栄養状態が悪く、衰弱している［Sen, 1987a, p. 15］。

この場合、Aの方がBよりも財を多く所有しており、その意味において富裕であることは明らかであろう。したがって、ロールズの理論のように財の次元で両者を比較し、この次元における平等を目指すのであれば、食料をすでにより多く保有しているAではなくBに供給すべきことになろう。[15] しかし、食料摂取がどれだけの栄養摂取につながるかは、身体的、医学的、気候的、社会的等さまざまな要因によって影響を受ける［Sen, 1987a, p. 16］。たとえば、同一の栄養状態を達成するためには、代謝率が高くかつ寄生虫のいるAはBよりも多量の食料を必要とする。それでもこの場合にAではなくBに食料を供給すべきである、と主張するのはどこかピントがずれていないだろうか。何しろ二人のうち栄養状態が悪く、衰弱しているのはAの方なのだから。

これに対してセンは、正義の女神は財ではなく機能、すなわちその人が何を行うことができ、どのような状態でいることができるかということに焦点を合わせなくてはならない、と主張する［Sen, 1987a, p. 16］。というのも、重要であるのは食料そのものではなく、食料の助けを借りて人間がどのような生活を送ることができるかだからである。もちろん食料のような財なくしては栄養摂取ができないという意味で財の重要性は否定すべくもない。しかし、財はあくまでも目的達成の手段にすぎないのであり、財のみが価値を有すると考えるのは「物神崇拝」以外の何物でもない［Sen, 1982a, p. 366, 邦訳二五〇頁］。ロールズが物神崇拝に陥ってしまうのは、彼が社会的基本財のような財の保有が人々にとっての利益であるかのごとく考えており、利益とは人と財との間の関係のうちにあるということを理解していないからである。人の生活はさまざまな機能によって構成されている以上、人々の暮らし向きのよさを判定する際にも、財のように外在的であったり、効用のように派生的であったりするような要素を通じて行うのではなく、機能のように人間の生活を構成する要素に直接注目することによって行われるべきである、とセンは主張する［Sen, 1992a, p. 39, 邦訳五九頁］。

＊

センによる機能アプローチは前述した主観的基準と客観的基準の区分に関して、どのような位置を占めているのだろうか。この点に関して、コーエンは「中間物（midfare）」という概念を提出する(16)［Cohen, 1993, p. 18］。これは機能が時間的に「財を保有すること」に後続し「効用を得ること」に先行するという意味において、基本財と効用の中間に存在することを表す概念である。

容易に予測できるように、中間物としての機能に注目するアプローチは、あまりに主観的にすぎる主観的基準を批判する際には客観的基準と共同歩調をとり、あまりに客観的にすぎる客観的基準を批判する際には主観的基準と共同戦線を引くというコウモリ的な立場をとることになる。

主観的基準があまりに主観的であるという批判をセンが行うのは、正義の女神が客観的な要素も考慮に入れるべきだからである。たとえば、正義の女神は贅沢な趣味を有する個人がどれほど望もうとも、その個人の要求をそっくりそのまま尊重することは許されない。贅沢な趣味の人とは逆に、どれほど逆境にあろうとも、どれほど機能の面で恵まれていなくても、にこやかにそしてささやかに人生を送る人たちはいる。この人たちはほとんど社会に対して何も要求しないかもしれないが、正義の女神はこの人たちのなけなしの利益こそ「緊急度」[Scanlon, 1975, p. 660] の高いものとして尊重しなくてはならない、と客観的基準の信奉者は主張する。

センもこのような客観的要素の重要性は否定しない。しかしだからといって、個人の利益や福利が個人の趣味嗜好から完全に独立した存在であるということにはならないはずだと考える [Sen, 1982a, p. 364, 邦訳二四四頁]。人々の福利を判定するとき、喜びや苦しみ、願望充足といった主観的な要因を完全に無視するのは間違っており [Sen, 1982a, p. 366, 邦訳二五一頁]、正義の女神は客観的な要因とともに個人の嗜好や苦痛を考慮に入れるべきである、とセンは主張する [Sen, 1982a, p. 364, 邦訳二四五頁]。正義の女神が厚生主義の欠陥を克服するために人々の苦痛から目をそむけてしまうようならば、「羹に懲りて膾を吹く」と評されても仕方がないだろう。前述したように、センは厚生主義に代表される主観的基準に対して批判的ではあるが、それは厚生主義が内在的価値を効用のみに限定し、それ以外の情報の重要性を否定しているからである。そして、この極端な立場を否定するためには、効用以外にも重要な情報があることを示せば足りるのであり、客観的基準のように効用がまったく重要性をもたないという別の極端な主張を立てる必要はないのである。このような意味で、客観的基準はあまりに客観的にすぎるのである。

センはこのような柔軟な立場から、「主観的基準か客観的基準か」という不毛な二者択一を乗り越え、客観的要素も主観的要素もどちらも重要であることを承認し、両者を取り込もうとする。このようなセンの主張は「機能」の具体的な要素のうちに最も端的に表れている。センが機能の具体例と挙げているものの中には、栄養状態や寒さをしのぐことといった比較的客観的な要素だけでなく、「幸福であること」のように厚生主義のトレードマークとも言える主観的な要素も含まれているのである(17) [Sen, 1993a, pp. 36-37]。客観的基準の提唱者の代表的存在であるロールズ自身も、最近では身体的な苦痛からの自由のような主観的要素を基本財のリストに付け加える可能性を示唆している点は注目に値するが [Rawls, 1993, pp. 181-182]、単なる示唆にとどまっており、主観的要素の付加が社会的基本財という概念全体に与える影響について十分に検討されているとはいえまい。これに対して、センは機能という中間物に焦点を当てることによって、「ひとの主観的特性とその客観的制約の双方に対して、福祉の形成において果たすべき役割を的確に指定している」と評価することができよう［鈴村　1998　一九七―一九八頁］。

3・2　どうやって自由を表現するか

3・2・1　ロールズは何を問題にしているのか

前述した（3・1・1）個人の利益の基準が満たすべき属性に照らして考えるならば、センのアプローチはロールズの提示した客観的基準よりもはるかに優れていると言えるだろう。特に「結果志向性」、すなわち財の分析で終えることなく、財が人に対してなすことにまで分析を進めている点は評価でき、センのアプローチは財と人との関係性が人によって異なりうることに配慮した豊かな可能性をもった基準であると言えるだろう。それではなぜロールズは社会的基本財のような硬直した基準を提出したのだろうか。もちろん、ロールズの理論が完璧であると想定する理由はないが、センによるロールズ批判はあまりに切れ味がよすぎて、ロールズの何かを見失っているのではないかとの疑念も浮かんでくる。このような疑念を明確な形で定式化したのが、R・サグデン（Robert Sugden）である。

サグデンも福利の基準としては、すなわち「よき生活とは何か」とか「福利とは何か」という問いに対する回答としては、ロールズの社会的基本財が不完全な尺度であることを認めており、さらには、貧困、不平等、飢饉、経済開発といった問題を扱う際には、センの基準の方が説得力を有するとも考えている［Sugden, 1993, p. 1956］。それにもかかわらず、サグデンによると、このことはロールズの批判にはならないのである［Sugden, 1993, p. 1957］。というのも、これらの問いはロールズが答えようとしているものではなく、問いが異なれば回答が異なるのも当然だからである。実際、ロールズも「公正としての正義は政治的正義の問題において全体的な福利を比較したり極大化するという考えを拒否している」という形で、自らの正義の問題が福利の増進ではないことを明言している［Rawls, 1993, p. 188］。サグデンに言わせれば、センは功利主義を批判しようとするあまり、功利主義的思考様式に知らず知らずに染められてしまっているのである。だからこそセンは、功利主義とは異なった思考の土俵が存在することを十分認識できず、ロールズが自分とは異なった問いに向き合っていることを理解できない、というのである。

確かに、センは功利主義を痛烈に批判してはいるが、これはいわば内輪もめであり、功利主義的思考様式を温存していると言われても仕方のない側面を有している。すなわち、個人にとって善とは何か、社会にとって善とは何かと問う思考様式であり、センがそのメインフィールドとしてきた社会的選択理論にも受け継がれた観念である。そして、功利主義や社会的選択理論の内でもセンが批判を加えている部分は、個人にとっての善の内容についての見解（厚生主義）や、個人にとっての善から社会にとっての善を推論する方法（総和主義、パレート原理など）であって、個人の善から社会の善を導出するという思考様式そのものではない。言うまでもないことだが、功利主義を批判するにはセンのような穏健な方法以外にも、その思考様式それ自体を攻撃するという徹底的なやり方がありうる。たとえば、「公正、合意、あるいは権利の非侵害といったような手続き的基準を用いて、集団的選択や社会的相互作用を統べるルールを評価する」[Sugden, 1993, p. 1951] といった、社会契約論やリバタリアニズムがとっている戦略などがその好例である。[18]

サグデンによれば、ロールズも後者の戦略、すなわち個人の善についての非功利主義的な理論を構築するのではなく、手続き的な価値を出発点としてルールを評価するという方策をとっているのである [Sugden, 1993, p. 1956]。ロールズの理論の中にも両方の要素が存在するようにも思われるし、そもそもルール評価の基礎とされる手続き的価値を個人の善から完全に分離できるかどうかは検討されるべき問題であろう。しかし、以上のような留保にもかかわらず、個人の善か手続き的価値かという力点の相違は確かに存在し、近年、ロールズ自身も自分が解決しようとしているのが「何が真であるか」「善とは何か」といったような哲学的、形而上学的問題ではなく、「こういった問題に対して意見を異にしている人たちの間で行われるべき社会的協働はどのような条項に基づいて行われるのが公正か」という問題であることを強調している。したがって、少なくとも近年のロールズに関しては、「正義とはルール、具体的には社会的協働の公正な条項にかかわるものである」という手続き的価値の要素が前景に大きく表れていることは否定できないだろう [Rawls, 1993, p. 16, 21, 97]。

サグデンの批判は二つの仕方で解釈することが可能である。第一の解釈は、サグデンはここで個人の価値、利益を比較する正義の女神の存在それ自体に対して疑念を呈しているというものであり、サグデン自身はその後この解釈に沿った仕方で理論を展開している [Sugden, 1989]。しかしながらこの解釈はロールズの真意についての主張としては、無理がある。というのも、ロールズは社会的基本財の理論を個人間比較の基礎としても用いており［Rawls, 1971, p. 92］、この意味において正義の女神の存在を前提としているからである。このようにロールズの解釈としては無理があるものの、正義の女神の存在自体を否定する理論は可能かという論点は依然として検討に値するものであり、**第五章**で扱うこととしよう。

サグデンの批判の第二の解釈は、サグデンの批判はロールズの正義の女神が解決しようとしている「正義の問題」が「福利の増進」ではないことを指摘している、というものである。すなわち、ロールズの正義の女神が個人の幸福の増進をその直接の目的としているのではなく、社会的協働の公正な枠組みを設計し、社会的協働に伴う便益と負担とを公正な仕方で分配しようとしているのだとするならば(19)、彼の正義の女神はそのような便益と負担にのみ注目すれば足りるはずである。にもかかわらず、センがロールズの理論をもっぱら個人の福利についての理論として解釈し、個人の福利を正確に捉えていないと批判しているとするならば、それは的外れであろう。

それでは、個人の善ではなく手続き的な価値を出発点としたならば、ロールズの社会的基本財の理論は救済することができるのだろうか。手続き的な価値と一口に言っても多様ではあるが、ここでは自由を取り上げてみることにしよう。自由自体も多様であり、個人にとっての善、利益として重要であるという側面（福利自由）も有しているが、必ずしも個人の利益にはならないものも存在しうる。たとえば、他人を殺す自由をもつことは、殺人を自分の目標としていない場合には必ずしも利益にはならないかもしれないが、社会が殺人者を非難する場合には、責任の前提条件として重要である（主体性自由)。ここで前景に表れてきているのは、受益者としての人間の側面である福利ではなく、責任ある行為主体としての人間の側面である主体性である。以下では、自由の中でも特に後者に焦点を当て て、ロールズとセンとを対比することとしよう。

両者は共に、主体性自由の重要性を強調している。センは人々が主体性自由をもつべき理由を、「責任は自由を要請する」として責任観念と関連付けて説明している［Sen, 1999, p. 284, 邦訳三二七頁］。個人の責任を強調し自助努力を賞賛することは、福祉国家批判者の常套手段である。しかし責任には前提条件があることに留意すべきである。「べきはできるを含意する（ought implies can）」という原則が示すように、ある人があることをすべきであったと非難するためには、その人はそのことをできなければならないのである。逆に言うならば、あることを行う能力を有することによって、ある人はどの選択肢を選択すべきかを考慮し、決定する責任を引き受けざるをえなくなる。このような意味で、何かをする能力は責任の必要条件であり十分条件でもある、とセンは強調する［Sen, 1999, p. 284, 邦訳三二七―三二八頁］。

ロールズもまた個人の責任と自由とを関連付けることによって、主体性の重要性を説明している。彼の理論モデルの構成要素の一つである「道徳的人格」は、社会的協働の公正な条項に従う責任を負う存在として特徴付けられており、そのような存在として、自分の目標を形成し追求する能力だけでなく、自分の目標を公正な条項の求めるものに合わせて調整し修正する能力をも有するものとして描かれている。したがって、ロールズもまた、個人の自由を責任と結び付けることによって、個人の主体性の重要性を強調していると言えるだろう。また、前述したように、ロールズは幸福の二つの要素のうち、自らの行為によって実現することを中心的な要素としており、「主体性自由」と「手段としての主体性の成功」に力点を置いていた。さらに、ロールズが強調していた「自分の目的に対する責任」の問題は、ある人が社会に対して自分の目的達成のためにどれだけの支援を道徳的に要求できるかを判定する際に明らかに関連を有しうるが、その人の現実の福利を判定する際には直接的な関連をもたないかもしれない(20)[Sen, 1985d, p. 197, n. 27]。したがって、ロールズが社会的基本財の理論によって行うとしたことは単なる福利の分析にとどまるものではなく、その主なターゲットは主体性の分析にあったと言えよう(21)。

ロールズの主張するように、個人効用は責任ある行為主体の個人間比較の基礎としては不適切である。どのような目的をもち、どのような趣味を涵養するかは先天的に決まっていることではなく、それに対して個人が責任を有する事柄である。贅沢な趣味の事例から明らかなように、厚生主義は自分の趣味が実現されずに味わう挫折感だけに注目し、この挫折感が自業自得とみなされるべきものであるのか、それとも本人の責任ではなく社会的に救済されるべき問題であるのかを区分しようとはしない。これに対して、ロールズは個人間比較の文脈で社会的基本財を使用することの前提には市民が「自らの目的に対する責任を引き受ける能力」を有しているという人間像が存在することを強調する[Rawls, 1982, pp. 168–169]。要するに、ロールズは「各人は自らのコントロールできる物事に対しては責任がある」という責任観念を前提として、「財をどのように用いて、どのような機能、効用をもたらすかは各人の責任である」という理由に基づいて効用や機能を無視し、社会的基本財に関心を集中することを正当化しようとするのである。

このようなロールズによる正義の問題の転換の意義はセンも理解しており、彼は社会的基本財の理論が福利だけでなく、主体性、自由や責任といった観念の分析をも目指したものであることも十分に承知している [Sen, 1985d, p. 199, n. 33]。またロールズが社会的基本財の分配に焦点を当てることによって、正義の女神の視線を「達成された成果」から「享受されている自由」へと移動させることに成功したと一定程度評価もしている [Sen, 1992a, pp. 79-80, 邦訳一二三頁]。しかし、この成功はあくまでも一定程度のものにすぎず、自由を十全に扱うためには社会的基本財とは別の枠組みが必要である、と付言することもセンは忘れていない。センは自由の指標としての社会的基本財に対してどのような点において不満なのだろうか。

3・2・2　潜在能力アプローチ

ロールズの社会的基本財の理論に対して、センはロールズと極めて類似した立場から出発しつつも徹底的な批判を展開し、潜在能力アプローチという独自の基準を提出している。この基準はその後、国連のＵＮＤＰによる人間開発指数（ＨＤＩ）にも影響を与えるなど[22]、その有効性が高く評価されており、センに対するノーベル経済学賞の授与理由の一つともなっている。潜在能力アプローチはきわめて射程の広い理論であり、主体性自由のみならず、福利自由をも視座に収めたものではあるが、このアプローチについては、わが国においてもすでに多くの紹介、検討が行われているので[23]、本章では自由と責任という観点に限定して話を進めることとしよう。

センはロールズの責任観念という前提を受け入れながらも、社会的基本財という結論を批判する[Sen, 1992a, p. 148, 邦訳二三三頁]。センが自由の情報基礎として提示するのは「潜在能力」である［Sen, 1992a, pp. 39-40, 邦訳五九―六〇頁］。人間はたった一つの機能だけを実現しているのではなく、複数の機能を同時に実現している。したがって、福利成果としては単一の機能に注目するよりも、実現された機能の組み合わせに焦点を当てた方が正確である。さて、実現された機能の組み合わせは、実現可能な機能をすべて含んでいるとは限らない。いくつかの機能は両立不可能であり、同時に実現できないかもしれないし[24]、いくつかの機能は同時に実現可能であるが選択されなかったかもしれない。人間はいくつかの機能をさまざまな理由のために捨て去りながら生きている。しかし、捨て去られた機能がまったく無意味であるわけではない。一定の機能の組み合わせしか存在せず、仕方なくその組み合わせを選択した人と、いくつかの組み合わせの中からその組み合わせを選択した人とでは自由という面では大きく異なっている。そこで、ある人の自由を表現するためには、その人が選択できる機能の組み合わせの集合を表現することが必要であり、それが潜在能力である。潜在能力とは、ある人が行うことのできる、あるいはありうることができるさまざまな機能の組み合わせを表しており、機能の組み合わせが潜在能力集合の要素であるのに対して、潜在能力は集合それ自体であるという関係に立っている。潜在能力という概念で行為の自由という観念を表現するのは自然なことであろう。というのも、機能への潜在能力は、ある人が行いうることが何かを反映しているからである［Sen, 1985b, pp. 138-139］。

ある個人の自由を評価する際には社会的基本財ではなく潜在能力に焦点をあてる必要があることを説明するために、センは標準的なミクロ経済学の概念である「予算集合」とのアナロジーを用いる［Sen, 1992a, p. 36, 邦訳五二―五三頁］。今、ある人が一万円の金銭を所持しているとする。この人が一万円で買うことのできる財貨の組み合わせの集合が予算集合である。予算集合はその人が選択できる選択肢の集合として、その人の「自由の範囲」を表現していると言えよう。さらに、この例では一万円がこの人の所有している「資源」であり、この予算集合からこの人が選択した財貨の組み合わせ、すなわち集合の一要素が「成果」である。

さて選択された要素である成果は、それがどのようなメニューや選択肢から選択されたのかについての情報を含まない。ある人がA定食を選択したとしても、それがレストランのメニューのうちでその人に払えるものはA定食しかなかった結果として行われた選択なのか、その人がB定食やC定食も選択できる状況において行われた選択なのかはわからないからである。この意味において、成果は自由についての情報を含まない。これに対して、ロールズが注目している資源についての情報は自由の範囲を表している予算集合についての情報を一定程度含んでいる。というのも、資源が増加すれば、予算集合の要素となる財貨の組み合わせも増加するからである。したがって、成果から資源へと焦点を移動することは、自由に対してより大きな注意を払うことになる［Sen, 1992a, pp. 33-34, 邦訳四九頁］。

それでは、資源についての情報は自由を十全に捉えているだろうか。ここで、資源は予算集合の範囲を大きくしたり小さくしたりするための重要な手段ではあっても、あくまでも手段であって予算集合そのものではない、という点に留意すべきである。このことは、資源から予算集合への転換率が人によって異なりうることから説明できる。標準的な経済学の説明では、財の値段は単一であり、競争的な市場が存在するという想定が行われるが、もし財の値段が単一ではないならば、資源から予算集合への転換率の差異は無視できない要素となる。先のレストランの例に戻るならば、このレストランが人によって値段を変える場合には、ある人は一万円でA定食しか食べることができないのに、別の人は一万円でA定食だけでなくB定食やC定食まで選択できるということが起こりうる。このような場合には、一万円という資源に注目するだけでは、この人たちの予算集合の大きさ、自由の差異を理解することができない。

予算集合とのアナロジーをやめ、財空間から機能空間へと目を転ずるならば、人による転換率の差異はさらに一層重要なものとなる［Sen, 1992a, p. 37, 邦訳五四頁］。というのも、前述したように（3・1・3）財から機能への転換率は身体的条件等さまざまな要因に依存しており、人によって大きく異なりうるからである。この転換率の相違は贅沢な趣味に起因し「それはあなたの責任である」と切り捨てられる場合もあるだろうが、いつでもそうとは限らない。何に対して当人が責任を有し、何に対して責任を負わないのかについてはリベラリズムを信奉する人たちの間でさえも意見の一致をみないだろう。[25] しかし前述した（3・1・3）高い代謝率を有する人Aと貧困な人Bの事例に戻るならば、自分の代謝率に対する責任をAに負わせるべきではないという一点に関してだけは意見の一致があるだろう。しかしロールズのように財に焦点を当てる理論は、Aに責任がない事柄（代謝率の高さ）のゆえに、Aに不利益を与えてしまうのである。しかも、この問題は代謝率に関してのみ成立するのではなく、本人の責任なく背負わされてしまったハンディキャップ全般に当てはまる。すなわち、財に注目するアプローチは、身体に障害のある人たちの機能を向上させるために資源を優先的に分配することに反対したり、歩行が困難な人に自転車をあてがうことでその人に配慮したと考えてしまうような鈍感さを秘めているのである。この意味において、社会的基本財に注目するアプローチは「人間存在の多様性にほとんど注意を払っていない」のであり、前述した「結果志向性」や「差異」という個人の利益に関する基準が満たすべき属性を欠いている、と言えよう［Sen, 1982a, p. 366, 邦訳二四九頁］。

したがって、社会的基本財のような資源は、潜在能力集合の大きさを決定する主要な原因であるという意味において自由の指標とはなりうるが、潜在能力集合の大きさ、個人間の相違を示せない場合もあるという意味で自由の不完全な指標であることも事実である［Sen, 1992a, p. 38, 邦訳頁］。以上のような理由から、個人の自由を評価する際には、資源や財ではなく、それらを用いて実現される機能の集合である潜在能力に注目すべきである、とセンは主張する。というのも、社会的基本財はあくまでも自由の手段にすぎず、前述したように手段から実際の自由への転換率は人によって異なるからである［Sen, 1990b, p. 115］。

ただし公正のために、ロールズも「自由の値打ち（the worth of liberty）」という概念の下で、正義の第一原理によって権利や自由を人々に平等に与えても、その価値が人によって異なる可能性について検討していることを付言しておくべきだろう［Rawls, 1971, pp. 204–205］。この価値の差異を補償するために、ロールズは有名な格差原理で社会的基本財の不平等な分配を容認するという戦略を採っており、ロールズが権利や自由の機械的な平等で満足しているわけではないことは強調に値する。

しかし、この戦略が不十分なものであることもまた指摘しておかなくてはならない。周知のように格差原理は「最も不遇な立場にある人々」の状況を改善するためであれば不平等をも是認しているが、格差原理を適用するためにはその前提作業として「誰が最も不遇な立場にあるのか」を同定しなくてはならない。この同定は社会的基本財の予測所有量に基づいて行われることになるが、センが批判を向けているのは、まさにこのような仕方で不遇な人々を同定することに対してなのである［Rawls, 1971, p. 92］。すなわち、社会的基本財の多寡では捉えきれない仕方で恵まれない立場に立たされている人たちが存在し、その人たちが自由の値打ちの低さにいくら苦しんでいようとも、社会的基本財を個人間比較のベースとして用い続ける限り、格差原理をいかに振りかざしたところでロールズの理論は自由の値打ちの差異を是正できないのである。もしロールズが自由に関心を寄せたいのであれば、社会的基本財のように自由の手段にのみ関心を集中させるのではなく、ある人が実際に有する自由の範囲に直接目を向けるべきである、とセンは結論づける［Sen, 1990b, p. 115］。

社会的基本財のもつこの鈍感さを克服するために、センはAの保有している食料や結果として生ずる効用ではなく、実現している機能に注目する。機能に注目するならば、AがBよりも悪い状況にあることを容易に見つけだし、食料を供給すべきであるのはAに対してであると主張できるからである。したがって、「個人は自分の責任をとれないことがらのために不利益を被るべきではない」というリベラリズムの基本主張により忠実なのは、ロールズのような財に注目するアプローチではなく、機能に注目するアプローチであると言えよう。(26)

＊

それでは、機能や潜在能力に基づくアプローチは、贅沢な趣味や安価な趣味の事例をどのように扱うだろうか。まず贅沢な趣味に関して。一定の機能（幸福であるという機能を含む）を他者と同程度に実現するためには、他者よりも多くの資源を必要とするような人たちがいる。たとえば、ある人は贅沢な趣味の故に高価なワインを必要とするかもしれず、またある人は遺伝的な病気のゆえに、高価な薬が必要であるかもしれない。厚生主義は両者に他者よりも多くの資源を分配するように要求するだろう。ロールズは前者、すなわち贅沢な趣味の人に資源を分配することを嫌うあまり、後者、病人に対する資源の優先的分配まで忌避する傾向がある。これに対して、潜在能力アプローチは、両者の選択できる機能の組み合わせに注目することによって、妥当な結論を導こうとする。後者が高価な薬を服用する以外には重要な機能を実現できないのであれば、潜在能力アプローチは後者に資源を優先的に分配することを要請するだろう。これに対して、前者に関しては多くの場合には、(27)資源の優先的な分配を潜在能力アプローチが要求することはないだろう。

次に、安価な趣味、適応的選好形成の場合について。選好は、人生経験、社会的状況などから、戦略的な仕方で形成されるものであり、特に、長年にわたる差別構造の中で虐げられてきた人々は、大望を抱いて不満をもちながら生きるよりも、ささやかな望みをもち、その実現を喜ぶことも少なくない。厚生主義は、このような適応的な仕方で形成された選好であっても、それを尊重することで被差別者を正当に扱ったかのような幻想を抱かせる。これに対して、ロールズは個人の利益に関する客観的な基準へと転換することで、ささやかな望みしかもたない人たちにも大望を抱く人たちと等しい量の資源を与えようとする。この面でもロールズの基準は厚生主義から比べると大変な進歩ではあるが、依然として中途半端であることも否めない。確かに、虐げられている人たちは資源の面でも恵まれていないことが少なくないだろうが、この人たちが適応的な仕方で選好を形成せざるを得ないのは、その選択できる機能の組み合わせの集合である潜在能力集合が小さく、魅力的な選択肢が存在しないということに起因しているのであり、それに対する対策も潜在能力集合に直接注目することで行われるべきである。

したがって、潜在能力アプローチは、単に個人の福利の基準としてのみならず、主体性の基準としても一定の魅力を備えており、「センはロールズの理論が解決しようとしていたものとは別の問題に答えて悦に入っている」というサグデンの批判は当たらないと言えよう。

潜在能力アプローチと資源アプローチ、厚生主義との以上のような対比は、理論の上だけの細かい差異であって、現実にはほとんど意味のない区分だと言われるかもしれない。確かに、実際に人々の潜在能力を正確に測定することは絶望的なほど困難であろうし、測定できたとしても、その情報を入手することも至難の業であろう。したがって、潜在能力よりも情報を入手しやすい資源についての情報で代替することが必要な場合も少なくないだろう。さらに、潜在能力や機能といった概念自体があいまいさを含んでおり、現実に適用するにはさらなる彫琢が必要なことも事実である。しかし、必ずしもすべての問題に答えられないということは、その理論を無意味にするわけではない。というのも、必ずしもすべての問題に答えられないということは、あらゆる問題に答えられないということを意味するものではないし、あらゆる問題に答えられるようになるまでその理論を用いてはいけないという禁欲主義は合理的ではないからである。

実際、潜在能力アプローチが現実の分析において力を発揮する場面も少なくないのである。たとえば、貧困や飢饉、さらには不平等の分析においては、潜在能力アプローチは一定の成果を収めている。[28] その中から、いくつか事例を取り上げてみよう。飢饉の原因についての従来の通説的な理解は食料の総供給量に注目し、その減少に飢饉発生の原因を求めるアプローチであった。このようなアプローチはロールズの社会的基本財と同様、財に注目するアプローチである。これに対してセンは、最近のいくつかの重大な飢饉を分析することによって、飢饉に対する通説的な理解とは異なり、飢饉の発生が必ずしも食料総供給量の減少と相関しているわけではないことを明らかにした。もちろん、食料供給量が多くの場合、飢饉の発生と重要な連関を有していることは確かだが、必要な食料の絶対量が確保されてはいても、それを実際に摂取して栄養とすることができなければ、飢饉は発生する。たとえば、家庭内での食料の配分方法、食料の市場での価格等、さまざまな要因が飢饉から逃れる能力に強い影響を与えるのであり、飢饉の分析の際には食料の供給量以外の情報、とりわけ機能についての情報も必要になる。また、夭折しないという重要な機能に関して言えば、各国の平均寿命とGDPとは必ずしも相関しない。(29) GDPはその国の資源についての情報を与えてくれるが、夭折しない機能は資源だけによって決定されるわけではない。この機能に影響を与える変数としては、他に教育、公衆衛生、医療費、法と秩序などを挙げることができるからである。これらの事例から理解できるように、潜在能力アプローチは、飢饉や不平等などはなはだしい不正義の事例において本当に問題されるべき事柄にシャープに焦点を当てることによって、その原因を摘出し対策を考案するための助けとなりうるように思われる。

*

一九七〇年代の正義論は「効用か権利か」という論争軸を中心に展開されたが、この論争は二者択一を迫ったがゆえに不毛であった。まさにこの不毛性のゆえに、ハートは、どんなに困難であろうとこの二者択一を超えて、功利主義への古い信念と権利論への新しい信念との間の荒海を航海することが必要であると説いたのであろう［Hart, 1979, p. 846, 邦訳二一五頁］。確かに、正義の女神は効用と権利の間を進んでいかなくてはならないだろう。功利主義の乗り上げた浅瀬を恐れるあまり、功利主義の情報基礎を見せないような目隠しを正義の女神に付けることは、魅力的な戦略とは言い難い。というのも、その場合には、従来の権利論を座礁させた別の暗礁に乗り上げるという代価を支払わなくてはならないからである。具体的には、まず第一に、正義の女神が苦痛の叫びに対してまったく耳をふさいでしまうことが正義に適っているとは到底思えない。たとえ苦痛が時として欺瞞的であったり、自業自得であったりしても、そのことはすべての苦痛を無視する理由にはならないであろう。効用についての情報は正義の女神が考慮すべきすべてではないとしても、その重要性は否定すべくもないのである。

第二に個人の意のままに変化してしまう個人効用の可塑性を嫌うあまり、客観主義的アプローチは個人間の差異に鈍感となり、結果志向性を欠いてしまった。この欠陥が最も華々しく現出するのは権利概念においてである。権利という概念は、正義の女神の注目を要求する圧倒的な押し付けがましさは有しているが、その根拠は往々にしてあいまいで不明確であるという欠陥を有している［Williams, 1987, p. 100］。権利は正義に関する議論を硬直化させ、それ以上の議論を不可能にする、として批判されることも少なくないが、それはまさにこのような理由によるのであろう。

権利論の暗礁と功利主義の浅瀬との間の隘路を、センは潜在能力アプローチを導きの星にして進もうとする。潜在能力アプローチは主観的基準と比して、個人の利益の内容が当人の恣意に左右される程度が少ないという意味での客観性を有している反面、客観的基準に比べて、結果志向性を高い程度で実現しており、人々の差異に敏感であるという利点を有している。この意味で、潜在能力アプローチは、主観的基準と客観的基準の両者の中間の道をいこうとしていると言えるだろう。この中間の道がわれわれを約束の地へと導くかどうかを見極めるためにはセンとともにさらに航海を続けなくてはならない。

第4章　天秤の使い方

いかな正義の女神といえども、目隠しをしているだけでは何も決定できない。彼女が決定を下すためには、情報を排除するだけでなく、一定の情報に依拠しなくてはならない。正義の女神の目隠しが彼女の情報制約を象徴しているとしたら、彼女の情報基礎を象徴しているのが天秤である。(近代的な)正義の女神像の語るところによれば、彼女はあらゆるものを天秤にかけ、天秤の傾きだけに基づいて判定を下すべき存在なのである。古典的功利主義の第三の情報制約である総和主義は、まさにこのイメージを具現化したものである。選択肢となる事態をxとyとするならば、彼女は天秤の一方にxにおける個人効用を集めて載せ、他方にyにおける個人効用を寄せ集め、どちらに天秤が傾くかによって、どちらの事態を選択すべきかを判定する。

ただし、このような決定方式の評判が大層悪いことも付言しておかなくてはならない。現代の功利主義者でさえも「最大多数の最大幸福」に代表されるような露骨な総和主義に共感を示す者は少ない。まして功利主義を批判することに血道をあげている権利論者であればなおさらである。このような反総和主義の基底をなしているのが、第一に「分配」に関する考慮（言うまでもなく平等や公正などがその代表例である）が重要であるとの認識である。効用であれ、社会的基本財であれ、潜在能力であれ、一部の人たちのみが多くを保有し、他の人たちはほとんど保有していなかったとしたら、どれほど社会全体の総量は大きくとも、その社会は正義に適っていると手放しで喜ぶわけにはいかないだろう。その社会が正義に適っているかを判定する際には、効用などがどのように分配されているのかということもまた重要な情報なのである。

総和主義に対する権利論による激しい攻撃の第二の旗印は「功利主義は人格の別個性を無視している」というものであった。すなわち、社会とはバラバラの個人の寄せ集めにすぎないのに、古典的功利主義は社会をあたかも一人の人間であるかのように扱い、社会全体の利益の極大化のためであれば、個人の利益を平気で犠牲にしかねず、個人を社会の目標実現のための手段として扱っている、というのである。権利概念が導入されるのは、まさにこのような総和主義の欠陥を克服するためであった。個人に分配されるべき持分として理解される権利はこの文脈においては、個人に対する尊重と分配的考慮とを表現する概念装置として、基底的重要性を与えられることになる。要するに、個人を天秤に載せること自体が、個人を尊重しているとは言えないというのである。

このような考え方を最も明瞭に表現したのが、ドゥウオーキンの「権利基底的理論」という観念である。彼はある政治理論が権利を尊重していると言えるためには、その理論は目標基底的ではなく権利基底的でなければならないとして、権利と目標とを対置し、個人の権利に社会的目標に対する「切り札」としての優先性が与えられるべきであることを力説した。個人の権利を正義の女神の天秤に載せられない拒否権と理解し、天秤に載せられて正当化される社会的目標と対置することは、ドゥウォーキンだけの特殊な主張ではなく、個人の基本的自由に他の考慮に対する辞書的優先性を与えるロールズなどにも見られる現代の権利論における通説的な理解である。

前述したように（2・2）、センはこのような通説的理解に反旗を翻し、独自の「目標としての権利」論を展開する［Sen, 1985c］。権利基底的理論に対するセンの基本的な疑念は、それが分配的考慮に心を奪われるあまり、総体的な考慮を完全に除外していることに向けられている（4・1・2）。もちろんセンも分配的考慮が重要であることは否定しないが、その重要性の承認は総体的な考慮の重要性の排除までをも正当化するものではないのである。

それでは彼は具体的には正義の女神にどのような目標を実現させようとするのだろうか。他の理論を攻撃する際にはセンの舌鋒は冴えわたるが、潜在能力アプローチの具体的な内容やその哲学的根拠を説明する際には、彼の態度にはどことなく煮え切らなさが残る。たとえば、彼は実現されるべき潜在能力の体系的なリストを一度も提示していないし、さまざまな潜在能力の重要度をどのように測定するのか、どのように順序づけるのかという点に関しても不明確なものを残している、といった具合にである（4・2・1）。

センのこのような煮え切らなさを批判することは容易だが、私見では、この煮え切らなさこそがセンの魅力であるだけでなく、センが正義の女神に解決を求めている問題の内容を示しているという意味において、センの理論の重要な特徴の一つなのである。センの煮え切らなさを示している一つの典型例は、彼が正義の女神にすべての選択肢を比較して、順序付けることを求めていないことに求められよう（４・２・２）。センは正義の女神が部分的な順序を作成するだけで満足するのみならず、その部分的な順序の哲学的な根拠を深く探求しようともしない。これはセンに哲学的なセンスがないとか、懐疑主義に耽溺しているということを意味しない。むしろ、これらの哲学的な問いに煩わされたり、完備的な順序を作り上げる没頭するよりも大事な問題をセンは正義の女神に課しているのであり、それが不正義の是正である（４・２・３）。

４・１　権利は天秤を拒否するか

４・１・１　権利・義務・目標

一九七〇年代の正義論は、いささか戯画化された功利主義に対する徹底的な批判をばねとして展開された。古典的功利主義の第三の情報制約である総和主義は、社会全体の効用の総和を極大化することだけを社会の目標とし、それ以外の情報を排除する。その結果、効用の総和の極大化がはなはだしい不平等をもたらそうと、少数派の迫害を伴っていようとおかまいなしということになりかねない危うさを秘めているというのが功利主義批判の要点である。これに対して、功利主義者は、限界効用逓減の法則などの人間の心理的事実からして、そのような危険は現実化しないと反論している。確かに総和は分配のあり方からも影響を受けるため、総和主義が分配を完全に無視しているとは言えないかもしれないが、総和が分配のありようを敏感に示す指標であると言い難いことも事実である。正義の女神が分配に対しても関心を払うべきであるとするならば（1・3）、彼女は分配についての情報に直接耳を傾けるべきであって、総和についての情報は分配のあり方について推測する際の手がかりとしてはあまりに偶然的かつ鈍感なものであり、それでお茶を濁すことは許されないのである。

分配も重視すべきであるという批判は極めて正当なものであり、古典的功利主義のＤＮＡを受け継いだ者たちでさえもあからさまに分配を軽視することはできなくなっている。しかし、この文脈でもまた、功利主義に対する批判を母胎したことが幸か不幸か七〇年代の権利論のとりうる形態に対して強い制約を課すこととなった。功利主義に代表される目的論的立場は個人を社会的目標達成のための手段として扱っているという批判は、権利を目標と対置することとなり、総和ではなく分配に正義の女神の関心を限定するという不幸な副産物をもたらしたのである。

このような権利理解の最も典型的な例は、ドゥウオーキンによる有名な分類の中に見いだすことができる(1)。彼は政治理論がある政治的決定を正当化するために用いる基礎的な概念として権利・目標・義務を挙げ、それらを以下のように区分する。まず「目標」について。ある政治理論においては、ある政治的行為がある事態を促進・維持するということがその行為の正当化理由とされ、その事態を遅滞・阻止するということがその行為の反対理由とされることがある。そのような事態をその政治理論における目標と呼ぶ［Dworkin, 1978b, p. 169, 邦訳二二三頁］。前述した帰結主義は（1・1・1）、行為等の評価をそれらの結果として生ずる事態に注目することによって行おうとする立場であり、まさに目標を重視する理論の典型例である。(2)

次に「権利」について。ある政治理論において、ある個人が特定の政治的行為を要求した際に、たとえその行為が行われることによってその政治理論が認める目標が阻害される場合であっても、そのような行為の履行を許さないことが不正であるとされることがある。その場合には、その政治理論においてその個人は当の政治的行為に対して権利を有している、とされる［Dworkin, 1978b, pp. 169-170, 邦訳二二三―二二四頁］。

最後に「義務」について。ある政治理論においてある個人に特定の行為を強制する特定の政治的決定が、たとえその行為を履行することによって目標が阻害される場合でさえも正当化されるならば、その理論においてその個人はその行為に対して義務を有する、とされる［Dworkin, 1978b, p. 170, 邦訳二二四頁］。ここでも義務は目標と対立的な仕方で定義され、目標を阻害する場合でさえも当該行為を履行することを求められる場合に、当該個人は義務を有するとされる。

以上の三つの概念の相違を、一つの例に基づいて説明しよう。ある社会において拷問が悪であるという点に関しては合意があるとしよう。この合意にもかかわらず、政治理論はある政治的決定をどのような概念を用いて正当化するのかという点において多様でありうる。たとえば、拷問を最小化するという目標を掲げる理論は、この目標の実現のために、市民に拷問を加えた疑いをもたれている警察官を取り調べる際に、検察官が警察官を拷問することを認めるかもしれない。別の政治理論は、被疑者に対して拷問を受けない権利を与える。その結果、この政治理論は検察官が警察官を拷問することで拷問の最小化が実現できる場合でさえも、警察官の権利を侵害するような拷問を認めない。また別の理論は、拷問をしない義務を公務員に負わせる。その結果、検察官は警察官を拷問してはならないこととなる。この三つの理論の相違は、焦点の相違でもある。目標に注目する理論が拷問がもたらす結果や事態に注目するのに対して、権利を尊重する理論は拷問を受ける人の利益に着目し、義務を重視する理論は拷問者の行為に焦点を合わせるのである。

　もちろん、これら三つの概念の一つしか使用しない理論はまれであろう。たとえば、拷問を最小化しようとする理論は、この目標の実現のために公務員に義務を課し、市民に権利を与えるかもしれない、といった具合に。同じことは、拷問を受けない権利や拷問しない義務を重視する理論にも当てはまる。しかし、ある目標、権利、義務がある政治理論においてどのようにして正当化されるのかと問うならば、その政治理論は目標、権利、義務のどれか一つをより基礎的なものとし、それ以外の要素を派生的なものとして、このより基本的な要素との関係で正当化するであろう(3)［Dworkin, 1978b, p. 170, 邦訳二二四頁］。

　したがって、「政治理論は、単に各々の理論が提示する特定の目標・権利・義務の点で互いに異なっているだけでなく、その目標・権利・義務を結び付ける仕方においても相互に異なっている」のである［Dworkin, 1978b, p. 171, 邦訳二二六頁］。後者、すなわち理論構造の相違を示すために、ドゥウォーキンは政治理論をそれが正当化においてより基本的な要素とするものに応じて、「目標基底的理論（goal-based theories）」、「権利基底的理論（rights-based theories）」、そして「義務基底的理論（duty-based theories）」の三種類に分類している(4)［Dworkin, 1978b, p. 172, 邦訳二二六―二二七頁］。

＊

ここで、権利と目標が少なくとも以下の三つの点で対立的に定義されていることに注目していただきたい(5)。第一は個別化の有無という対置である。ドゥウォーキンは目標や権利の上位概念として「目的（aim）」という概念を用いている［Dworkin, 1978b, p. 91, 邦訳一一一頁］。政治目的とはある政治理論が実現を目指す、あるいは阻止しようとする事態のことである(6)。たとえば、ある政治理論が少年犯罪の減少のために少年犯罪の厳罰化を正当化した場合、その政治理論の政治目的とは少年犯罪の減少という事態である。さて、この政治目的がさらに「個別化された（individuated）政治目的」である権利と、個別化されない政治目的である目標とに区分される。「個別化された」という言葉は、政治目的が実現しようとする事態が、ＧＤＰのように社会における富の総計だけしかわからず、誰が何を有しているのかがはっきりしないのっぺらぼうではなく、誰が何を有しているかを明示しているものであることを表現した概念である。したがって、個別化された政治目的である権利は、権利保持者である特定の個人ないしは集団に対して、権利の対象である機会・資源・自由が分配されることを要求するのに対して、個別化されない政治目的である目標は、誰が何を有していようと、社会全体として一定の事態が実現されることを要求する。

第二に、目標がトレードオフを認めるのに対して、権利はそれを認めないという点で対照的である、とされる［Dworkin, 1978b, p. 91, 邦訳一一一頁］。目標は個別化されない政治目的であるため、「誰が何を保有しているか」ということに本質的な重要性を認めない。その結果、社会全体の利益を生み出すために、ある個人の利益をさまざまな個人の利益と一緒に比較衡量の天秤の上に載せ、天秤の傾き次第によってはどちらかを無視することも認めうる。これに対して権利は個別化された政治目的であるため、ある人が権利によって認められた対象物を保有することだけを要求し、社会全体の利益のためにそれを犠牲にするべきかどうかという問いを立てない。

第三に、目標が総体的な概念であるのに対して、権利は分配に関する概念であるという点で対照的である、とされる［Dworkin, 1978b, p. 91, 邦訳一一一－一一二頁］。総体にせよ分配にせよあいまいさを含んだ概念であるが、(7) ここでは誰が何を有しているかという問題に対する関心を一次的な重要性をもつものとする考慮を「分配的」と、その問題に対する関心は二次的な重要性しか持たず、社会全体の利益のありように対する関心が一次的な重要性をもつ考慮を「総体的」とそれぞれ呼ぶこととしたい。目標は集団全体の利益を集計した結果である総体に照らして特定の分配を評価する。たとえば、社会全体の富の総和を極大化するという目標をもつ政治理論は、特定の状況においては誰が何をもつかという分配に関心を寄せるが、この関心は総和に対する関心の副産物にすぎない。これに対して、権利基底的な理論は特定の個人が何を有するかに焦点を当てる点で、目標基底的な理論とは異なっている、というのである。

以上の対比から明らかなように、ドゥウオーキンは権利をトレードオフを認めない個別化された分配的な政治目的として、トレードオフを認める個別化されない総体的な政治目的である目標から明確に区分した仕方で理解し、個人の権利とは集団的目標による正当化に対抗するために個人が有する「切り札（trumps）」であるという極めて印象的な主張を展開している［Dworkin, 1984, p. 153］。したがって、個人の権利は、他者が何を所有しているか、何を行うことができるかということとは無関係に権利主体に与えられる持分を表しており、個人は権利を有することによって正義の女神の天秤の上に載せられることを拒否できるようになる。ドゥウオーキンのこの区分は、後述するように区分の基になっている概念がいくつかの点であいまいであるという欠陥を有しているものの、その明快な反功利主義的性格のゆえに、その後の権利論に対して決定的な影響を与えることとなった。

4・1・2　目標としての権利

目標と対立的な仕方で権利を理解したうえで、権利を尊重するためには政治理論は権利基底的でなくてはならないと主張するドゥウオーキンに対して、センはいくつかの疑念を投げかけ、権利を尊重するためには、権利の実現を目標の一部とすることにより、権利と目標とを調和的に理解すべきであると主張する。センによると、目標基底的な理論は十分な幅をもった理論であるので、権利を目標の中に組み込むことは論理的に可能である。さらに、権利のドゥウオーキン的な理解は狭隘であるので、それ以外の考慮をも射程に収めている目標基底的な理論の方が魅力的なのである。

まず第一の論理的可能性について。先に、ドゥウオーキンが権利を個別化され、トレードオフを認めない分配的な政治目的として理解していたことを確認した。したがって、そのような属性をもった目標が可能であるかどうかが問われなくてはならない。もちろん、ドゥウオーキンの定義ではそのような可能性は明確に排除されているし、そのような理解が可能であることは否定できないが、ここでの問題は、それ以外の仕方で権利と目標との関係を理解すること、具体的には権利を目標に含めることに論理的な矛盾は存在しないか否かである。

まず個別化について。ドゥウオーキンが「個別化」という言葉で意味していたのは、「誰が何を保有するか」を明示するということであった［Dworkin, 1978b, p. 91, 邦訳一一一頁］。そもそも個別化は程度の問題であり、権利であれ目標であれ、個別化の程度の高いものから低いものまでさまざまであろう。一般論としては権利の方が目標よりも個別化の程度が高いものが多いとは言えるだろうが、誰が何を有するべきかを完全に個別化された仕方で指示する権利などは存在しないか、存在したとしてもまれであることも否定できない。同様のことは目標に関してもあてはまり、まったく個別化されていない目標も存在するが、ある程度個別化された目標もあるだろう。確かに、功利主義的目標は多くの場合、個別化の程度が低いとは言えよう。しかし、これは功利主義が総和主義という情報制約を課していることの反映であって、目標全般の特徴ではない。実際、帰結主義や厚生主義を維持しつつも総和主義という情報制約を外すだけで、功利主義は個別化された目標を正当化しうる。たとえば、すべての人の効用を平等化しようとするタイプの功利主義は、誰が何を保有するべきかについてのある程度個別化された指示を与えるであろう。また厚生主義を外すならば、主体性についての情報を取り入れることができるため、さらに個別化された目標を生み出すことができるだろう。要するに、古典的功利主義が個別化の程度が低いのは事実であるが、これは功利主義一般の特徴ではないし、ましてや目標全般の特徴でもない。したがって、目標を個別化されない政治目的と規定することは過度の一般化と言わざるをえない。

続いてトレードオフについて。ドゥウオーキンは集団的目標がトレードオフを推奨すると述べているが [Dworkin, 1978b, p. 91, 邦訳一一一頁]、トレードオフを認めない集団的目標も可能である。たとえば、他の利益に対して絶対的に優先するような辞書的順序付けを権利に与えるならば、権利は目標基底的な理論においてさえ、トレードオフから逃れられるのである [Sen, 1985c, p. 19]。逆に、権利基底的な理論において権利はトレードオフから逃れることができるだろうか。前述したように（2・2・2）、センは権利の競合の可能性を指摘し、この可能性のゆえに権利のトレードオフが不可避であると考えている。ノージックとは異なり、ドゥウオーキンもセンと同様に権利の競合の可能性には言及している [Dworkin, 1978b, pp. 193-194, 邦訳二五七頁]。権利競合の場合には、何らかの仕方で権利のトレードオフは必要になるものと思われるので、ドゥウオーキンが権利と相反するものとして批判の俎上に上げている対象も、トレードオフそれ自体、トレードオフ全般ではなく、トレードオフの特定のやり方であろう。

ドゥウオーキンが批判しているトレードオフのやり方の一つは極大化主義であり、総和の極大化のために分配的考慮を無視した仕方でトレードオフを行っている点で間違っているとされる［Dworkin, 1978b, p. 91, 邦訳一一一―一一二頁］。このような批判は古典的功利主義に対する批判としては常套的なものであるし、確かに古典的功利主義に関する限り正しい。古典的功利主義にはすべてのものを快楽と苦痛という二つの要素に還元し、それらをひとまとめにしてしまい、その内訳などは気にも留めない側面があることは周知の通りである。しかし、ここでもまた、効用の極大化は功利主義にとってさえも可能な唯一の目標ではないし、まして目標全般のとりうる形態を網羅するものでもない。ドゥウオーキン自身も目標が極大化主義以外の形態をとる可能性を承認し、そのような目標の例として分配的な考慮を重視する「平等の実現」を挙げてもいる。しかしながら、このような目標でさえも、ドゥウオーキンの目には不十分なものと映っているようである。というのも、この目標でさえも、状況によっては、不平等な分配を要求することがありうるからである。たとえば、将来、富の平等分配を実現するためには、現在、富を不平等に分配することが必要であるかもしれない。要するに目標基底的な理論においては、いくら分配原理を導入してみても、分配原理は「集計的な集団的な善についてのある種の観念に従属」［Dworkin, 1978b, p. 90, 邦訳一一二頁］しているために、どのような分配が行われるのかは状況次第であり、個人に対して平等な持分を保障しているとは言えない、というのである。

ここでドゥオーキンが「分配」という言葉で二つの事柄を意味していることに留意していただきたい。第一の意味での分配はノージックが批判してやまない「パターン付き原理」に近く、他者と比較したうえで、社会全体の観点から、誰が何をもつべきかを指示する概念である［Nozick, 1974, p. 156, 邦訳二六四―二六五頁］。たとえば平等や公正といった概念は、常に個人間の比較の上に成立する分配的概念の代表例である。この意味での分配を目標という概念に取り込みうることに関しては、異論がないだろう。ドゥオーキンが分配という言葉で意味している第二の概念は、社会的観点から他者との比較のうえで一定の分配パターンを指示するのではなく、社会的観点とは無関係に、さらには他者の分配状況からも独立に個人に与えられるべき持分であり(8)、これはK・アロー（Kenneth Arrow）が社会的厚生関数の充たすべき形式的条件の一つとして挙げた「無関係な選択対象からの独立性」に類似している［Arrow, 1963, p. 26, 邦訳四三頁］。そこで、混乱を避けるために、後者の意味での分配を「独立性」と呼び、以下では「分配」と呼ぶときには個人間比較を前提とするような前者の意味での分配だけを意味することとする。両者はしばしば混同され、分配に対する関心という標題の下に一括されることも少なくないが、他者との比較という契機の有無という重大な相違がある以上、区分されてしかるべきであろう。前述の「功利主義は個人の別個性を無視している」という権利論の側からの批判は、功利主義の分配軽視に対するものというよりも、独立性の欠如に向けられていることが少なくないようである。ノージックが平等主義に対しても功利主義に対するのと同様の批判を展開したのは、彼が功利主義や平等主義によって危険に晒されている重要な価値として認識しているものがまさに独立性にあったからであると言えよう。さて、ドゥウオーキンがどこまで独立性を重視しようとしているのかは不明だが、独立性を目標概念の中に取り込むことも不可能ではないだろう。たとえば、他者が何をもっていようがどうなろうと私が特定の自転車を所有することだけを社会的な目標とすることは、その妥当性がどうであれ論理的には可能である(9)。

*

以上の考察から明らかなように、権利の性質をドゥウオーキンのように個別性、トレードオフの拒否、分配と独立性の強調ということに求めるのであれば、これらの性質を目標の中に取り込むことには何の論理的矛盾も存在しない。この知見は些細なものと思われるかもしれない。確かに目標はこれらの価値を取り込むためには多額の代価を支払わなくてはならないかもしれないし、論理的矛盾ではないものをそのように思い込むという論理的な誤りは、論理的な誤りにとどまっている限りでは、さして重要なものではない。むしろ重要なのは、論理的な誤りが行動選択の誤りへとつながり、権利論の方が多額の代価を支払わされるようになることなのである。権利を分配的な考慮に基づき、トレードオフを排除する個別的な政治目的という狭い枠に押し込めただけでは満足せず、権利を論理的に目標と相容れないものと誤解するならば、権利基底的な理論においては、個別的ではない政治目的、トレードオフを認める価値、分配的ではない考慮に対しては、せいぜいのところ二次的、派生的な重要性しか与えられないであろう。というのも、これらの価値は権利基底的な理論が保護したいと考えている価値と相互排他的なものとして理解される以上、権利を尊重するためには無視されざるをえないからである。まさにこのような不毛な二者択一を迫ることにこそ、先の論理的誤りの悲惨な帰結が存在するのである。そのような二者択一が不毛であり、権利基底的な理論に不当に高い代価を支払わせているものを、ドゥウオーキンが権利の三つの定義的特徴と理解しているものに即して検討していこう。

まず個別性について。個別性が程度の問題にすぎないことは前述した。したがって、個別性という程度の次元を有する基準を用いて、権利と目標とを相互排他的な仕方で区分することはいささか恣意的にならざるをえないだろう。また、個別的な政治目的と一般的なそれとの間には連続性や、相互依存性が存在するように思われ、権利を一般的な政治目的から隔離することは、権利の生成や正当化の構造を歪めた仕方で記述することになりかねない。たとえば、ある種の権利は一般的な政治目的を詳細化していくことによって正当化され、権利としての地位を獲得する。また、別の種類の権利は個別的であるにもかかわらず一般的な政治目的へと収斂することにより、一般的な政治目的を正当化することもあるだろう。どちらの形態をとるにせよ、個別的な政治目的と一般的な政治目的との間にはこのような連続性が存在し、正当化の文脈においては両者はエッシャーのお互いを描き合う手の絵のように互いに相手を必要とし、互いに相手の輪郭を描いているのである。この相互依存関係については**第五章**で検討する。

続いてトレードオフについて。前述したように（2・2）、権利の重要性を承認したからといって、トレードオフから逃れられるわけではない。というのも、権利は必ずしも両立可能ではなく、たとえ両立可能な仕方で権利を定義できたとしても、一部の人が権利を侵害しているような「不完全遵守状況」においては、権利のトレードオフが不可避だからである。このような権利のトレードオフを明確な仕方で行う点に目標基底的な理論の魅力が存在する。しかしこのことは、権利基底的な理論がトレードオフに類似した行為を行っていないとか、行いえないということを意味するものではない。トレードオフという名前は用いないとしても、権利の境界線を常に引き直すことによって、権利基底的な理論も権利間の調整を行うことができるだろう。しかしここで重要なのは、権利の調整を行いうるかどうかではなく、どのようにして行うかである。目標基底的な理論においては、競合する諸権利によって実現される利益の比較衡量に基づいて、権利のトレードオフが行われ、結論の正当化理由もそのような比較衡量に基づいて説明される。これに対して、権利の境界線確定は、それがどのような理由によって行われるにせよ、「当該行為は当該権利の範疇にはない」という空間的な比喩で説明されることが多いだろう。しかし、空間的な比喩は実際の正当化理由を必ずしも明示せず、結論だけを示す面があるのに対して、目標基底的な理論のトレードオフは決定の根拠を明らかにするという利点を有しているように思われる(10)。

最後に分配や独立性について。これらが正義の女神にとって重要な情報であることは強調に値する。総和主義は社会全体の利益の総和の増大のためであれば、特定の個人に対するいじめをも正当化しかねない危うさを秘めている。このような総和主義の欠陥を克服するための一つのやり方は、いじめられっ子も平等者として尊重されるべきだと主張することである。確かに、いじめられっ子だけに一方的に負担を負わせ、他の人々がその果実を享受する社会は公平であるとは言えないだろう。そしてこのような告発を明快かつ説得力ある仕方で展開した従来の権利論の業績は否定すべくもない。しかし、この告発がどれほど正当であろうと、分配や独立性だけが正義の女神にとって唯一重要な情報であるということになるわけではない点にも留意すべきである。もちろん、平均や総和といった概念に意味がない場合もある。たとえば、国民の平均寿命がどれほど高くても、自分の寿命が短かければ私にとっては意味がないだろう。にもかかわらず、平均や総和が意味のある場合も存在するのである。たとえば、私が移住を考えている場合には、平均寿命の長短は選択を決定する重要な要素の一つであろう。というのも、平均寿命はその社会の医療水準、暮らしやすさ等を反映する基準であるからだ。

総体的な考慮が有用であるのは、住むべき社会の選択という以上のようなごくまれな事例に限定されるわけではない。たとえば、経済学者の言う意味での「効率性」を考えてみよう。経済学者の間でも効率性概念の理解に関して完全な意見の一致があるわけでもないようだが、ここではある資源配分が効率的であるとは、「その配分によってある利益、または目標を別の利益または目標を犠牲にすることなく実現できるような場合である」と定義しよう。[11] 効率性は通常、厚生主義、とりわけ選好と結び付けて、パレート効率として理解されてきた。しかし、前述したように、平等であれ、効率性であれ厚生主義と結び付けて理解しなくてはならない必然性はなく、厚生の平等の代わりに基本財の平等を考えることができるように、厚生の効率的配分ではなく自由の効率的配分という主張を行うことにも何の矛盾も存在しない。たとえばある政策が他の人たちの自由を原状よりも低下させることなく、ある人の自由を増大させることができるならば、そのような政策は原状よりも効率的であると言えよう。したがって、効率性と厚生主義との関連を断ち切るならば、自由に関心を払う人がその分配だけでなく効率性にも関心をもつことは矛盾どころか、当然のことであろう。

もしそうであるならば、ドゥウオーキンのように総体的な考慮を定義によって権利から完全に排除するのは、正義の女神の情報基礎をあまりに狭隘なものにしてしまうと言えよう。また、権利基底的な理論をとるからといって、そのように狭隘でなければならない必然性もないだろう。たとえば、ロールズは、厚生主義や総和主義に対して批判的であるにもかかわらず、自由に関して正義の女神が考慮すべきなのは自由の分配だけでなくその効率性でもあることを認めている(12) [Rawls, 1971, p. 6]。ロールズはその有名な第一原理の内容を「各人は他者の同様の自由と両立する限りでの最も広範な自由の体系への平等な権利を有している」と表現した。ロールズはこの表現で「最も広範な」という言葉で効率性を考慮しつつも、「平等な権利」という形で分配を尊重しようとしたと解釈することができよう(13)。さらに興味深いのは、トレードオフに対して苛烈な批判を展開していたノージックでさえも、効率性を必ずしも否定していない点である。ノージックはある目標を達成するために個人の権利を侵害することを拒否するものの、誰の権利も侵害することなく、少なくとも誰か一人の自由を拡大するような政策であれば容認する余地は残しているのである(14) [Nozick, 1974, p. 166, 邦訳二八〇頁]。

確かに、自由の効率性を促進する政策は自由の極端に不平等な分配さえも正当化してしまうため、時には修正が必要となるだろう。しかし、万能ではないということが無能を意味しないのと同様に、総体的な考慮に依拠した効率性がすべての価値を網羅するものではないからといって、それがまったく無価値になるわけでもないのである。というのも、不平等は確かに悪いものであるかもしれないが、その悪さは効率に伴って生ずる便益によって相殺されて余りあるものであるかもしれないし、不平等をなくそうとする試みはもっと悪い帰結を伴うかもしれないからである［Sen, 1992a, p. 139, 邦訳二二二―二二三頁］。たとえば、平等を実現するための手段が、低いレベルの人を引き上げて高いレベルに合わせるのではなく、高いレベルの人を引き下げて最低レベルに合わせることしかありえないような場合もあるだろう。このような場合、効率性を無視して不平等だけに目を奪われるならば、ほんの少しの不平等を嫌うあまり共倒れ政策さえも正当化しかねないだろう。しかしここまで不平等を嫌うのはいささか嫉妬深すぎるのではなかろうか。また、効率性は先の定義から明らかなように、あらゆる目的と結び付けることができるものであり、平等を実現するためにも必要な考慮である［Le Grand, 1990, p. 559］。毛沢東時代の平等主義政策がお世辞にも成功したとは言えず、鄧小平が路線を転換せざるをえなかったように、平等を実現するためにはときに不平等を甘受することが必要になるかもしれないのである。要するに、総和主義のように正義の女神に目隠しをかけて分配を無視させたのが誤りであったのと同じように、ドゥウォーキンのように分配的な考慮の重要性を強調するあまり効率性に代表される総体的な考慮を排除してしまうのも間違いなのである。必要なのは、平等だけで正義に関わるすべての考慮を完全に視野に収めるといったようなできもしないことを追い求めずに、平等や効率性の限界をわきまえたうえで、「効率性も平等も」というどちらをも含んだ形で混合的な枠組みを作ることなのである［Sen, 1992a, p. 138, 邦訳二二一頁］［Sen, 1992a, p. 92, 邦訳一四六頁］。

＊

以上の考察から明らかなように、権利を尊重しようとする理論が目標と権利とを対立的に理解しなくてはならない論理的な必然性は存在しないように思われる。というのも、権利基底的か目標基底的かという区分は、権利の源泉についての区分であり、権利や目標の重要性についての区分とは別だからである。この対立を論理的必然性がないにもかかわらず、論理的に必然的なものだと思い込むことは、単なる論理上の誤りにとどまるものではない。すなわち、この論理的な誤りは正義の女神に不当に分厚い目隠しを付けさせるという別の、もっと深刻な誤りにつながってしまうのである。

権利論がこのような「権利か目標か」という不毛な二者択一へと陥ってしまう背景の一つは、古典的功利主義によるトレードオフのやり方に対する強い嫌悪感を母胎にして権利論が育ったことにあるように思われる。権利論は功利主義的なトレードオフのやり方に反対するあまり、正義の女神のもつ天秤そのものを否定してしまった。しかし批判されるべきなのは、天秤そのものではなく、天秤に載せられている情報の貧困さなのである。古典的功利主義のトレードオフがおぞましい結論さえも正当化してしまうのは、古典的功利主義が厚い目隠しを正義の女神にかけさせ、天秤の上に必要な情報を載せないからなのであって、天秤を用いているからではないのである。この文脈でもまた、権利論は古典的功利主義の影の中にその基礎を求めようとする限り、不十分なものでしかありえないのである

［Hart, 1979, p. 846, 邦訳二一五頁］。

4・2　どうやって「正義」を問うべきか

以上のようなセンの批判に対しては、当然、次のような疑問が提出されるであろう。すなわち、「確かに、あれかこれかではなく、あれもこれも重要であるのかもしれない。しかし、あれもこれもと言っていたら、何も決定できなくなるのではないか」といったような批判である。文武両道がすばらしいことは誰も否定しないが、「二兎を追うもの一兎も得ず」という格言も無視できない重みを有している。まして、私たち普通の人間は正義の女神のような万能の存在ではなく、決定を下すための知識、能力、時間等に関して大きく制約されている。センの理論は正義の女神のための理想論としてはともかく、現実論としては力をもたないのではないだろうか。センのようにあれもこれも考慮せよと求めると、結局、何も決定できなくなってしまうのではなかろうか。

このような批判は功利主義の理想的観察者モデルに対して加えられてきた常套的な批判の変種にすぎない。情報基礎を絞りに絞って正義の女神の解決すべき問題を過度に単純化している理想的観察者モデルに対してさえもこのような批判が提出されるのだから、それよりも情報基礎を拡充しようとするセンの正義の女神に対して理想的観察者モデルに対するよりも厳しい批判が提出されるのは無理からぬところであろう。

それではセンの正義の女神は具体的にはどのように決定を下すのだろうか。実は、この問いに対するセンの回答はそれほど明確なものではない。というのも、センの主眼は正義の女神の情報基礎の拡大にあり、特定の解決方法を主張することではないからである［Sen, 1999, p. 286, 邦訳三三〇頁］。センが残しているこのような余白に苛立ちをおぼえる者は少なくない。潜在能力アプローチを推進するためにセンとともに共同戦線を張ってきたM・ヌスバウム（Martha Nussbaum）もその一人である。確かにそのような苛立ちにももっともな部分はあるが、センが二〇年以上この余白を埋めずにきたという事実も軽視されるべきではない。私見では、この余白は単なる知的な怠慢の反映などではなく、センの理論の重要な特徴の一つであり、センが正義の女神に解決を求める正義の問題の内実を考えるうえでのヒントを与えてくれるのである。そこで、ヌスバウムによる批判を手がかりにセンが埋めずに残している余白を明らかにしよう（4・2・1）。

センが残した余白の中でも、最大のものは正義の女神に完備的な順序を作成することを要求せず、したがっていくつかの問題に対して解答を与えることができない可能性を許している点にあろう。センに言わせれば、完備性はある理論が健全であるためのアプリオリな要件などではなく、健全な道徳理論が選択肢 x と y とを比較できないとするならば、決定はその事実に考慮して行われなくてはならないのである［Sen, 1985d, pp. 180-181］。要するに、センは「あらゆる問題を解決しなくてはならない」という強迫観念にとらわれるあまり重要な情報から目をそむけてしまうことに対して警戒しており、情報基礎の拡大のためであれば比較不可能性というコストもあえて甘受し、複雑なものを複雑なままにしておこうとする（4・2・2）。これらの余白の意義について考察を加えることにより、センが正義の女神に解決を求めている正義の問題とは何かを浮き彫りにしたい（4・2・3）。

4・2・1　多様なものを多様なままに

センは他の理論を批判する際には鋭い切れ味を示し、そこで断片的に述べられる思想もすこぶる魅力的ではあるものの、持論を体系的に展開することはあまりなかったように思われる。このようなセンの理論の特徴を示すために、以下ではセンとともに潜在能力アプローチを推進してきたヌスバウムとの対比を行いたい。ヌスバウムの目からすると、センは理論的に重要ないくつかの点において何も語っておらず、この理論的な余白を埋めるためにアリストテレスやマルクスといった潜在能力に注目してきた先達の理論に注目すべきであると彼女は考えた。

ヌスバウムの指摘する第一の余白は、センが潜在能力の重要性をあれほど強調しているにもかかわらず、具体的に潜在能力とは何かという点に関しては断片的な例示にとどまっており、網羅的かつ体系的なリストを提示していない点である［Nussbaum, 2000, p. 13］。これは一見すると奇妙に思われるかもしれない。センは常に飢饉や開発といった具体的な状況に自分の理論を適用することを目指してきた。しかし、肝心の潜在能力のリストがなければ、現実に適用のしようもないのではなかろうか。このような苛立ちからヌスバウムは潜在能力についての独自のリストを提示している［Nussbaum, 1997, pp. 287-288］。本書ではこのリストの詳細に立ち入ったり、(15) ヌスバウムによるリストとセンの考える潜在能力との異同について検討することはできないが[16]、センがリストを提示しない理由についてのみ考察することとしたい。というのも、山森亮の主張する通り、センが一貫してリストを提示してこなかったという事実は、決して軽く見られるべきものではないからである［山森 2001 五六頁］。センが正義の女神の情報を制約することに対してあれほど批判的であったことから推測すれば、彼は潜在能力の特定のリストを提示することによって厚生主義や社会的基本財の理論とは別の厳しい情報制約を課すよりも、あいまいであるというリスクは有するものの、文脈に応じて新たな潜在能力の定式化に開かれた形で潜在能力アプローチを提示する方が危険が少ないと考えたのであろう。

この第一の余白の理由は、ヌスバウムが指摘するセンの第二の余白と関連しているように思われる［Nussbaum, 2000, p. 13］。それはセンが相対主義を明確に否定していない点に求められる。だからといって、マハティールやリー・クワンユーのように西欧的な普遍的な人権（特に、政治的自由）という理念の押し付けに反発し、「アジア的価値」（特に、政治的権威主義）の重要性を強調する立場にセンが与しているわけではない[17]。さらにセンは政治的自由の重要性を強調してきたし、さまざまな文化的な背景をもった多様な人々が多くの共通の価値を分かちもち、共通のコミットメントに合意する可能性に対する信念を表明してもいる［Sen, 1999, p. 244, 邦訳二八〇頁］。それにもかかわらずセンによる「アジア的価値」説に対する批判の大半は、「アジア的価値」の権威主義的な理解がアジア文化の多様性を看過し、不当にアジア文化を歪曲しているという点に向けられており、普遍的な基準に照らしてのアジア文化の擁護や批判という形をとっているわけではない［Sen, 1999, pp. 239-240, 邦訳二七四頁］。要するに、センの批判は文化内在的なものにとどまっており、この意味においてセンは相対主義を明確に否定していないというヌスバウムの不満もゆえなしとはしない。
最後に、ヌスバウムは、センが潜在能力アプローチの基礎をあいまいなままにしていることに不満をもち、その基礎をマルクスやアリストテレスの真に人間にふさわしい機能という観念に求めるべきであることを主張する(18)［Nussbaum, 2000, p. 13］。この点に関する彼女の主張のうちで、最も明瞭なものは次の一節のうちに見いだすことができる(19)。

したがって、私が思うには、センは福利についての功利主義的アプローチを批判するに際して、これまで以上に徹底する必要がある。つまり、人間らしい機能についての客観的な規範的説明を導入し、よき人間の生に対する貢献の度合に応じてさまざまな機能の価値を値踏みできるような客観的な評価の方法を記述することが必要なのである［Nussbaum, 1988, p. 176］。

この最後の批判は、ローマーによるセンへの批判とも関連している［Roemer, 1996, p. 192, 邦訳二二二頁］。機能や潜在能力と一口に言っても多様であり、その構成要素のすべてが同じように重要であるわけではない。そこで潜在能力や機能にその重要度に応じて指数を割り振ることが必要になるだろう。それではどのようにして指数を割り振るべきなのだろうか。もし各人が自分の好むように指数を割り振ってよいというのであれば、潜在能力アプローチは厚生主義に類似した主観的な基準となってしまうであろう。だからといって、各人の選好から独立した仕方で指数を割り振るならば、潜在能力アプローチはアリストテレスに代表される卓越主義に類似した客観的な基準の一種になってしまうのではなかろうか。いずれの場合も、潜在能力アプローチは主観主義と客観主義の中間に位置する「中間物」［Cohen, 1993, p. 18］ではなくなってしまう、とローマーは指摘する。ローマーの主張する通り潜在能力アプローチがどちらかでしかありえないとするならば、センがあれほど強く批判してきた厚生主義を回避するためには、潜在能力アプローチはヌスバウムのリードに従い客観主義へと向かわなくてはならないのだろうか。

＊

以上のようなヌスバウムの威勢のよい挑発に対して、センは煮え切らない態度をとり続ける。前述したように彼も多様な文化的背景をもった人たちが多くの価値を共有する可能性を信じ続けている。そして潜在能力に対する客観主義的なアプローチがこの可能性を実現するための有望な方策の一つであることはセン自身も認めているし、客観主義に対して特に異議をさしはさもうともしていない［Sen, 1993a, p. 47］。確かに、アリストテレスのように人間のよき生にとって必要な機能や潜在能力に関するたった一つのリストが存在すると考えることができるのであれば、潜在能力や機能の各構成要素に対する人々の合意を取り付けるという作業は容易になるかもしれない。にもかかわらず、彼は客観主義か主観主義かという対立に参戦し、独自の旗を掲げようとはしない。実際、センは潜在能力アプローチが価値についてのさまざまな理論と両立可能であることを強調し、特定の立場に与することを注意深く避けているようにも見える［Sen, 1993a, p. 49］。このことをもって「センの理論は哲学的に徹底していない」とか「センは武器商人のように、敵対する両方の立場に潜在能力アプローチを売り込もうとしている」と非難することは容易であるが、本書はセンのこの態度を「センの解決しようとしている正義の問題にとって客観主義か主観主義かという論争がさして重要ではないことの証拠」として解釈したい。

価値に対する客観主義的なアプローチの魅力は、それがすべての人が同意させざるをえないような一意的な評価を生み出す点に求められることが少なくない。しかし、センは客観主義的アプローチが一意的な評価を生み出すための必要条件でもなければ十分条件でもないことを強調する。まず第一に、前者、すなわち客観主義が必要条件ではないという点について。前述したように、センは潜在能力アプローチが複数の価値の理論と両立可能であり、客観主義的なアプローチだけが潜在能力アプローチにとってとりうる唯一の方策ではないことを強調している［Sen, 1993a, p. 47］。たとえば、潜在能力アプローチにとっては厚生主義に類似した立場も一つの方途であろう。もちろんセン自身は厚生主義に対して痛烈な批判を展開しており、完全に厚生主義的なやり方で指数を割り振ることには否定的であろう。しかし前述したように（1・2・2）、厚生主義を否定するためには、厚生主義が重視してきた願望等といった要素を完全に無視することまでは必要ない。厚生主義は願望等だけが唯一重要な情報であると主張する純粋な理論であるがゆえに、その否定のためには願望等の重要性を否定するのではなく、願望以外にも重要な情報があることを示せば足りるからである。したがって、非厚生主義は願望の強度を考慮しつつも、他の情報を考慮することによって潜在能力に指数を割り振ることができるのである［Sen, 1985b, p. 141］。要するに、客観主義は潜在能力の指数に関する人々の間の意見の不一致を解消するための唯一の方法ではなく、非厚生主義をとり、非効用情報の重要性を承認しながらも、個人の願望にも注目するアプローチもまた指数に関する人々の不一致を解決するのに有効であるかもしれないのである。(20)

第二に、前述した（2・1・4）、客観性に関するセンの見解に依拠するならば、客観主義的なアプローチは潜在能力の各構成要素に対する人々の評価を収斂させるための十分条件でさえない。センは客観的な命題が位置に関するパラメーターを含みうることを強調していた［Sen, 1982b, pp. 117–118］。このパラメーターを導入するならば、人々が事態に対する自分の位置の相違に応じて同一の事態に対してさまざまな評価を行ったとしても必ずしも非合理とは言えないだろう。したがって、客観主義は潜在能力のランキングにおける個人間の差異の可能性を完全に排除するものではないのである(21)［Sen, 1985a, p. 35, 邦訳五三頁］。

以上の考察は、センが潜在能力の各構成要素のランキングの背後にあるものは何か（主観主義か客観主義か）という問題の探求にそれほど関心を示さない理由も示してくれるであろう。センに言わせれば、潜在能力の各構成要素の評価という問題は、ランキングの背後にあるものに関する一定の立場をとることによって回避できるような単純なものではなく、この問題の解決が必要であればあるほど、私たちは特定の哲学的立場に早々と閉じこもって満足すべきではないのである[22] [Sen, 1985a, p. 35, 邦訳五三頁]。しかし、客観主義をとらないことは、底なしの主観主義に道を拓くものではないだろうか。客観主義でさえもすべての人が同意しうる完全なランキングをもたらさないとしたならば、客観主義という「高貴な嘘」なしでどのようにして評価の問題を処理することができるのだろうか。

4・2・2　天秤では測れないもの

以上の疑問は「価値の対立」という問題の一つの系でもある。[23] いくつかの価値は対立し、共存できない。価値が対立する場合、どちらかを選択さぜるを得ないが、いくつかの価値は一方が他方よりも優れているとも劣っているとも、さらには同等であるとさえも言えないという意味で比較不可能であるかもしれない。[24]

先に内在的な価値を有する対象を何に求めるかに応じて、個人効用に注目する厚生主義、ロールズの社会的基本財についての理論、センに代表される潜在能力アプローチという三つのアプローチを区分したが、価値の対立という問題がこれらのアプローチの相互の間で生ずることは明白だろう。しかし、価値の対立はそれだけでなく、任意のアプローチの内部においても生じうるのであり、価値の対象についての合意は価値の対象となる各構成要素の評価をどのように行うべきかに関する合意をもたらすとは限らないのである [Sen, 1993a, p. 48]。たとえば、潜在能力アプローチを採用した場合でさえも、ある人の潜在能力の拡充が他の人の潜在能力の萎縮をもたすといったようなことは起こりうる。

そのような事例においては潜在能力の個人間比較は不可避となり、総体的考慮と分配的考慮との対立が引き起こされるであろう。また特定の個人の内部においてもある潜在能力と他の潜在能力は両立不可能であるかもしれない。これらの対立を解くためには、各潜在能力の組み合わせに対してウェイト付けを行う必要があるが、そのウェイト付けが人によって異なることも十分考えられる。したがって、価値の対象の特定は、価値の対立の解消を容易にするかもしれないが、価値の対立を消滅させるものではない。それではセンはどのようにして価値の対立を解決するのであろうか。

センは「どのようにして」解決すべきかという問題に答える前に、まず「どこまで」解決すべきかという問題に立ち向かう。この文脈で重要な概念である「完備性」を簡単に定義しておこう。すべての選択肢をペアごとに順序付けたあるランキングが存在するとしよう。この順序付けはさまざまな性質をもちうるが、完備性はそのうちの一つである。ある順序付けが完備性をもつとは、その順序付けにおいては、任意の選択肢のペア x と y が、x が y と少なくとも同じくらいよいか(25)、あるいは y が x と少なくとも同じくらいよいか(26)のいずれか、あるいは両方であるというように順序づけられていることを意味する(27)(28) [Sen, 1979a, p. 3, 邦訳五頁]。

さて、正義の女神が掲げている秤は、正義の女神の作成するランキングが完備性をもつべきであるという理想を表現しているようにも思われる。というのも、秤はその傾きによって、秤に載せられた二つの選択肢のうち、どちらが重いかあるいは同程度に重いかを告げてくれるからである。従来の厚生経済学の大半も、個人の順序づけが完備性をもつと想定してきただけでなく [Arrow, 1963, p. 17, 邦訳二九頁］［Craven, 1992, pp. 14-15］、社会もこの個人の順序付けの組に基づく完備的な順序付けをもつという仮定に基づいて理論を展開してきた(29)［Arrow, 1963, p. 22, 邦訳三六頁］。社会的順序の完備性の想定は厚生経済学に独自なものではない。現代正義論の祖であるロールズも正義の根本原理が複数存在する可能性に言及し、完備性が簡単には実現できないことを強調してはいるものの、完備性という絶対神に反逆することなどはなから考えていない［Rawls, 1971, pp. 34-39］。むしろロールズは完備性の理想に絶対的に帰依したうえで、複数存在する根本原理の間での対立を解決するためにはどうしたらよいかという問題を提起する。この問題に対する第一の回答は、そのための明確な方法やどちらを優先させるかを決めるルールなどは存在せず、直観に訴えて比較衡量するしかないと説くものであり、この立場をロールズは「直観主義（intuitionism）」と呼んでいる。このような直観主義を論駁するために、ロールズは直観主義によれば存在しないはずの複数の根本原理の間の優先順位を決めるルールを提示しようとする。ここではその詳細に立ち入ることはできないが、直観主義にせよ優先ルールにせよ、どちらも不完備性を解消しようとする試みであり、ロールズの理論において完備性はいかに困難であろうとも実現されるべき理想、それも直観主義のようにアドホックな仕方でではなく、優先ルールに基づいて明快な仕方で実現されるべき理想として保持されている点に留意すべきである［Rawls, 1971, p. 134］。

確かに、このような完備性をもった順序付けを正義の女神がもち、いつでもどんな問題にでも答えられたならばそれはすばらしいことだろう。しかし完備性を神のように崇め奉るのは行きすぎであるとセンは指摘する［Sen, 1979a, p. 4, 邦訳六頁］。センによると不完備性には二つの種類がある［Sen, 1997, pp. 763-764］。第一は「暫定的な不完備性（tentative incompleteness）」であり、いくつかの選択肢のペアがまだランク付けられていない際に得られるものである。暫定的な不完備性は、さらに情報が入手できたり、思案をめぐらしたならば解消されうる。これに対して、「確定的な不完備性（assertive incompleteness）」は、いくつかの選択肢のペアをランク付けることはできないと断定される場合に成立する。すなわち、確定的な不完備性は暫定的不完備性とは異なり、条件さえ整えば完備的なものにできるような底の浅いものではなく、最初からいくつかの選択肢のペアをランク付けて完備的なものにすることが不可能なのである。

いかな正義の女神といえども必ずしもすべての選択肢のペアを順序付けることができないだろう。この不完備性のいくつかは暫定的なものであるかもしれない。正義の女神であってもすべての情報を一度に入手できるとは限らないだろうし、ましてや私たち人間にとって、ほとんどの決定は暫定的なものとならざるをえないだろう。しかしすべての情報が入手できるという非現実的な想定をしてみても、それでもなおいくつかの不完備性、すなわち確定的な不完備性は残るだろう。というのも、正義の女神の解決しようとしている問題は、実現されるべき価値や最大化されるべき変数がたった一つしかないような単純なものではなく、いくつかの価値に対して同時に配慮を払わなくてはならない複雑な問題だからである。さらには正義の女神が配慮すべき情報は、個人の利益にせよ自由にせよ、分配にせよ総体にせよあいまいさがつきまとっており、完全な順序付けを求めることは誤りであろういる場合には、完備性のために価値のあるものを切り刻んだり、あいまいな部分を切り捨てたりすべきではない。

[Sen, 1992a, p. 48, 邦訳六九頁]。このように重要なものが複数存在したり、あいまいさが概念に内在して

繰り返すが、完備性が実現できるのであればそれは望ましいことだろうが、問題は完備性が望ましいかどうかではなく、完備性という徳を実現するためにどれだけのコストを払うことが許されるかなのである。この問題を提起するために、センが必ず持ち出すお気に入りの寓話は『ビュリダンのロバ』と呼ばれるお話である。[30] 腹ぺこのロバが二つの藁の山 x と y とを前にして悩んでいる。どちらもおいしそうだし、量も十分である。しかし、ロバには二つの藁の山を順序付けることができない。ロバが二つの藁の山のどちらも同じ程度によい（無差別）と考えているのであれば話は簡単である。その場合にはどちらかを選択しても、何も失うものはないからである。ロバの状況が悲劇的なのは、二つの藁の山がどちらでもよい（xIy）からではなく、ロバが完備的な順序を有しておらず、どちらが他方より悪いのかがわからないからなのである。その結果、ロバは二つの藁の山を前にして餓死してしまうというのがこのお話の結末である [Sen, 1997, p. 765]。

このような状況においては、ロバには最善の要素を選択することはできない。このことを説明するために、センは「最適化 (optimization)」と「極大化 (maximization)」とを区分する[31] [Sen, 1997, p. 763]。最適化とは選択肢の集合の中から最善の要素を選択することである。[32] これに対して極大化とは他のすべての選択肢より悪いと知られていない選択肢を選択することである。[33] 最適化と極大化の相違が顕在

化するのは、選好関係が完備性を有していない場合である。(34) 先の事例において、ロバのランキングには最善の要素が存在しないため、最適化の要求に従うことはできない。しかし、xとyはどちらも極大な要素であり、どちらの選択肢であれ餓死するという別の選択肢zよりもずっとましであるので、ロバは極大化の要求に従ってどちらかの選択肢を選ぶべきなのである。要するに、餓死を免れるには極大化で十分なのであり、最適化に恋焦がれて完備的な順序の光来を死ぬまで待ち続けるのはロバだけなのである [Sen, 1997, p. 765]。

センの主張する通り、すべての問題にとって完備性が必要であるわけではなく、完備性が必要でない問題の場合にまでも、ロバとともに完備性の理想のために殉死しようとするのは滑稽としか言えないだろう。完備性がどこまで必要であるかは、「正義の女神が直面している問題は何であるのか」にかかっているのであり、この問題については後に検討することとしよう（4・2・3）。ここでは完備性への強迫観念がもたらしうる第二の弊害を明らかにしておこう。

実を言うと、完備性を達成するのはそれほど難しいことではない。サイコロを振ったりくじを引いて決めればよいからである。もちろん、そのような決定方式は問題の深みを理解していないと批判されるであろう。というのも、正義の女神が直面しているのは、右側通行か左側通行かという問題のようにどちらか一方に決定さえしておけば充分で、決定の理由はさして重要でないような種類のものではなく、時には人の生死が関わるような問題だからである。したがって、正義の女神が完備的な順序を得るためにサイコロをすぐに持ち出したならば私たちは彼女を軽蔑するだろうが、奇妙なことに私たちは依然として正義の女神にサイコロを振るのと大差ないことを期待しているのである。サイコロを振れば完備的な順序を得ることができるのは、サイコロの目以外の情報を排除するからである。同じように情報を排除していけば、いつかは完備性を手に入れることができるかもしれない[35]。古典的功利主義が完備的な順序を（少なくとも表面上は）得ることができるのは、個人の利益についての情報を快楽の量についての情報に限定することによってであった。また、ロールズがその完備性の理想を達成できるのは、彼が個人の利益についての情報を社会的基本財に限定しているからでもある[36]。要するに、情報制約は時として、ありもしない完備性の蜃気楼を私たちに見せることができるのだ。私たちは完備性という蜃気楼見たさに、サイコロを振るというようなあからさまな仕方には顔をしかめるものの、正義の女神に厚い目隠しを付けさせるという「洗練されたやり方」には寛容なのである。

しかし完備性を得るために情報を制約するのは、いささか本末転倒なのではなかろうか。私たちの生活において重要なのは、理論や概念ではなく、価値や情報である。こぎれいな理論を作り上げるために、都合の悪い情報を雑音として切り捨ててしまうのでは、何のために理論が必要になるのかわからなくなってしまう。センは従来の理論のもつ情報的なけちくささを常に批判してきたが[37]、完備性という徳をあまりに強調することに対して警戒の目を怠らないのも、このような批判の一つの系として理解することができよう。

センによる完備性の脱神格化の試みに対しては、「人間社会に歴然と存在している決定の不可避性という事実を軽視している」という批判が提出されるかもしれない。確かに、私たちはときとして決定を迫られる。そして決定を下すためには、完備的な順序が存在する方が便宜であろう。(38) このことから、無理やりにでも完備的な順序を得ることは実践的な要請であると考える人たちも少なくないだろう。この人たちからすればセンは決定することの重要性を認識していないように見えるかもしれない。

しかし、まず第一に留意すべきなのは、センが批判しているのが完備性を要求することに対してであって、決定することに対してではないという点である。ビュリダンのロバの例が示しているように、すべての問題を解決するまでは、すでに明らかになっている部分についても沈黙を守らなくてはならないとか、何の判断も下してはならないと考えるのは間違っている［Sen, 1992a, p. 49, 邦訳七〇頁］。この意味で、完備的な順序がなければ決定が下せないと考えることの方が決定の重要性、不可避性を認識していない、と言えよう。

第二に不完備性が暫定的なものである場合について。この場合には、新たな情報や熟慮が出揃うのをいつまで待つべきかという問題がある。ビュリダンのロバのようにそれをいつまでも待ち続けるべきではないとするならば、手持ちの情報と考察結果で妥協する必要がある。センもこのような妥協の必要性を排除するものではない［Sen, 1992a, p. 135, 邦訳二一七頁］。センが批判しているのは、妥協して近似値で満足する必要がある場合に妥協することに対してではなく、近似値があたかも正解であるかのように強弁して、概算の結果を真理と見誤ることに対してなのである。近似値は有用ではあるが、あくまでも近似値にすぎず、状況が変われば真理からかけ離れた数値を示すかもしれない。したがって、妥協をした場合には、妥協をしたそもそもの動機をしっかり見据えたうえで、暫定的な結論を現在も維持すべきかどうか常に見直すべきなのである。

第三に不完備性が確定的なものである場合について。この場合でも一定の決定を下す必要が存在するだろう。xとyとを順序付けられないにもかかわらず、そのようなときにもどちらかを選ばなくてはならない、ということはセンも認める。私たちは無根拠で選択をするほどタフではないのかもしれないが、だからといって、自分の選択を正当化するために、部分順序を恣意的な仕方で完備順序にしようとすることは間違っている、とセンは指摘する［Sen, 1992a, p. 134, 邦訳二一六頁］。たとえ部分順序では答えられない問題が多くあったとしても、ありもしない完備性を押し付けるべきではない。というのも、わからない問題に対しては、一般に無駄口をたたいて自己陶酔に耽るよりも、沈黙を守っている方がよいからである。

要するに、選択肢に対する評価が必ずしも完備的な順序を生み出さないからといって、そのような評価が内容空虚になるわけではない。完備性の要求が猛威をふるったために、正義に関する多くの問題において悲惨な結果がもたらされてきた。すなわち、私たちは沈黙を守るか、あるいはたわ言をしゃべるかという本来ありもしない偽りの選択を迫られることになったのである［Sen, 1985a, p. 31, 邦訳四七頁〕。しかし問題によっては、正義の女神は完備的な順序なしに解答を提出することができるし、完備性なしには問題が解決できない場合でも、不完備性という事実を認めるべきであり、完備性という蜃気楼の出現を待ち続けたり、それが出現するまで情報を制約していくような自己欺瞞的なやり方をとるべきではない。というのも、あいまいな仕方で正しい方が正確な仕方で間違っているよりも断然ましだからである〔Sen, 1987b, p. 34〕。

完備性を神のごとく崇め奉ることによって、誠実なロバは餓死し、狡猾な人間は厳しい情報制約を密輸入することによって完備性の蜃気楼に耽る。しかし、100点がとれないからといって、必ずしも0点ではないのと同様に、すべての選択肢を順序付けることができないということは、あらゆる問題の前で無力であるということを意味するものではない。部分的な順序しか持ち合わせていないからといって、絶望する必要はないのであり、潜在能力アプローチはたとえさまざまな機能の組み合わせに対して与えられる相対的なウェイトに関して完全な合意がなくても、しばしば明確な回答を与えることができるのである〔Sen, 1992a, p. 46, 邦訳六六頁〕。

＊

それでは、完備的な順序なしでどのように決定できるのだろうか。この点について、センは以下の二つの方法を示唆している。

まず第一に、機能や潜在能力を価値の対象として特定することにより、その構成要素である機能や潜在能力のそれぞれのウェイトを特定しなくても、「部分優越順序(dominance partial order)」を作ることができる。今、重要な潜在能力あるいは機能がxとyとの二つしかないとする。そして、それぞれの潜在能力あるいは機能のうちどちらが重要であるかに関して社会の中で意見の一致がないとしよう。そのような場合でも、その社会においては(2x, y)というペアは(x, y)というペアに優越しており、前者は後者と少なくとも同じだけよいと述べることは許されるだろう[Sen, 1992a, p. 46, 邦訳六六—六七頁]。ただし、この部分優越順序においても依然として(2x, 3y)というペアと(3x, 2y)というペアは比較不可能であり、不完備な領域は広範に残されているのではあるが。

第二に「共通部分アプローチ(intersection approach)」を用いることによって、この部分的な順序をさらに拡張することができる[Sen, 1992a, pp. 47-48, 邦訳六七—六八頁]。共通部分アプローチは価値対象のウェイト付けに関して人々の間、あるいは理論の間で成立している合意に注目する。先の事例と同様、重要な潜在能力あるいは機能がxとyとの二つしか存在しないとする。また、この社会においては、二つの選択肢(2x,3y)と(3x,2y)とのどちらが優れているかに関して意見の一致がないとする。さて、別の選択肢(5x,y)は先の二つの選択肢に対してパレート的な意味で優越しているわけではないが、それにもかかわらず、この選択肢は先の二つの選択肢のどちらよりも優れているという点に関しては人々の間で合意が成立しているかもしれない。すなわち、標準的な社会的選択理論の想定に倣って正義の女神が個人の選好に基づいて社会的選好を作成しなくてはならないとするならば、個人1が(5x,y) R_1(2x,3y) R_1(3x,2y)という順序付けを行っており、個人2が(5x,y) R_2(3x,2y) R_2(2x,3y)

という順序付けを行っている場合には、正義の女神は少なくとも、$(5x,y)R(2x,3y)$ と $(5x,y)R(3x,2y)$ という結論を下すことができると言ってよいだろう。この場合でも、依然として $(2x,3y)$ と $(3x,2y)$ とを比較することはできないので、不完備性は残されたままである。(39)

正義の女神はこれ以外の方法でさらに部分順序を拡張することもできるかもしれない。しかし、その際には拡張すること自体が目的なのではなく、さまざまなランキングを不当に切り詰めることがないように留意しなくてはならない。正義の女神の第一の目的は正義の問題を解決することであり、完備的な順序を得ることはそのための一つの方策にすぎない。部分順序であっても正義の問題を解決できるかもしれないのであり、絶望する必要はまったくないのである。それでは、センが解決しようとする正義の問題とは何であるのか。

4・2・3　不正義の是正を求めて

以上の論述から明らかなように、潜在能力のさまざまな構成要素に対してさまざまなランキングが並存している場合でも、それらの間に共通部分さえ存在するならば、いくつかの問題を解決できるかもしれない。たとえば、修学旅行の行き先を選択する際には、すべての候補地を順序付けることができなかったとしても、最善の候補地がどこであるかに関して意見の一致が見られたら十分であろう。どのような共通部分が存在することが必要であるかは文脈や解決しようとしている問題によるだろう。それではセンにとって「正義の問題」とは何であり、その解決のためにはどのような共通部分が存在したらよいだろうか。

先に正義の問題を三つに区分した（序論）。すなわち、個人の「福利の増進」、正義に適った「制度の設計」、そして「不正義の是正」である。もちろん、これら三つの問題は相互排他的ではなく、不正義の是正にはそのための制度の設計が不可欠であるし、特定の個人の福利の増進せずには不正義を是正できない場合も少なくないだろう。このような相互依存関係の存在にもかかわらず、焦点の相違は依然として存在するように思われる。

自分が解決しようとする「正義の問題」が何であるのかに関してセンが明示的に語っている文章はそれほど多くはない。それは正義に関して大言壮語することを好まないというセンの人柄によるのかもしれないし、彼が従来の社会的選択理論の諸前提（当然、その中には正義の問題の内実についての想定も含まれる）を受け入れていることに関係しているのかもしれない。しかし前述した（3・2・1）サグデンの批判からも明らかなように、問題が異なればそれに答えるための道具立てが変わってくることは当然であり、正義の問題を明らかにしないまま功利主義や従来の権利論の道具立てを云々してみてもあまり生産的とは言えないだろう。

しかし、状況は変わりつつある。サグデンの批判を受けてか、近年、センは正義という観念の役割について断片的にではあるが、次のように述べている。

正義の観念が一番大きな意義を有するのは、世界が正確にどのようにあるべきかについての現存する何らかの定式を掘り出すためというよりもむしろ、明白な不正義の正体を明らかにするときである。そして明白な不正義についてであれば、よく考えた末での合意が可能なのである［Sen, 1999, p. 287, 邦訳三三二頁］。

この一節はセンが正義の女神に解決を求めている主たる問題が福利の増進ではなく不正義の発見とその是正であり、彼が共通部分として人々の合意を期待しているのも明確な不正義に対するものであるという推測を許すものであろう。

＊

さて、このような推測に対しては、「福利の増進」と「不正義の是正」との区分が無意味ではないかとの批判が存在するだろう。たとえば、センの業績の少なからざる部分の背後にあり、それらを結び合わせている飢饉や貧困といった問題は、不正義だけでなく個人の福利にも関わることは否定できず、それらを「福利の増進」という一般的な問題の具体的な例であると解釈することも可能であろう。このような観点からは、個人の福利を増進することと個人の福利の著しい欠損を補うこととは同一のコインの両面であるように思われるかもしれない。実際、シュクラーの議論に依拠して［Shklar, 1980］、共通善についての特定の理論に立脚する「卓越主義的リベラリズム」と共通悪についての特定の見解に立脚する「恐怖のリベラリズム」とを区分し、後者のアプローチの優位性を強調した拙稿に対しては［若松　1998b　二二七―二三〇頁］、当然のことながら両者が表裏の関係にあるという指摘を頂戴した(40)［平野　1998　二三八頁］［玉木　1998　二四五頁］。果して、福利の増進と不正義の是正とはコインの両面であり、両者を区分する意味はないのであろうか。

この問題に対する解答は、社会のランキングの性質をどのように想定するのかに依存している。社会のランキングが完備性を有しているならば、最善の選択肢を選択することが可能であり、最適化と極大化は一致する。この場合には、実現可能な選択肢のうち、より悪いものを避けていくこと（極大化）と、より良いものを選択していくこと（最適化）との間には差はなく、結果として最善の選択肢が選択されることになろう。したがって、このような完備的な順序を想定するならば、福利の増進と不正義の是正とは確かに同一のコインの裏表だと言えよう。

しかし、社会のランキングがいつでもそのような完備性を有するとは限らない。むしろ、そのようなランキングを有する社会の方がまれであろう。もちろん社会として統一を保っている以上、いかなる社会でも一定程度の意見の一致は見られるかもしれないが、その一致の対象は社会によって異なりうる。たとえば、ある社会は共通の理想を有しているがそれ以外の部分では意見が分かれるのに対して、別の社会ではある事柄が悪であることには合意が存在するものの何が善であるのかについては意見の一致が見られないといった具合にである。共通の理想が存在する社会においては、不正義を是正するよりも善を追求することが社会の任務とされるであろう。これに対して、悪についての合意だけに基づいて成立している社会においては、共通の善を追求するよりもむしろ、共通の悪を回避することが社会に求められる課題であろう。もちろん、そのような社会も最悪の事態を回避することによって、善の方向へ向かったとは言えるし、その意味においては善がコインの裏面に刻印されていると言ってもあながち間違いではなかろう。しかし、この裏面は「すべてのコインには裏がある」という自明の理を確認するためならばともかく、独自の価値をそれほど有するものではないことも忘れてはならない。というのも社会的に悪い状態から無差別の状態へと移行することは確かに改善ではあるが、無差別はあくまでも無差別であり、それほどの善ではない以上、この移行は改善というよりもむしろ悪を回避したことに意義があると考えられるからである。要するに、完備的な順序を有する社会においては、善と悪のコインの両面は等価であるもしれないが、共通善や共通悪しか存在しない社会においては、コインの価値は片面にしか存在せず、裏面は表面を作った際の副産物にすぎないのである。

先の一節はセンがコインのどちらの面を重視しているかを明瞭に示している。センが完備的な順序への妄想を戒めたことは前述した（4・2・2）。もちろん、完備的な順序が存在し、コインの両面が刻印されているならば望ましいことではあろうが、不完備であっても絶望する必要はない。部分的な共通善や共通悪のように片面しか刻印されていないコインであっても、いくつかの問題は解決できるからである。そして、人々の生き方についての理想である善が多様化している現代社会においても存在しているとセンが想定している共通部分集合も、共通善ではなく共通悪に関するものであると理解してよかろう。

正義の問題に関するこのような理解は、当然ながらセンの理論のあいまいな部分に対する解釈にも影響を与える。潜在能力アプローチは個人の利益一般についての基準としても、貧困や飢饉といった不正義を見つけるための道具としても理解することができよう。センは潜在能力アプローチが対象とする潜在能力が飢饉や貧困についての研究が重視してきた「基礎的な潜在能力 (basic capabilities)」に限定されるわけではないことを強調しているが [Sen, 1993a, p. 41]、実際に基礎的な潜在能力を超えて、利益一般を包摂するまで潜在能力アプローチを拡張しようとしているわけでもない。それでは、機能や潜在能力は内在的な価値を有するものとして多ければ多いほどよく、最大化されるべきものなのだろうか。それとも、機能や潜在能力はニーズのように一定程度充足されることが決定的に重要で、それ以上の充足はそれほど重要ではないのだろうか。

＊

ニーズ論に近い形で潜在能力アプローチの意義を理解しているのがヌスバウムである。[41] 彼女は「閾値」という概念を潜在能力アプローチに導入することによって潜在能力が正義論において果たすべき役割を明示しようとする [Nussbaum, 2000, p. 75]。すなわち彼女によると、潜在能力のうちでも重要な中心的潜在能力は閾値を有しているのであり、それを欠くとその人はもはや人間らしいとは言えなくなる。このような閾値という性質をもつがゆえに、潜在能力は最大化されるべき利益一般の基準としてよりも、むしろ社会的な最低限を確定するための基礎として用いられるべきものである。このように解釈する場合、潜在能力で正義論の問題をすべて解決できるわけではなくなる。

ヌスバウムのように潜在能力概念において閾値という概念を用いることにまったく問題がないわけではない。まず第一に閾値という概念は、そのレベルに達しなければ無と同等であるという含意を有しており、「閾値」に達しないとされる個人や諸国の間での潜在能力の比較を無意味にしかねないところがあるが、閾値に達しないとされる人たちや諸国の間での個人間比較や国際比較が重要になる文脈は確かに存在する。たとえば、閾値に達していないほどに飢饉で苦しんでいる諸国のうちでもどの国が一番ひどい状況であるかを知ることは、国際援助の必要性を示したり、その国の為政者に改善を促すためにも意義があるように思われる。第二に、閾値という概念は程度の次元を含まないものであるため、そのような概念に依拠するヌスバウムの権利論も硬直した性格を受け継いでしまう［Nussbaum, 2000, pp. 14-15］［Nussbaum, 1997, pp. 297-300］。具体的には、ヌスバウムはセンと同様に潜在能力アプローチをとっているにもかかわらず、潜在能力を閾値まで保障することは政府の責任であり、その閾値を下回ることは絶対に許されないという硬直した思考に陥っているがゆえに、ノージックのように権利を側面的制約として捉えることになってしまうのである。(42) 側面的制約としての権利論に対する批判に関しては前述した（2・2）ので繰り返さないが、閾値をもつとされる潜在能力に対する複数の権利が競合し、どちらかの権利を侵害せざるをえないような状況が存在しうることは銘記されるべきである。

閾値という概念には以上のような欠陥があるものの、政府に一定の点まで個人の潜在能力を発展させる義務を明確に負わせるためのレトリックとして有益であることは確かだし、潜在能力アプローチが強みを発揮する問題が個人の福利の増進というよりも、不正義の是正であるということを明確に示している点で意義深い。すなわち、潜在能力の強みはどれだけ満ちているかを示すことにではなく、どれだけ欠けているかを示す点にあると言えよう。だからこそ、センの貧困や飢饉の分析は従来の正義論にはない冴えを見せるのであろう。

さらにセンが正義の女神に求めているのが不正義の是正であるということは、彼が潜在能力のランキングの完備性やランキングの背後にあるものに対して無関心である理由をも説明してくれるだろう。センにとって潜在能力という空間に注目する理由が不正義の是正にあるとするならば、ランキングの哲学的な根拠に立ち入るよりも先に解決しなくてはならない問題が存在する。レイプや殺人が極悪非道であり、不正義であることに関しては争いがないだろうが、その理由に関しては多様でありうる。もしその理由に合意を取り付けることができるまでは目前で行われている犯罪を止めるために手出ししてはならないと哲学やリベラリズムが命じるのであれば、捨て去らねばならないのは被害者を救いたいという義侠心ではなく、立ち止まって考えることを命ずる理論の方である。不正義を是正するためには完備的な順序やその哲学的根拠に関する完全な合意までは必要なく、明白な不正義に対する合意のみが存在していれば足りるのである。

本来、リベラリズムは宗教戦争の最中、このような態度決定を行ったことに由来しているはずである［Shklar, 1989, p. 23］。残酷さを悪として、その哲学的、宗教的理由を問わない態度はロールズの

「重畳的合意（overlapping consensus）」の基礎をなしているとも言えよう[46]［Rawls, 1993, pp. 144-150］。重畳的合意という観念が哲学的根拠への無関心や懐疑主義、さらには知的な怠慢に必ずしも依拠するものではないのと同様に[43]、ランキングの背後にあるものに関して特定の見解に早々と閉じこもってしまうことなく、オープンなままにしておくことは、より重大な問題の解決を先に行うという合理的な態度の表われなのである［Sen, 1999, p. 286, 邦訳三三〇頁］。

＊

センは権利に対する関心が分配的な考慮への排他的関心集中を正当化するものではなく、権利論における総体的な考慮の重要性を説いている（4・1）。かといって、彼が権利の最大化を説くような立場に与しているわけでもない。もちろん、彼の理論をそのような観点から読み解くことは不可能ではない。というのも、潜在能力はアリストテレスにおけるように最適化されるべき目標としても、不正義を見つけ出すための尺度としても理解することができるからである。どちらとして理解するかに応じて、潜在能力アプローチによって求められる政府の役割も大きく異なる。アリストテレス的アプローチは才能豊かな人にその才能を陶冶し開花させる責任を負わせかねない側面を有している[45]。これに対して不正義の是正を目指す立場においては、潜在能力に注目する際の焦点は、その最大値との差異にではなく、一定の基準（それを閾値と呼ぶかどうかは別にして）からどの程度欠損しているかに当てられることになる。したがって、一定程度の潜在能力を有している人たちのさらなる陶冶には二次的な重要性が与えられるにすぎないのである。

センを最大化主義者として解釈する場合には、彼の理論に数多く残されている余白は残されるべき余韻としてではなく埋められるべき欠落として認識されることになるだろう。彼は実現されるべき目標を明確な仕方では示していないし、完備的な順序も提示していない。さらにはこの目標の正当性を哲学的に論証しているわけでもない。しかし、センが目指しているものが不明確であるということは、彼が避けようとしているものが不明確であるということまでをも意味するものではない。むしろ、彼の理論がどうしてあのような行程を辿ったかを理解するためには、彼の目的地ではなく、彼の回避しようとしている難所に注目する必要がある。目的地がどんなに美しい約束の地であったとしても、そこへと至る道筋で座礁をしてしまえば元も子もないのである。

センが不正義の是正を目指していると理解できるならば、権利の意義も、一部のアリストテレス派の主張するような善の最適化の道具としての価値にではなく、不正義の回避のための手段としての価値に求められることになる。[46] このような権利理解は権利実現の最大化を目指す「権利の功利主義」ほど押し付けがましいものではないだろう［Nozick, 1974, p. 28, 邦訳四四頁］。正義の女神の天秤を多少でも傾けさえするならば一部の人たちの権利侵害を正当化してしまう権利の功利主義とは異なり、センの権利論においてはそのような正当化には限界がある。共通悪を回避さえすればそこから先は社会の中に合意が存在しない領域であり、権利論がその機能を果たせる場所でもないのである。

センの権利論と権利の功利主義との相違は強調に値するが、両者の相違は天秤を使って何をどこまで決定するかに関するものであり、正義の女神の天秤を拒否しない点において変わるところはないことも事実である。そしてノージックやドゥウオーキンが批判してやまないのは、正義の女神の点秤の使い方だけでなく正義の女神を前提とすること自体に対してなのである。興味深いことにセンがその主たる活動領域としてきた社会的選択理論において、センの権利論に対する批判がノージックの権利論を母胎として成長し、ついには正義の女神の存在そのものにまで疑念を呈する根源的な批判にまで進化を遂げているのである。センと従来の権利論との論争の第二ラウンドとでも呼ぶべきこの批判についで次章で検討することとしよう。

第5章　正義の女神は必要か

センの理論を衝き動かしている原動力が防ぐことができたはずの不正義（その代表例は言うまでもなくセンが子供の頃に体験したベンガル大飢饉である）に対する怒りであるとするならば、彼の理論を凋琢してきたのは、あるべき社会の姿を精緻に追求してきた社会的選択理論という分野にある。センは従来の社会的選択理論のいくつかの想定に対して果敢な挑戦を行ってきたが、社会的選択理論の基本的な枠組みに対する信頼は失っていないようである。したがって、社会的選択理論に対するセンの批判は内在的なものにとどまっており、この点にセンの限界を見いだす者も少なくない。そこで、本章では現代正義論から社会的選択理論へと目を転じ、センの権利論の特徴をこの分野における論争を手がかりに描き出すこととしよう。

さて、社会的選択理論の基本的想定のうちでも最も根本的なものは伝統的な厚生経済学に由来する

「社会的厚生関数（social welfare function）」という概念である。[1] これは社会を構成する諸個人の厚生の関数として社会的厚生、あるいは正義を理解しようという問題設定を反映している。もちろん、この社会的厚生関数がどのような条件を満たすべきか、さらには望ましいとされるいくつかの条件を同時に満たすことができるかどうかに関しても疑念が提出されている。[2] しかし、これらの異論も含めて社会的選択理論における議論の多くは社会的厚生関数という概念をめぐって展開されてきたことは確かだろう。

本書の用語で言い換えるならば、社会的選択理論においては正義の女神の存在が前提とされてきたと言えよう。この点で社会的選択理論は功利主義の正統な嫡子であり、功利主義が現地民の効用を集計する超越的な「植民地総督」を必要としたように、社会的厚生関数も個人の選好を集計する存在を前提としているのである。この存在を正義の女神と呼ぼうが、賢明なる官吏と呼ぼうが問題の本質には影響を与えない。そのような超越的な存在を前提とすべきかどうかが重要な問題であり、この問題が本章のテーマでもある。

センの社会的選択理論における貢献の多くは、社会的選択理論の基本的想定を継承したうえに成り立っている。彼のこの分野における業績は多岐にわたるが、その中でも顕著なものは、そして権利論という観点から最も興味深いのは、ロールズの『正義論』出版の一年前である一九七〇年に公表された「リベラル・パラドックス」と呼ばれる問題の提起とその分析である［Sen, 1970］。この問題提起が本書の観点から興味深いのは、社会的選択理論の精緻な理論枠組みが誇る整合性が個人の自由や権利についての情報を排除するという犠牲の上に購われていることを告発しているからである。

リベラル・パラドックスの問題提起はその直後から活発な論争を引き起こした。(3) そのうちの少なからぬ部分がパラドックスの技術的な解決策の探求に終始しており、現代正義論にとっては必ずしも重要な論争とは言えなかったように思われる。しかし一九九〇年代に入ると状況は変わり、現代正義論、中でも本書にとって少なくとも二つの理由で無視できない重要な論争が社会的選択理論を舞台にして再燃することになる。(4) 第一に、功利主義の最良の末裔である社会的選択理論でさえも権利概念との包接合が絶望的なまでに困難であることを形式的に論証することによって、リベラル・パラドックスは功利主義と権利論との対立が根の深いものであることを示しているはずである。もしセンの主張する通り、両者の対立がそれほど根の深いものであるならば、センの主張するような折衷案的な権利論は不可能なのではなかろうか。具体的には、従来の社会的選択理論が前提としてきた正義の女神の存在自体が権利や自由という概念と矛盾しているという根源的な批判が提出されているのである。このような批判は社会的選択理論や本書が前提としてきた正義の女神の存在意義を問い直すきっかけを与えてくれるという意味において根源的な重みを有している。第二に、このような批判を提出する論者たちは、センが徹底的に批判してきたノージックの権利論に依拠しており、この批判にはノージック派の逆襲という側面が存在している。したがって、この批判はセンとノージックの論争の第二ラウンドとして、センの権利論の意義を再検討するのに格好の舞台を提供してくれる。

この論争において敵役を演じているセンは、社会的選択理論の最良の部分を受け継ぎつつ、その射程を広げることによって個人の自由をその視座に収めようとする。このような権利、自由の定式化を**「社会選択的定式化**（social choice formulation）」と呼び、以下ではＳＣＦと略すこととする。これに対して、個人の自由や権利には社会的選択理論の枠組みを突き抜ける要素が存在していることを強調し、正義の女神の存在を前提とせずゲーム理論的な枠組みを用いることで権利を捉えようとするアプローチが台頭し、最近では主流を占めつつある。このアプローチのことを「**ゲーム形式的定式化**（game form formulation）」と呼び、ＧＦＦと略記することとする。[5] 以下ではまずＳＣＦとＧＦＦという二つの権利モデルの基本的特徴を紹介する（５・１）。続いて、それらの検討を通じて、正義の女神の存在意義について検討する（５・２）。これらの検討を通じて、正義の女神の存在を前提とするセンの権利論の意義を解明することが本章の目的である。

５・１　権利をどうモデル化するか

個人の権利や自由を形式的に表現するためには、自由とは何であるかを直観的に把握しておく必要がある。もちろん、自由概念は多様な側面を有しており、たった一つの核心を有しているとは限らない。それでも自由や権利を形式的に表現する場合には最低限押さえておかなくてはならない特徴が存在しているはずである。ここでは自由についての詳細な分析を行うことはしないが、さまざまな権利モデルを評価する際のベンチマークとなるような自由の直観的内容をまず確認しておこう。

センはこの自由の直観的内容をJ・S・ミル（John Stuart Mill）に求め、その後の論争もこのミルの直観的な把握をどのように形式的に表現するかという問題を中心に展開されることとなる。ミルによると、個人のまわりにはいかなる形態の政府であれ踏み越えてはならない領域が存在する［Mill, 1848, Book 5 ch. 11］。センはこのような領域を「承認された個人的領域（a recognized personal sphere）」と呼んでおり［Sen, 1983, p. 7］、具体的には仰向けに寝るかうつ伏せで寝るかというような選択などがこの領域に属するものとされる［Sen, 1970, pp. 152–153, 邦訳一頁］。

どのような選択や行為が個人的領域に属するのか、自由が個人的な領域の承認だけで確保できるのかに関しては争いがあるだろうが、少なくとも一定の行為に対する個人的領域を承認しない政府が自由を尊重しているとは言えないことに関しては争いがないだろう。それでは、このような自由に対する直観的な理解を、どのような形で形式的に表現すべきなのか。以下ではまず、SCF（5・1・1）とGFF（5・1・2）のそれぞれの基本的な主張を確認することとしよう。

5・1・1　社会選択的定式化

センは、リベラル・パラドックスという問題提起をする際に、個人の自由を標準的な社会的選択理論の枠組みに沿った形で定式化しようとする。具体的には、個人の選好を定義域として、社会的選好を値域として生み出す「集団的選択ルール（collective choice rules）」の一種である「社会的決定関数（social decision function）」に対して課される条件の一つとして自由は定式化される。そこでまず、集団的選択ルールの概念を導入する。

定義１　集団的選択ルールとは、n 個の個人的選好順序 $R_1,\cdots,R_n$（一つの順序が各人の選好を意味する）の任意の組に対して $R=f(R_1,\cdots,R_n)$ となるような社会的選好関係 R を一つ、しかもただ一つ割り当てる関数関係 f である［Sen, 1979a, p. 28, 邦訳三七頁］。

この集団的選択ルールの一種に、アローが「不可能性定理」の論証において用いる社会的厚生関数や［Arrow, 1963, p. 23, 邦訳三八頁］、センがリベラル・パラドックスの論証に用いる社会的決定関数などが存在する。そこで次に、アローの社会的厚生関数とセンの社会的決定関数とを定義する。

定義２　社会的厚生関数とは、その値域が選択肢の全体集合 X 上の順序の集合に制限される集合的選択ルール f である［Sen, 1979a, p. 14, 邦訳五一頁］。

定義３　社会的決定関数とは、選好関係 R のうちでも選択肢の全体集合 X に対して選択関数 $C(S,R)$ を生成するような選好関係にその値域が制限される集団的選択ルール f である［Sen, 1979a, p. 52, 邦訳六五頁］。

社会的決定関数は、値域が推移性、反射性、完備性という性質を満たす順序であることを要求せず、

Xの任意の空でない部分集合Sの中に最善の要素が存在することだけを求める点でアロー流の社会的厚生関数とは異なっている。センは社会的厚生関数ではなく、社会的決定関数を考察の対象とするが、その理由は社会的選択にとって最善の選択肢が存在することは重要であるが(6)、順序の存在は選択関数の存在のための必要条件でも、十分条件でもないので、重要とは言えないからである(7)。

さてこの社会的決定関数が満たすべき条件として、センはアローがその社会的厚生関数に課した諸条件のうち、いくつかを完全に捨て去り、いくつかを弱体化させたうえで、「最小限の自由（minimal liberty）」と呼ばれる条件を新たに付け加える(8)。この最小限の自由という条件の背後にあるのは、センによる前述したミルの自由観の解釈である。センは個人的領域を保障するためには、少なくとも一対の社会的選択を決定する自由を各人に認めることが必要である、と考える。たとえば、他の点ではすべて同じだが、自分が仰向けに寝るかうつ伏せに寝るかという点においてのみ異なっている二つの社会状態の対(x,y)（ただし、$x,y \in X, x \neq y$）が存在しているとする。社会はこの二つの社会状態の間での社会的選択を、各人の個人的選好に従って行うべきである、とセンは主張する(9)［Sen, 1970, p. 153, 邦訳四頁］。このような極めて弱い意味での自由でさえもすべての人に保障することには困難を伴うかもしれない。しかし、このような自由を有する人間が少なくとも二人以上存在しなければその社会は自由を保障しているとは言えないとして、最小限の自由を以下のように定式化する。

条件L^*　少なくとも二人の個人が存在し、各人にとって自分が決定権を有する選択肢の対が少なくとも一つ存在する、すなわち、もしその個人が x よりも y を（あるいは y よりも x を）選好するならば、社会も x よりも y を（あるいは y よりも x を）選好しなければならないような選択肢の対 (x, y) が存在すること［Sen, 1970, p. 153, 邦訳四頁］。

センがリベラル・パラドックスにおいて証明したのは、以上のような最小限の自由という条件 L^* に加えて、個人はどのような選好順序を有していても構わないとする「無制限定義域」の条件と、もし各個人が x よりも y を選好するならば社会もまた x よりも y を選好しなくてはならないとする「弱いパレート原理」[10] とを社会的決定関数の満たすべき条件として課すならば、それらの条件を同時に満たすような社会的決定関数は存在しないという定理である［Sen, 1970, p. 153, 邦訳六頁］。

＊

以上の定理を例示するため、センのオリジナルな例とは異なるが、その後の議論の前提となる例を導入したい［Gaertner, et al., 1992］。

社会が二人、すなわち個人1と個人2からなるとする。この二人がそれぞれが着るシャツの色だけが異なっている4つの社会状態から選択するという状況を考えてみる。今、両者がそれぞれ青と白の二枚のシャツを所有しているとする。個人1が青を着て、個人2が白を着る社会状態を

(b,w) と表記する。したがって、両者にとって選択肢となりうる社会状態の集合は、(w,w), (w,b), (b,b), (b,w) として表すことができる。さて、個人1は順応主義者であり、自分のシャツの色を他人に合わせることを好むのに対して、個人2は非順応主義者であり、自分のシャツの色が他人と一緒であることには我慢ができないとする。最後に、それぞれの社会状態に対する両者の選好順序が以下のようであったとする。

個人1　$(w,w)\ P_1\ (b,b)\ P_1\ (b,w)\ P_1\ (w,b)$

個人2　$(b,w)\ P_2\ (w,b)\ P_2\ (w,w)\ P_2\ (b,b)$

このような状況において、個人1が (w,w), (b,w) の対に対して、個人2が (w,w), (w,b) の対に対してそれぞれ決定権を有しているとしよう。(11) この場合、他人と同じシャツの色を着たいと考えている個人1はその選好順序からして、(b,w) を排除する仕方で権利を行使するであろう。同様に、他人と同じ色のシャツを着たくない個人2はその選好順序からして、(w,w) を排除する仕方で権利を行使するであろう。最後に、両者は共に (w,b) よりも (b,w) を、(b,b) よりも (w,w) を強選好しているという点では一致している。したがって、パレート原理によって、(w,b) と (b,b) とが社会的選択から排除されることとなる。このように選択肢を排除していくと、あらゆる選択肢が排除されることとなり、その結果どの選択肢も社会的に選択できなくなるのである。この例から明らかなように、最小限の自由、弱パレート原理、そして無制限定義域の三条件を同時に満たす社会的決定関数は存在しないのである。

＊

以下では、この論証の細部やパラドックスをめぐる技術的な議論に深入りすることはしない。正義の女神にとっての個人の権利の意義を検討している本書の観点からは、最小限の自由の特徴に限定して論を進めれば十分であろう。最小限の自由の特徴としては、まず第一に弱パレート原理や無制限定義域といった条件とともに、社会的決定関数に対して課せられる条件の一つとして定式化されている点を挙げることができよう。

第二に、最小限の自由はある社会状態の対 (x,y) に対する決定権として定式化されている。したがって、ある社会がある個人の最小限の自由を尊重していると言えるためには、社会あるいは個人の選択という行為そのものが保護されていること（だけ）ではなく、社会的選択の結果生ずる社会状態という帰結が実現されることが必要である。この意味で最小限の自由は「帰結依存的」な性格を有している。

第三に、最小限の自由は社会状態の対に対する個人の選好と結付ついている。すなわち、(x,y) という対に対する決定権を有している個人1が xP_1y という選好を有しているならば、社会的選好も xPy でなくてはならないとされるのである。この意味で、最小限の自由は「選好依存的」であると言えよう。[12]

第四に、最小限の自由は社会状態の対に対する「決定権（decisiveness）」という形で定式化されている。アロー以降の社会的選択理論の文脈においては、決定権という言葉は社会において実現されるべき選択肢を決定する「選択権」という意味では用いられておらず、セン自身もまたそのような形では決定権を理解していない［Breyer, 1996, pp. 149-150］。最小限の自由によって要求されていることは、個人1が(x,y)に対して決定権を有しており、xP_1yであるならば、「xが選択できる場合には、yは社会的に選択されない」ということであり［Sen, 1996b, p. 162］、個人1はyが社会的に最善の選択肢となるのを防ぐことができるという意味で「拒否権」を有していると考えられる[13]［Breyer, 1996, p. 150］。

この区分は微妙ではあるが重要である。というのも、決定権を社会的に実現されるべき選択肢の選択権として理解（誤解）するならば、リベラル・パラドックスは矮小化され、選択肢それ自体の相互排他性から生じたものにすぎず、「重要ではない」ものになってしまうからである［Buchanan, 1996, p. 119］。先のシャツの事例に即して述べるならば、選択肢となる社会状態の集合の各要素$(w,w),(w,b),(b,b),(b,w)$は相互に排他的であり、両立不可能である。すなわち、(w,w)が社会的に実現されるならば、その他の社会状態$(w,b),(b,b),(b,w)$は排除され、同時に実現されることはありえない。このような状況においては、実現されるべき選択肢を決定する権利が存在するとしても、たかだか一人しかそれをもつことはできない。にもかかわらず、センの条件L^*は少なくとも二人が決定権をもつことを要請している。したがって、センの主張する「不可能性」なるものもこの最小限の自由という条件に内在している自己矛盾が顕在化しただけであり、その論証にそれほど価値があるわけではないということになろう[14]。一方、決定権を拒否権として捉えるならば、二人がそれぞれ異なった選択肢を排除したとしても、依然として選択可能な選択肢は二つ残されており、不可能性は単に最小限の自由の条件だけから生ずるのではなくなる。

最後に、リベラル・パラドックスは最小限の個人の自由や権利でさえもパレート原理と矛盾することを論証しようとしたものであるため、最小限の自由は可能な限り弱い形で提示されている。不可能性の論証のためには、その前提となる諸条件は可能な限り弱いものであることが必要だからである。したがって、最小限の自由は自由の完全な要求を形式的に表現しようとするものではまったくない[15]。むしろ最小限の自由は「ある社会において自由を保障するための十分条件ではなく、必要条件」としてみなされるべきものである［Sen, 1996b, p. 140］。

5・1・2　ゲーム形式的定式化

リベラル・パラドックスという問題提起を行ったセンの動機に関しては、リベラルな人たちであれば誰にも異論がないだろう。確かに、各人は承認された個人的領域をもつべく保護されるべきであるし、自分の寝室の壁をピンクに塗りたいとか、仰向けに寝たいと思っている個人に対して、社会がパレート最適等を口実にして口を出すのはおかしな話である。したがって、個人の自由を等閑視してきた従来の社会的選択理論に対する批判としては、リベラル・パラドックスは正鵠を得ていたと言えよう。

リベラル・パラドックスのような否定的な結論は、新たな出発点を提供するという意味において積極的に理解されるべきである。従来の社会的選択理論の枠組が個人の権利や自由を十全に捉えることができなかったという事実は、従来の社会的選択理論の枠組のどこかが間違っていることの証拠であり、社会的選択理論の患部の同定がなされなくてはならない。社会的選択理論の世界的な権威の一人である鈴村興太郎は、リベラル・パラドックスを社会的効率性という厚生主義的価値と個人の権利のような非厚生主義的主張との対立を示すものと捉え、従来の厚生主義的情報にのみ依拠する社会的選択理論の狭隘さこそがリベラル・パラドックスという症状を引き起こす患部であると主張する［Suzumura, 1996, p. 35］。

このような理解はセンによっても承認されている公式的なものであるにもかかわらず、ここには二つの対立の混同があることにも留意すべきである［Sen, 1996b, p. 140］。すなわち、「個人対社会」と「厚生主義対非厚生主義」である。前述したように（1・2・2）、厚生主義とは個人の福利についての情報を個人効用についての情報と同一視する立場であり、厚生主義は必ずしも個人対社会の一方に与するものではない。たとえば、快楽主義的エゴイストは自らの効用のみを唯一重要な情報とし、他者の効用には関心を払わないだけでなく、自らの効用を配慮する超越的な存在を自らとは別に想定しないという意味において個人的な厚生主義者である。これに対して、功利主義者は快楽主義的エゴイストと同様、厚生主義者ではあるものの、他者の効用も配慮し、社会的立場から個人効用を綜合するという意味において社会的な厚生主義者であると言えよう。要するに、個人対社会という対立は利益を配慮する主体が誰であるかに関する区分であるのに対して、厚生主義対非厚生主義は利益の内容に関する区分であり、位相を異にしており、二つの区分は必ずしも一致しない。

従来の権利論はどちらの対立軸においても功利主義の対極に立ち、個人的な非厚生主義の立場に立っていた。これに対してセンは、本書のこれまでの論述から明らかなように従来の権利論の立場が唯一可能な功利主義に対する代替案ではないことを示すため、個人効用以外にも重要な情報があることを強調する点で非厚生主義に立ちながらも、非厚生主義的価値を社会的な立場から調整する必要を強調しているという点において社会の側に与しているのである。

したがって、センと鈴村の合意は錯誤に基づくものでありうる。というのも、センにとっては患部が厚生主義であるという指摘はまさに「わが意を得たり」であり、個人の利益についての情報を拡張する必要性を示しているのに対して、鈴村にとっては正義の女神を前提とするような「社会的」決定関数という概念そのものが権利概念と矛盾しているのである。したがって、GFFの主たる攻撃目標は厚生主義ではなく、社会的決定関数にあると述べる方が正確であろう。

さて、前述したようにSCFの自由理解は、自由を社会的決定関数に課されるべき条件の一つとして他の諸条件との類推で理解し、権利保有者の帰結に対する選好に基づいた仕方で選択を行うよう社会に求める点に特徴があった。しかしこのようにわざわざ社会的選択を持ち出してくることに違和感を感ずる向きもあろう。SCFのように「社会的選択における彼または彼女の決定権を通じて権利を明細化していくのではなく、自分の寝室の壁の色を選択したり寝るときの姿勢を選択するといった問題を、当該個人の保障された個人的選択に委ね」る方が簡明直截ではなかろうか。このような疑問から独自の自由の定式化を提示したのがGFFである［Suzumura, 1996, pp. 27–28］。GFFによるSCFに対する批判のさきがけとなったのが、ノージックによる最小限の自由に対する批判である。彼はミル的な自由観を共有したうえで、リベラル・パラドックスのような泥沼にはまってしまう原因を権利のSCF的な理解に求め、権利観の転換を試みる。

個人の権利に関するより適切な見方は以下のものである。個人の権利は共存可能（co-possible）である。各人は自分の権利を自分の選択した通り行使することが許される。これらの権利行使は世界のいくつかの特徴を決定する。これらの決定された特徴という制約の範囲内で、社会的順序に基づく社会的選択メカニズムによって選択がなされうるのである。もっとも、選択の余地が残されていたならばの話ではあるが。権利は社会的順序を決定するのではない。権利は一定の選択肢を排除し、他の選択肢を決定する等によって制約を課すのであり、社会的決定はその制約の内部で行われなくてはならない［Nozick, 1974, p. 166, 邦訳二八〇頁］。

ここで注目すべきなのは、ノージックの批判がリベラル・パラドックスの技術的な解決を目指したものではなく、センの根本的な想定に向けられているという点である。ノージックが目指しているのは権利観の転換であり、リベラル・パラドックスはそれ以外では対処の不可能だとされる［Nozick, 1974, p. 166, 邦訳二八一頁］。したがって、ノージックはリベラル・パラドックスをセンよりも根の深いものと捉えている。ノージックによれば、このパラドックスは、センが試みてきたような従来の社会的選択理論の枠組みの拡張によって対処できるような簡単な問題ではなく、社会的選択理論の枠組みの放棄までをも求めているのである。このような観点から、ノージックは権利の本質を、センが想定したように社会的選択に内在的なものとして、つまり可能な社会状態に対する社会的な順序付けの一部を決定することにではなく、社会的選択に外在的な立場から社会的選択に開かれた選択肢の集合に対して制約を課すという点に求めているのである。

＊

ノージックによる権利観の転換は、社会的選択理論における根本的な問題提起として受け入れられはしたものの、形式的な表現を与えられておらずあいまいな部分も含んでいた。しかし、その後ノージックの着想にヒントを得たＰ・ゲルデンフォルス（Peter Gärdenfors）がゲーム理論と結び付けたことを端緒として爆発的な展開を見せることになる。その一つの到達点が権利のゲーム形式的定式化（ＧＦＦ）と呼ばれるものである(16)［Gärdenfors, 1981］。

ＧＦＦはまず第一に権利に関する私たちの直観的な理解を明らかにしようとする［Gaertner, et al., 1992, p. 164］。前述した（５・１・１）シャツの色の事例に戻ることとしよう。個人１が$((w,w),(b,w))$

の対に対して決定権を有しているとする。さらに、各人はお互いに相手方の選択について知らずに、自由に自分のシャツを選択するとしよう。したがって、両者は相手のシャツの色がわからないまま自分のシャツを選択しなくてはならないという意味で不確実性の下にある。またさらに、個人1が不確実な状況における合理的な選択の原理の一つであるマキシミン原理に従って選択するとする。この場合、個人1はその選好順序からしてbを選択することになるだろう。同様に、個人2もマキシミン原理に従うとするならば、wを選択することになり、両者の選択の結果、社会的には(b,w)が選択されることになるだろう。しかしながら、この結果は個人1に認められている決定権と矛盾する。というのも、個人1は$(w,w)P_1(b,w)$という選好順序を有しており、さらに$((w,w),(b,w))$という対に対して決定権を認められているのだから、SCF的に考えるならば(b,w)を排除するはずだからである［Gaertner et al., 1992, p. 165］。

しかしながら、シャツの色を自由に選択する権利に関する私たちの直観に基づくならば、(b,w)は両者が自由に選択した結果であり、そこに何らの権利侵害があるとも言えないのではなかろうか。実際、「各人がいかなる外的制約もなく、自分のシャツを自由に選択したという事実は、ここで検討している権利に対する私たちの観念の直観的内容を余すところなく捉えているように思われる」［Gaertner, et al., 1992, p. 165］。この例が示すように私たちの直観はここでは何の権利侵害もないと告げるのであり、直観的な理解における権利とは「個人が社会的選択肢のある特定のアスペクト、あるいは特徴（すなわち、自分自身のシャツの色）を決定する権能」であって、社会的選択の選択肢となる社会状態そのものに対する決定権ではないことになる(17) [Gaertner, et al., 1992, p. 167]。

このような権利に関する私たちの直観は、SCFの描き出す権利像とはいくつかの点で大きく異なっている。第一に、直観的権利観の下では、権利は世界のいくつかの特徴、アスペクトを決定するものの、アスペクトの決定は完全な社会状態と一意的に結び付くものではない。個人1は青いシャツを着ることによって、社会状態の一部を決定するが、結果として生ずる社会状態が (b, b) であるのか (b, w) であるのかまでは決定しない。どちらが実現されるかは個人1だけでなく、個人2の行動にもかかっている。

第二に、権利の行使によって結果として生ずる社会状態のすべてが確定されるわけではないので、SCFのように権利を結果として生ずる社会状態に対する個人の事後的 (ex post) な効用や選好に依存した仕方で定義することはできない。むしろ、権利行使の自由、すなわち選択に焦点を当てた形で権利を理解すべきことになる。

*

以上のような仕方で私たちの直観的な理解から見た権利の特徴を明らかにしたうえで、GFFはこれらの特徴をモデル化する上でゲーム理論が極めて有益な道具立てを与えてくれる、と主張する。というのも、ゲーム理論は「複数の意思決定主体または行動主体が存在し、それぞれ一定の目的の実現を目指して相互に依存しあっている状況」[岡田、1996、二頁] である「ゲーム的状況」を分析対象とするものであり、先の権利主体の置かれている状況もまさにゲーム的状況と呼べるからである。このような類似性に着目して、「ゲーム形式 (game form)」の観点から権利を描き出そうとしているのがGFFである。ゲーム形式とは、$G = (N, S_i, g)$ として表現される。ただし、

・$N = \{1, \cdots n\}$ は n 人のプレイヤーの集合
・S_i は各プレイヤー $i \in N$ に許容されている (admissible) 行動または戦略の集合
・g は戦略集合の直積集合 $\prod_{i \in N} = S_i \times \cdots \times S_n$ の各要素に対して、実現可能な (feasible) 結果の集合 X の一つの要素を対応させる結果関数 [Suzumura, 1996, p. 28, n. 2]

さらに、結果として生ずる社会状態に対する各プレイヤーの選好順序の集合 $R = \{R_i, \cdots R_n\}$ が与えられたとき、ゲーム (G, R) が得られる。(18)

たとえば、先のシャツの色に関するゲームに即して述べれば、プレイヤーは個人1と個人2の二人であり、各人の戦略集合は $S_1 = S_2 = \{b, w\}$ である。したがって、各人の戦略の行使の可能な組み合わせは、各人の戦略集合の直積集合 $\prod_{i \in N} S_i = S_1 \times S_2 = \{(b, b), (b, w), (w, w), (w, b)\}$ であり、シャツの事例においては、これがまた結果として生じうる社会状態の集合 X でもある。これらのゲーム形式に加えて、結果として生じる社会状態に対する各人の選好順序、R_1、R_2 が与えられたなら、戦略型二人ゲームが得られる。

ここで、ゲーム形式の要素には各プレイヤーの選好順序は含まれていないことに留意されたい[Fleurbaey and Gaertner, 1996, pp. 54-56]。というのも、GFFによると、実現可能な社会的選択肢の集合Xが与えられたならば、個人の享受する権利の実質的な内容は、その個人に許容される戦略の集合と、可能なn対の許容可能戦略のそれぞれに対する結果を明示する結果関数とによって完全に捉え尽くすことができるのであり[Pattanaik, 1996a, p. 42]、権利は個人の選好に言及せずに定式化できるからである。より具体的には、

このアプローチにおける権利の形式的内容は、(i)許容される戦略あるいは行動のうちからいかなるものをも選択できる各プレイヤーの完全な自由と(ii)自分には許容されていない戦略を採用せず、他の人が許容される戦略を選択するのを妨げないあらゆるプレイヤーの責務、とからなる[Pattanaik and Suzumura, 1994, p. 436]。

したがって、GFFは以下の二つの点でSCFとは対照的である。まず第一に、GFFは権利をゲームの実際の帰結には関わらないものとして理解する点において、結果として生ずる社会状態に対する決定権として権利を理解するSCFとは対照的である。第二に、GFFにおいては、権利はSCFが強調していた個人の選好との連関を否定され、「選好独立性(preference independence)」という特徴をもつことになる。そして、GFFのもつこの二つの特徴は、先に確認した私たちの権利に対する直

観的な理解にも適うものである。

＊

GFFは、実際に多くの権利がこのようなゲーム形式的な形態を採っているし、少なくともSCFとは相容れないような特徴を有しているとして、SCFに対するGFFの相対的な優位性を主張する。この主張を具体的に展開するために、GFFの理論家たちはJ・ファインバーグ（Joel Feinberg）による「能動的権利（active rights）」と「受動的権利（passive rights）」との区分を導入する。

ファインバーグは他者に干渉されない権利である「消極的権利（negative rights）」の下位区分として、先の二つの権利を区分する。受動的権利とは他者によって一定の仕方で扱われない権利であり、一人で放っておいてもらう権利などがその例とされる［Feinberg, 1973, p. 60］。個人1の受動的権利は、一定の事柄を行うあるいは差し控える他者の責務を含意するが、個人1に特定の行為、所有、状態に対する権能を与えるものではない。たとえば、個人1の「正式な令状なしでは逮捕されない権利」は国家に対して正式な令状なしで逮捕しない責務を負わせるものではあるが、個人1に何かを行う、所有する、あるいは何かである権能を与えない［Gaertner et al., 1992, p. 170］。受動的権利は「帰結指向型」として特徴付けられることがあるが、決して選好依存的ではない。受動的権利は個人1の選好にとりわけ関心を払うことなく付与されるし、個人1に対して自分の選好に基づいて何かを選択する権能を与えるものでもない。たとえば、先の正式の令状なしでは逮捕されない権利は、個人1がたとえ筋金入りの反国家主義者で、殉教的な精神の下、国家の不当性を訴えるため正式な令状なしでの逮捕を望んだとしても、撤回されたり、無効にされたりするわけではない［Gaertner et al., 1992, pp. 170-171］。

　これに対して能動的権利は自分の選択した仕方で行動したりしなかったりする権利であり、個人１に特定の行為を行ったり、特定の物を所有したり、特定の状態であるための権能を与える点で受動的権利と対照的である。言論の自由、信教の自由、投票の自由などがその具体例である［Fleurbaey and Gaertner, 1996, pp. 61-62］。能動的権利は「戦略型権利」であり、一定の行動が個人に利用できるものであることを要請してはいるものの、特定の帰結を保障するものではない[19]。シャツの色を決定する権利が示しているように、戦略の選択に対応しているのは、一つではなく複数の可能な結果なのであり、戦略の選択の保障は特定の結果の生起の保障をもたらさないからである［Gaertner et al., 1992, p. 172］。

　要するに、ＧＦＦによると受動的権利も能動的な権利もＳＣＦは適切に捉えることができないのである。能動的な権利の保護対象は特定の戦略であり、ＳＣＦが注目するような結果として生ずる社会状態ではない。受動的な権利の場合には、特定の結果が保護対象ではあるが、それは権利主体の選好に依存していないという意味において、ＳＣＦにはなじまない、とされる［Gaertner et al., 1992, p. 170］。

　それではＧＦＦはどちらの権利もうまく説明できるのだろうか。個人１の能動的権利は権利主体に許容された選択肢の集合から選択する個人１の自由と、これらの選択肢の中からの個人１による選択を妨害しない他者の責務とを含意する。個人１の受動的権利は個人１の自由を含意するものではないが、他者の責務を含意する点では能動的権利と変わるところがない。したがって、どちらの権利の場合でも個人1の「権利は許容される行動の集合に対する一定の制約を含意する」のであり［Gaertner et al., 1992, p. 173］、各プレイヤーの許容される戦略からの選択の自由と、許容されない戦略をとらない責務とに注目するGFFが受動的権利も能動的権利もSCFよりはうまく説明でき、後者に対して相対的に優位に立っているとGFFの理論家たちは主張するのである。

＊

以上のようなGFFからの批判は、リベラル・パラドックスの意義をその提唱者であるセン自身よりも深刻に理解していると言えるだろう。従来の社会的選択理論の枠組みが狭隘であることを批判する点において、センは人後に落ちるものではない。しかし後述するように（5・2）、センはこの狭隘さを克服するためには、社会的選択理論の枠組みを放棄することまでは必要なく、その情報基礎を拡張するという弥縫策で十分であると考えている。このような折衷主義的な戦略に対してGFFは激しい批判を投げかける。というのも、GFFによると個人の権利や自由といった概念が抵触しているのは、従来の社会的選択理論の一部分ではなく、基本的な想定、特に、あるべき社会的決定関数の性質を分析するという社会的選択理論の問題設定そのものだからである。

このような批判は本書の観点からも看過できない重要性を有している。というのも、本書は一貫して「社会のために選択する」正義の女神の存在を前提としたうえで、彼女がどのような目隠しを付けるべきかを問題としてきたが、GFFの主張する通り、社会的決定関数や正義の女神を前提とすること自体が不適切であるとするならば、本書の問題設定そのものも的外れなものとなってしまうからである。そこで、ＳＣＦとＧＦＦとの論争は多岐にわたるものの、正義の女神の必要性に関わる問題に限定して次節で検討することとしよう。

５・２　正義の女神は権利にとって邪魔者か

正義の女神は神として社会から超越し、社会のために一定の決定を下す存在である。従来の社会的選択理論がその研究課題としてきた社会的決定関数は、正義の女神の決定メカニズムを示す概念であると言えよう。ＳＣＦの世界においては個人は自分の選好を配慮される受動的な存在にすぎず、人間の福利の側面のみが重視されるにすぎない。これに対してＧＦＦは、このような社会的決定関数や正義の女神の存在そのものが個人の権利や自由と相容れないと主張する。というのも、個人の自由や権利の本質は自分の考えに基づいて行使し、その結果に対して自らが責任を負う点にあり、主体性こそが最も重要な側面であるからだ。このようなＧＦＦによる批判が従来の社会的選択理論に対する批判として正当なものであることは否定すべくもない。それでは、具体的には従来の社会的選択理論のどこが問題なのだろうか。ＧＦＦによると従来の社会的選択理論が依拠してきた社会的決定関数という概念が必要とする情報は、

1　社会状態を構成している社会の記述の中に含まれている情報
2　社会状態に対する個人の順序付け
3　さまざまな状態の実現可能性、あるいは不可能性

だけであり［Pattanaik and Suzumura, 1994, p. 437］、権利や自由にとって重要な情報が欠落しているからである。具体的には、このような情報基礎から脱落してしまうものとしてGFFが挙げるのは、まず第一に個人に許容されている行動についての情報、そして第二に、そのような許容されている行動の中からの個人が行う選択についての情報である［Pattanaik and Suzumura, 1994, p. 437］。これに対して、GFFの描く世界においては、個人はルールによって認められた戦略の中から自由に選択する。その結果として社会状態が生ずるが、正義の女神が後からのこのこと出かけてきて個人の選好を集計して社会状態の評価を行う必要などないのである。

したがって、正義の女神の必要性を論証するためには、まずSCFはこの二つの情報を視座に収めることが必要かどうかを検討しなくてはならない。もしこの情報が自由にとって必要な情報でないならば、この情報を排除することはSCFの欠陥ではないだろう。反対にもしそれが必要であるとするならば、次に検討しなくてはならないのは、SCFがどのようにしたらこれらの情報を考慮に入れることが可能になるかであろう。しかし可能であるというだけでは、せいぜいのところSCFのGFFとの等価性を論証するだけであって前者の後者に対する優位は確立できない。この優位性の確立のた

めには、最後にこの情報だけで十分なのかを検討しなくてはならない。もしＧＦＦが排除している情報の中にも権利にとって重要な情報が存在し、ＳＣＦがこの情報をも考慮できるとするならば、ＳＣＦはＧＦＦよりも優れていると論証できるであろう。以下ではまず、個人の選択についての情報をＳＣＦが視座に収める必要があるのか、収めることは可能か、この情報だけで十分であるのかを検討する（５・２・１）。続いて、行動の許容可能性についての情報について同様の検討を行うこととしたい（５・２・２）。

５・２・１　個人の選択と権利

個人の選択が自由にとって重要な情報であることは明らかであろう。確かに、自由には手続き的側面が存在し、自律的に選択したというプロセス自体が重要であることは否定できない。中には、自由はロールズの「純手続き的正義」［Rawls, 1971, pp. 85-86］の一例であり、結果に対する評価ではなく、手続きに対する評価でしかないとまで主張する人もいるだろう。

前述したように（２・１）、ノージックは従来の厚生経済学そしてその正統な嫡子である社会的選択理論を、視野狭窄に陥っており最終結果でしか事態の良し悪しを判定しない最終状態原理に堕していると痛罵していた。ＧＦＦによる先の批判はまさにノージックの批判を繰り返したものであり、この点に関するセンの回答も基本的にはノージックに対する回答と同様である。センは個人の選択についての情報の重要性を認めた上で、それをＳＣＦの中に取り込むために前述した（５・２）社会的決定関数の三つの情報基礎のうち、第一のもの、すなわち社会状態（事態）についての記述を拡張しようとする。センによると、社会状態の記述を、結果として生ずる最終状態だけでなく、その最終状態に至るプロセス、手続きをも含めた仕方で拡張することが可能なのである。この主張を理解するために、以下の三つの事態を考えてみよう。

A　個人1は自分が選択するであろう物を手に入れる
B　個人1は自分が選択するであろう物を自分の選択を通じて手に入れる
C　個人1は自分が選択するであろう物を自分の選択以外の方法で手に入れる

最小限の自由が実現されている社会状態は、社会的選択理論においては伝統的に最終状態、具体的にはAとして解釈されてきており、その最終状態にどのようにして到達したのかに関する情報を含んでいない。倫理学においても帰結主義と義務論との対立を先鋭なものとするために、社会状態からプロセスに関する情報が排除されてきたことは**第二章**で論じたとおりである。また、セン自身も条件L^*で述べられている社会状態がこのような仕方で定義されていたことを認めている［Sen, 1976, p. 230, 邦訳七三頁］。すなわち、条件L^*で個人1に保障されるのは自分のシャツの色だけが異なる社会状態の対(b,w)に対する選好の尊重だけであり、BとCとの間の区分をすることができなかった。その結果、自分の選択するであろう色のシャツをどのようにして着ることになるのか、すなわち、誰かに無理やりに着せられるのか、その色以外のシャツを奪われるのか、自らの意思でその色のシャツを選択するのかは不明なのである。

しかし、社会状態のこのような狭い理解はＳＣＦにとって必然的なものではない。社会状態の完全な記述の中にそれを生み出すに至ったプロセスを組み込むことが不可能であると考えるべき理由はないし［Sen, 1995, p. 12］、この情報の排除はノージックによる批判をまつまでもなくとうてい擁護できるものではない、とセンは指摘する［Sen, 1985d, p. 181］。実際、カエサルが自殺するのと、カエサルが殺されるのでは別の事態であるし、個人１が自分の選択に基づいて治療法 x ではなく y を受けることは、他人の選択によって、あるいは偶然 y を受けることとは異なる事態として記述されるべきである。したがって、従来の社会的選択理論の情報基礎は確かに貧困であったが、その克服は社会的選択理論を放棄することによってではなく、社会状態の記述を豊かにすることによって補うことができるし、またそうすべきである、とセンは主張する。したがって、最小限の自由も、その定式化において用いられている社会状態の記述を拡張することによって、Ａのように個人が選択するであろうものを入手するか否かに関する情報だけではなく、ＢやＣのようにどのような仕方で入手するかに関する情報も含めることができるのである。

＊

前述したようにＳＣＦが個人の選択についての情報であるＢを考慮に入れることができるというだ

けではSCFのGFFに対する優位を論証するものではない。それでは、自由論、権利論にとって個人の選択についての情報だけで十分だろうか。この問題を前述の区分に即して述べるならば、GFFのようにBにのみ関心を集中することはCを無視することにつながりかねないが、個人の自由にとってCもまた重要な情報なのだろうか。

センはBの事態において実現される自由を「直接的自由」、Cの事態において実現される自由を「間接的自由」とそれぞれ呼んでいる[20] [Sen, 1983, p. 18]。従来、自由論においては主流を占めてきたのは、自分の選択するであろうものを自らの選択によって手に入れるという手続き面を重視し、自らが選択するという「統制（control）」を自由の本質と理解し、直接的自由を中心に据える統制説である [Sen, 1985d, p. 209]。統制説の観点からは、二つの治療法 x と y のうち y を選択するであろう個人1が意識不明の状態で担ぎ込まれた病院において治療法 y を受けても、その人が実際にはその治療法を自分で選択していない以上、自由は侵害されている、あるいは少なくとも実現されていない、ということになろう。このような見解に対してセンは、Cのような事態を自由の範疇外とし、自由をもっぱら個人が有する統制の観点から理解しようとすることは、自由のように一般的な概念の基礎として役に立たないと批判している [Sen, 1982c, p. 207]。ここで無視されているのは、選択された結果を実現する「能力（power）」であり、統制だけでなく能力も重視するならば、医師による治療法 y の選択は個人1の自由を実現するものと言えるだろう [Sen, 1983, p. 207]。

センも統制という要素が自由にとって無視できない重要性を有していることは認めるが、それが自由にとって唯一の重要なものであるとは考えない［Sen, 1985d, p. 212］。能力も自由にとって重要であるのは、私たちは孤立して存在しているわけではなく、相互依存的な状況に置かれているために、個人が自分の個人的生活の重要な側面のすべてを統制する手段を直接に行使できるような仕方で社会を組織することは往々にして不可能だからである［Sen, 1985d, p. 210］。たとえば、「マラリアからの自由」はその実現のために個人が統制を行使しうるようなものではない。ある個人のこの自由は他者の同様の自由と相互依存的であり、他者の自由と同時にしか実現されない性質をもっている。公衆衛生当局によるマラリア撲滅運動はこの自由を実現する一つの手段であるが、個人がこの手段に対する統制を単独に行使することはほとんどありえない。だからといって、マラリア撲滅運動が当該個人の統制を奪っているという理由で自由を侵害していると言うことはできない。通常、人々はマラリアにかからない方を選好するのであり、マラリアにかかることもかからないこともできるという意味での統制を奪われることに何の痛痒も覚えない。マラリアからの自由という文脈において前景に表れてくるのは個人が選択するであろう結果を実現する能力であり、統制とともに能力も自由にとって重要な要素であることの証左であるとセンは主張する[21]。

＊

Ｃにおいては「選択するであろう物」という形で、ＧＦＦが排除した「選好」についての情報が含まれている。前述したように（１・２・２）そもそも選好という概念は多義的であり、少なくとも選択と願望という二つの要素に分けることができる。サミュエルソンが提唱した「顕示選好理論」は個人の選択行動からその個人の選好を同定することによってこの多義的な選好概念を統一しようとした。しかし、実際には個人はその願望どおりに選択するとは限らず、「顕示選好アプローチの哲学は、人間が社会的動物であり、彼が自分の選好と密接に結び付いた仕方で選択するとは限らないという事実を本質的に低く評価している」、と批判されることになる［Sen, 1982a, p. 66］。

さて選好のうち、個人の選択が自由にとって不可欠な部分であることは明らかだが、個人の願望はどうだろうか。個人の願望の重要性を論証するために、センは「選択抑制（choice inhibition）」と呼ばれる事象を検討する。たとえば、失業保険の給付を受けたいという願望を失業者がもっている場合でも、その失業者は失業保険を受けることに対する社会的なスティグマを恐れるあまり、給付申請の手続きを取るという選択を差し控えるかもしれない［Sen, 1995, p. 14］。同様の事象は、フェミニズムが批判してきた性差別的慣行に対して多くの女性が唯々諾々と従うことを選択しているように見えることなど、多くの領域で見ることができる。これらの事例は個人の選択を直接侵害しているとは言えないとしても、依然として個人の自由の侵害が問題となりうるような事例である。したがって、個人の自由にとっては、願望から切り離された選択行動という意味での選択だけが重要であるとは限らないのである。

もろちん、前述した（1・2・2）適応的選好形成の例から明らかなように、個人の願望自体も社会的に作り上げられる部分があり、社会状態を評価する際の出発点として不適切な場合も少なくない。

たとえば、性差別的な慣行に従う女性たちは、その慣行に反逆したいと思いながらも不承不承ながら服従という選択していることよりも、そもそも反逆するというはかない願望を封印している場合の方が多いのかもしれない。しかし、このことは選択が社会評価の出発点として願望よりも優れているということを意味するものではない。願望でさえも不適切でありうるならば、願望に依拠して行われると想定される選択であればもっと頼りにならないのである。[22]

要するに、個人が自分の願望通りの結果を実現する能力をもたないことは、時として自由の侵害であるので、統制や選択は自由や権利にとって不可欠な情報ではあるが、決して十分な条件ではないのである。最小限の自由はＡの記述を豊かにしていくことで、ＢやＣをもその情報基礎に収めることができる。これに対して、ＧＦＦはもっぱら統制や選択にのみ関心を集中し、能力や願望といったＣに関する情報を排除するので、狭隘であるのは最小限の自由ではなくＧＦＦの方であるとセンは主張する［Sen, 1985d, pp. 211–212］。

5・2・2　行動の許容可能性

次に、社会的決定関数が排除するもう一つの重要な情報としてＧＦＦが挙げていた「行動の許容可能性」について検討しよう。ある行動が許されているとかいないといった情報は権利や自由を考える際に重要な情報であろうか。この問いは一見すると奇妙なものに見えるかもしれない。というのも、権利行使が許される行動であることに関してはＳＣＦにも異論はないはずであり、許容可能でなければば権利の意味はほとんどなくなってしまうからである。この問いの意味を明確にするために、ＧＦＦにならって権利に関する三つの問題を区分しておこう［Suzumura, 1996, p. 30］。第一の問題は「権利の初期付与（the initial conference of rights）」の問題であり、どのような権利体系を採用すべきかに関わる。第二の問題はこのようにして付与された権利の構造、性質といった「権利の形式的構造（the formal structure of rights）」についての問題である。第三の問題は「付与された権利の実現（the realization of confered rights）」に関する問題であり、与えられた実際の権利の行使に関わる。

さて、これら三つの問題のうち、ＧＦＦが解明を目指しているのは第二の権利の形式的構造に関する問題である。そして他の二つの問題に対してもＧＦＦの枠組の拡張は試みられてはいるが、[23]選好独立性というＧＦＦによる権利の形式的構造の分析のもつ特徴は、他の二つの問題においては維持されない。すなわち、「最初に付与されるべき権利構造を決定する際、そしてまたそのようにして付与された個人の選択の選択の自由を社会的に実現していく際には個人の選好が中枢的な役割を果たしている」ことはＧＦＦによっても承認されているのである［Pattinaik and Suzumura, 1994, p. 439］。まず第一に権利の形式的構造と権利の実際の行使との関係は、ゲーム形式とゲームとの関係と同様である。ゲーム形式が実際に演じられるためには、プレイヤーがゲームを演じるための目的が必要であり、プレイヤーの個人選好が必要であるのと同様に、権利が実際に行使されるためにも、権利主体の権利行使の結果に対する選好が不可欠なのである。第二に、権利の初期付与の問題という文脈においても個人選好が一定の役割を果たすものと考えられる。たとえば、先に挙げた正式の令状なしでは逮捕されない権利は、普通の人はそのような逮捕に反対する選好を有しているという事実なくしては付与されなかっただろう。要するに、ＧＦＦが権利の選好独立性という特徴を強調するのも、行動の許容可能性についての情報が重要であると主張するのも権利の形式的構造に関する問題という文脈においてなのである［Gaertner et al., 1992, p.171］。

このように権利に関する三つの問題を截然と分離することが可能であるという主張を以下では「分離可能性テーゼ」と呼ぶこととしよう。さて、分離可能性テーゼを前提とするならば、ＧＦＦによる批判はある程度説得力を有しているように思われる。というのも、一旦、個人に権利が付与されたならば、権利行使の許容可能性について正義の女神が一から再審理するのは奇妙だからである。ある行動が権利行使であるという事実は、その行動の許容可能性を完全に決定するほどの重みをもっていなかったとしても、何がしかの重みは有しているはずである。ＳＣＦが行動の許容可能性についての情報を排除し、権利行使の行動もそうでない行動も同一に扱い、その許容可能性を一から再計算するとするならば、それは確かにＳＣＦの欠陥であろう。したがって、ＳＣＦも何らかの仕方で許容可能性についての情報を考慮する必要があると言えよう。

それでは、ＳＣＦはこの情報をどのようにして視座に収めることができるのか。この問いに対する直接的な回答をセンの理論の中に見出すことはできないが、おそらくは個人の選択の場合と同様の回答を行うものと思われる［Sen, 1997, pp. 769-771］。すなわち、社会状態の記述を拡張することにより、ルールに従った行動と違反している行動との区分をすることができる。たとえば、死刑執行人による死刑囚に対する刑の執行と普通の殺人とでは、最終状態に関しては同一であるように見えるかもしれないが、そこへ至るプロセスを記述すれば区分ができ、当然それぞれの行為に対する評価も同一である必要はない。

＊

次に検討されるべき問題は、行動の許容可能性についての情報だけで十分なのかという問いである。この問題を検討するために、前述した（5・2・1）選択抑制の事例を思い起こしてみよう。GFFはこの事例を前にして二つの選択肢を有している。第一は、この事例においては失業者の権利は侵害されていないと強行突破することであり、第二はこの事例においては失業者の権利が侵害されているが、GFFの理論枠組においてこの権利侵害を説明できると主張することである。第一の選択肢とその批判については前述した（5・2・1）ので、ここでは後者について議論することとしよう。

さて、後者の道を歩もうとするGFFは選択抑制のような事例も行動の許容可能性に関する情報で対処できると主張する。GFFにおいては、個人の権利あるいは自由は、その個人に許されている戦略と他者が許容されていない戦略をとらないこととの二つの要素から構成されている。この事例において権利保有者である失業者が受給申請を行わなかったことによって許容されていない戦略をとったとは言えないであろう。そこで、GFFは選択抑制が権利侵害であることを説明するために、後者の要素に目をつけ、この権利侵害は他の誰かが許されない戦略をとったことに起因していると主張するのである［Pattanaik, 1996b, p. 120］。

確かに、失業保険の給付申請を行った失業者を嘲笑したり、非難することは他の人には許されない戦略であると言えよう。しかし、問題はそのようなことを恐れて失業者が実際に給付申請を行わなかった場合にも、他の誰かが許されない戦略をとったと言えるのかどうかである。この場合、その失業者は給付申請を行っていない以上、他の人たちもその失業者を実際に嘲笑することはないだろう。このような場合でも、他の人たちが許容されない戦略をとったとすることはいささか強弁にすぎるであろう。また、給付申請者を嘲笑するかもしれないという潜在的な危険性を有するだけでその人が許容されない戦略をとったことになってしまうのであれば、個人の自由が保障されるどころかむしろ多くの個人の自由に対する深刻な侵害をもたらすのではなかろうか。権利侵害を説明するために、権利を「侵害」したとされるいけにえの羊を見つけようとすることは、それこそ権利論による功利主義批判の常套句であった「個人を手段として用いる」ことになりはしないだろうか。

ここで問われなくてはならないのは、権利主体に許容された戦略、他者に許容されない戦略といった単純な概念で、あらゆる自由侵害の事例を捉えきれるという楽観的な想定の当否なのである。このような楽観的な想定は、ＧＦＦに限らず正義論一般に見受けられるものであり、この想定をシュクラーは「正義に関する通常の思考様式」と呼んでいる［Shklar, 1990, p.9］。これはあらゆる不正義をルール違反に還元できるとする立場であり、シュクラーが三〇年以上前から批判し続けてきた「リーガリズム（legalism）」の一局面にすぎない。(24)リーガリズムとは「道徳的行為がルールの遵守の問題であると考え，また，道徳的関係がルールによって規定された諸々の義務と権利とから成り立っていると考える」倫理的態度のことであり［Shklar, 1964, p. 1, 邦訳三頁］，本書の用語で説明するならば，正義の問題を「制度の設計」に求める立場である。この立場においては，権利侵害はＧＦＦにおけるように許容された戦略からの逸脱というルール違反に還元されることになる。(25)

さらに，リーガリズムはＧＦＦによる分離可能性テーゼの擁護も説明するであろう。というのも，リーガリズムはルールによる問題の解決を信奉し，ルール以外の要素が混入することを嫌うため，ルール以外の考慮が働かざるをえない立法段階や法の適用の結果に対する帰結主義的評価から法的思考の自立性を強調するからである。その結果，法的思考は「それ以外の歴史的思想や体験とのあらゆる接触から隔離」されることになる［Shklar, 1964, p. 3, 邦訳五頁］。

興味深いことに，リーガリズムや分離可能性テーゼはＧＦＦがその方法論的基礎としているゲーム理論一般に共有されているのである。経済学におけるゲーム理論の効用を主張してきた第一人者の一人であるＤ・クレプス（David Kreps）は，他方でゲーム理論の弱点を次のように指摘している。

> 経済学におけるゲーム理論的分析は，ゲームのルールがどこから生じるのかを別段問うこともなく，それを当然の前提として受け入れる傾向がある。したがって，ゲーム理論的分析はそこで君臨しているルールがその結果によって影響を受けるのかどうか真剣に考えているとも言えないのである［Kreps, 1990, p. 129, 邦訳一三九頁］。

クレプスが指摘する通り、ほとんどのゲーム理論は、一定のルールを前提としたうえで、そのルールに基づいて各プレイヤーがどのようにプレイして、どのような結果が生まれるかを演繹しようとする点で共通している。ここで欠如しているのは結果からルールへのフィードバックである。前述したように、どのようなルールを採用すべきかを考慮する立法段階においては、ここでフィードバックと呼んでいるものが必要であることはＧＦＦも承認している。この段階では帰結主義的な考慮が重要になるだけでなく、どのようなルールを採用したら、どのような結果がもたらされるかを予測するための手段として、ゲーム理論もまた不可欠な役割を果たすという仕方で両者は協働できるであろう。しかし、ここで問題にしたいのは権利の形式的構造の分析という局面における結果からルールへのフィードバックである。ＧＦＦにもゲーム理論と同様、ルール崇拝が存在しているために、ルールをその正当化理由やその結果に対する評価から独立したものとして扱い、それらの情報を関連のないものとしてしまうのである。

この点を確認するために、再び失業保険への権利の例に戻ろう。この権利は失業者が被る悲惨な状況を緩和し、人間らしい生活をする権利を保障するという目的のために導入されたと考えることができよう。さて、C・ウェルマン（Carl Wellman）が主張するように、多くの場合、権利は他の権利や義務等とともに一つの群れを形成しており、それらは中核的権利と派生的権利という形で構造化されている［Wellman, 1985］。失業保険の例で言えば、人間らしい生活をする権利が中核的権利であり、この中核的権利を実現するために失業保険受給申請権のようなさまざまな派生的権利や、受給申請権の行使を妨害しない他者の義務などが存在する。このように理解するならば、派生的な権利はその正当化理由である中核的権利から離れて存在しているわけではなく、派生的権利が中核的権利の実現に寄与しない場合には、派生的権利は修正を免れないことになる。

失業保険受給申請権によって、失業者は一定の手続きを経れば失業保険を受給できるようになる。したがって、失業者の権利はGFFの主張するように、ゲーム形式的に定式化できる。失業者は一定の条件の下で、失業保険の給付申請をするという戦略をとることもとらないことも許されている。しかし、ここで話は終わらない。失業者が実際には社会的なスティグマを恐れて受給申請をしなかったとするならば、この権利を改正すべきであるだけでなく、改正されなかったとしても、一定の範囲内でその権利の解釈を変更すべきである。たとえば、受給申請は必ずしも職業安定所に出頭して行う必要はないと解釈を変更することによって、失業保険受給申請権という派生的な権利は人間らしい生活をする権利という中核的な権利の実現により多く貢献することができるのである。

この例から理解できるように、権利というゲームの結果はゲームのルールそれ自体にも影響を与えることがある。道徳的権利が問題となる事例においては、ゲームのルールは最初から不明確であることが多いだろう。比較的明確であると思われる法的権利の場合でさえも、いつもルールが明確であるとは限らない。法的権利の中でも中核的権利は往々にして不明確である。そしてこのように権利が不明確である場合、権利の形式的構造の問題は、初期付与の問題、実現の問題と区分されることなく、一括して「権利とは何か」という形で扱われるのである。(26)

ここで問題にしているのは、権利の現実をＧＦＦがまったく捉えていないということではない。センも実際のルールが多くの場合、ＧＦＦの主張するような仕方で定式化されていることは認めている［Sen, 1991a, p.36］。問題なのは、ＧＦＦあるいはリーガリズム一般がルールに関連する情報をすべてと思い込み、それ以外の情報を個人の権利や自由には関連がない雑音として排除してしまう鈍感さを有している点にある。これに対しては、許容される戦略を規定するルールの中により具体的な条件を書き込むことによって、ＧＦＦは鈍感さを克服し正義に関連するさまざまな情報を取り入れることができるという反論がなされるであろう［Pattanaik, 1996b, p. 119］。しかし、このような形でルールを作ったところで、可能なすべての事例を処理できないことは法律家であれば嫌というほど知っているはずである［Nozick, 1981, pp. 474-478, 邦訳下巻二七七頁］。私たちは全知全能ではないのだからこそ、あらゆる可能な出来事をカバーするようなルールをあらかじめ定式化することなどできない。にもかかわらず、一旦ルールを制定するとそれがすべてであるかのような幻想にとらわれ、私たちは不正義を訴える犠牲者に対して傲慢な態度をとりかねないのである［Shklar, 1990, pp. 26-27］。要するに、ルールは道徳的思考において重要な役割を果たしているが、道徳的思考のすべて、あるいは権利概念に関する思考のすべてをルール化しようとすることは、道徳の複雑性の矮小化以外の何物でもないのである。

不正義をルール違反という概念によっては捉えきれないということを強調したのはシュクラーであった。不正義の例としてシュクラーは「受動的不正義（passive injustice）」という概念を導入する［Shklar, 1990, p. 5］。これはキケロに由来する概念であり、悪事が行われることを防ぐことができ、またそうすべきであったにもかかわらず、それを防がないことである。このような不作為は従来、義務以上の行為として、行った場合には賞賛の対象となるが、行わなかったからといって非難の対象にはならない行為として扱われてきた。しかし、市民であることには単なるルールの遵守以上のものが含まれており、たとえば、犯罪の現場を目撃しながらも警察に通報しないような人は市民として失敗しており、受動的不正義を犯すことによって、大きな不正義に貢献しているのである。[27] 正義の女神は不正義を是正しようとするのであれば、受動的不正義も無視することができず、したがってリーガリズムの擁護する情報制約を受け入れて、ルールを設定したならばさっさと退場するというわけにはいかないのである。

5・3　権利は何のために必要なのか

5・3・1　主体性の構成的な役割

不正義の是正のためにはルールだけではなく、正義の女神が必要であるという本書の主張が受け入れられたとしても、「それではどうして正義の女神は権利についての情報を必要とするのか」という疑念が提出されるであろう。というのも、権利は基本的にはルールと密接に関連した概念であり、不正義の是正のためにはルールに関する情報だけでは不十分であるという本書の主張からすると、権利ではなく不正義によって棄損されている価値に直接注目した方がよいように思われるからである。もちろん権利が保護しようとしている潜在能力のいくつかは内在的な価値を有している。しかし、この価値は潜在能力が有するものであって、権利の属性ではない。もし正義の女神が潜在能力の価値を重視するのであれば、彼女はわざわざ権利などという潜在能力の実現のための手段に注目するなどという迂遠な方法をとらず、潜在能力そのものを直接的に考慮すればよいのではないだろうか。実際、不正義の是正のために権利が邪魔になることも少なくない。飢饉という不正義の是正をする際に、食料に対する所有権が足かせになることなどがその典型的な例である。したがって権利に注目することは、センのロールズ批判を援用するならば「物神崇拝」なのではなかろうか。

この問いを前述した（1・2・1）主体性と福利との区分に即して定式化し直してみよう。従来の社会的選択理論の枠組みにおいては、正義の女神は個人の福利、中でも効用を配慮する存在として描かれていた。この意味において正義の女神は厚生主義という目隠しを付けられていたと言ってよかろう。この目隠しによって個人の自由や権利が隠されてしまうことを論証し、厚生主義の限界を華々しく示したのが「リベラル・パラドックス」であった。

それでは厚生主義の限界をどのように克服すべきなのか。センは潜在能力を正義の女神の視野の中に置いたが、GFFによると、潜在能力であれ効用であれ正義の女神が配慮できるのはあくまでも福利のみなのである。これは正義の女神の能力不足によるのではない。正義の女神という概念自体からもたらされる不可能性なのである。というのも、個人の自由や権利はあくまでも本人が行使すべきものであり、他者の利益を「配慮する」存在としての正義の女神とは相容れないからである。それでは、正義の女神の存在を前提とするセンの理論において権利の占めるべき位置は存在するのだろうか。

*

この問題を検討する前にまず第一に確認しておきたいのは、センが潜在能力や自由を社会制度との間で双方向の関係を有しているものとして理解している点である。彼はこの双方向性を次のように整理している。

そして（1）個人の自由を拡張する社会の制度と（2）個人が自分たちの生活を改善するためだけでなく、社会の制度をより適切で実効的なものにするためにも自由を行使することとの間には双方向の関係が存在するのである［Sen, 1999, p. 31, 邦訳三一頁］。

まず第一の関係について。GFFが個人の自由や権利の本質を捉えていることは否定できない。個人の主体性は正義の女神であれ何であれ他人ではなく本人が行使することにその本質を有しているからだ。しかし、主体性の本質が本人により行使されることにあるということは、それのみによって主体性の全体が捉え尽くされるということまでをも意味するものではない。正義の女神の任務を不正義の是正に求める本書の立場からは、この本質から漏れているものが気になる。主体性は本人が行使するものであったとしても、他者や社会が配慮する必要がないということにはならない。具体的には、本人が主体性を発揮するためには一定の条件が必要であり、この条件の整備は他者が行うこともできるはずである。

この点は不正義の是正を正義の女神に求める立場からは強調に値する。というのも、「これは不正義である」という訴えに対しては、「これは自業自得であり、あなたに責任がある」というような主体性を強調した仕方で、不正義を訴える者にわずかに残されていた自由を誇張した反論が加えられるのが常だからである。もちろん、このような反論が妥当な場合も少なくないが、主体性行使のための条件を整備もせずに一方的に責任を追及することが不正義を隠蔽するための常套的な策であることも忘れてはならない。

また前述したように（１・２・１）主体性は行為理由（主体性自由）であるだけでなく、結果理由（主体性成果）でもあり得る。自らの目標を自分の行為で実現できなかったとしても、その目標が実現されることは主体性にとっても価値である（実現された主体性の成功）。要するに、個人の主体性にも「社会的産物」としての側面があり、正義の女神は当然これに配慮すべきなのである。

このような認識は重要なものであり、すでに多くの論者によって強調されてもきたが、限界も存在することに留意すべきである。具体的には、ここでは公共政策から個人の潜在能力への影響という一方向のみが強調されているにすぎないのである。先に引用した一節が興味深いのは、これとは別の第二のベクトルの存在を指摘している点にある。すなわち、個人は単なる公共政策の受益者であるだけではなく、公共政策の方向性に対して影響を与えることもできるという認識が示されているのである。自由が社会の価値と規範を創り出す役割をセンは「構成的な役割」と呼んでいる〔Sen, 1999, pp. 153-154, 邦訳一七三―一七四頁〕。

5・3・2　不正義を見逃さないために

それでは主体性のもつ構成的な役割はどのようにして不正義の是正という社会的価値の創出に貢献するのだろうか。この点に関するセンの回答は断片的なものにとどまっている。そこで、以下では不正義の是正を正義の女神に求めるシュクラーの理論を縦糸として、センの回答を再構成することとしよう。

不正義を是正するためには、まず「何が不正義であるか」を確定しなくてはならない。たとえば、ある悪いことがある人の身の上に起こった場合、これが不正義であるのか（したがって、誰かがそれに対して責任を負わなくてはならないのか）、それとも不運であるのか（したがって、誰もそれに対しては責任を負わないのか）という問題をどのように解決したらよいのだろうか。リーガリズムの想定するように不正義が単なるルールからの逸脱にすぎないのであれば、この問いに対して回答を与えることはそれほど難しいことではない。ルールを参照さえすればよいからである。そして、各個人がルールに従って主体的に行動し、その結果に対する責任を引き受けている限り、正義の女神が後からのこのこと登場し個人の主体性であれ福利であれ配慮する必要などないだろう(28)。

しかし、私たちは全知全能でないがゆえに、あらゆる可能な出来事をカバーするようなルールをあらかじめ定式化することはできない。むしろ、ある出来事が不運であるのか不正義であるのかの判断は私たちの政治的な判断なのであり［Shklar, 1990, p. 5］、既に存在しているルールを発見しそれに事実をあてはめればよいと想定するリーガリズムは、人間の理性に対する傲慢なまでの過信に依拠しているように思われる［Yack, 1991, p. 1341］。センも同様の立場から不正義を同定するためには公共的な討論が必要であることを強調して、次のように述べている。

ニーズについての私たちの考え方は、いくつかの剝奪状態が防ぐことのできる性質を有していたのではないかという私たちの思いと、そのために何ができるかについての私たちの理解とに結びついている。こういった理解や信念を形成するにあたっては、公共的な討論が決定的な役割を果たしている。したがって、表現の自由や討論の自由といったものを含む政治的な権利は、経済的ニーズに対する政治的応答を引き出す上で枢要であるだけでなく、経済的ニーズそれ自体の概念化にとっても中心的なのである［Sen, 1999, p. 154, 邦訳一八四頁］。

ここでの議論は、経済的発展のためには政治的自由の侵害はやむをえないとするリー・クワンユーの議論を批判する文脈で述べられているため経済的ニーズと政治的権利に限定されているが、同様のことは他のニーズと他の権利についても当てはまるように思われる。要するに、ニーズは客観的な実在として理性的な存在者が認識しさえすればよいものとしてそこに存在しているものでもなければ、既存のルールを適用しさえすれば誰にでも理解できるようなものでもなく、社会的に構成されるべきものである。(29) そしてその構成のためには公共的な討論が不可欠であり、この討論を可能にするような政治的権利がまず承認されていなくてはならない、とされる。

しかし不正義の同定が政治的判断であるとしても、何故観察者としての正義の女神が直接的に不正義を判定するのではなく、権利という概念装置を用いなくてはならないのだろうか。正義の女神の単数性が問題であるのなら、女神の合議制にしてもかまわない。彼女たちが公共的議論において合議して不正義を判定し、しかるべき是正措置をとるというのでは不十分なのだろうか。この問いに対してシュクラーは「何が不正義か」をめぐる政治判断がどの視点をとるかに応じて大きく影響を受けることを指摘する [Shklar, 1990, p. 1]。センも位置相関性という概念によって指摘していたように、ある事態に対する私たちの評価は、私たちがその犠牲者があるのか、それとも非難される側であるのかなど、その事態に対する私たちの位置あるいは視点から必然的に影響を受ける。そして、不正義のうちのいくつかはその犠牲者にしかわからないという特徴を有している。人は何気ない言動によって相手を傷つけることがある。傷つける人と傷つけられる人の間に権力の差があればあるほど、強者の言動は強者が気づかなくても弱者を傷つける。したがって、不正義の犠牲者であることには強者や中立的な傍観者には理解しがたい「還元不能な主観的要素」が存在するのである [Shklar, 1990, p. 37]。まさにこのゆえに、不正義に関しては犠牲者の声が最初に聞かれなくてはならない、とシュクラーは主張する

[Shklar, 1990, p. 81]。そして、犠牲者の声を聞くためには、犠牲者に発言権を与えなくてはならないのである［Shklar, 1986, p. 25］。

このような主張に対しては、当然のことながら、犠牲者の美化に陥るのではないかという疑念や、犠牲者による専制に繫がるのではないかとの危惧が提示されるであろう。しかし、シュクラーが強調していたように［Shklar, 1986, p. 27］、犠牲者の声が最初に聞かれるべきであると主張するからといって、犠牲者が加害者よりはましであるとか、犠牲者の声が最後まで聞かれるべきであるという主張をしなくてはならないわけではない。犠牲者が自らの主張をルール違反という形で定式化できなかったとしてもその声に耳を傾けるべきであるということは、犠牲者の主張が常に正しいとか、犠牲者の主張が結論を規定するという主張までをも意味するものではないのである。

前述したように（4・2・3）、センは不正義についてであれば、他の多くのことで意見の一致しない人々の間でさえも理性的な認識が共有されうるということに対する信念を抱いていた。しかし、このような認識は先天的なものでもなければ、自明なものでもない。理性的な合意は「発見」されるものではなく、公共的な議論を通じて「創出」されるべきものなのである。公共的議論はきっかけがなければ始まらないし、焦点がなければ空転する。このきっかけを与え、空転を防ぐ概念装置が権利であり、「道徳的権利という観念は公共的議論の伝達手段であり、社会的・政治的行動をこれらの権利の擁護のために動員するのに貢献しうる」のである［Sen, 1996a, p. 155］。

犠牲者であることには還元不能な主観的要素が存在する以上、権利に裏打ちされた被害者の嘆きをきっかけとして公共的議論が開始されるのは不可避なことでもある。また権利の言語は自由の言語とは異なり他者の助けを示唆するという点に特徴を有しており、公共的議論に明確な焦点を与える。この意味において「権利の言語は自由の言語を補完することができる」のであり(30)〔Sen, 1999, p. 231, 邦訳二六四頁〕、公共的議論を通じて不正義に対する私たちの認識が深まることによって、犠牲者以外の人たちも利益を得ることができるのである。また、権利を承認することによって人々は自らの自由を配慮されるだけの受動的な存在だけではなく、自らの自由を主体的に行使することによって社会制度を変革することができる主体的な存在にもなりうるのである。従来の社会的選択理論が人間の福利としての側面のみを強調していたことは事実であり、この側面を批判し、主体性としての側面を強調した点でGFFは正鵠を得ていたが、この二つの側面の相互依存的な関係を十分に捉えているとは言えなかった。センがGFFを評価しつつも、そこには安住できない理由もそこにあるだろう。

＊

最後にシュクラーの印象的な一節を引いて本章を終えることとしよう。彼女は従来の正義論が分配にのみ関心を集中させてきたことを批判し、不正義の是正を目指す立場から権利の重要性を次のように述べている。

さらに、もし権利が受け取られた持分としてではなく、主として自由に表明された抗議や拒絶の意味をもつものとして理解されないのであれば、いかなる制度も修正されたり調整されたりすることは困難になろう。権利がもつ「原子化させる」「孤立させる」とか社会を疲弊させる利己的な性格といったものに対しては不平不満がごまんとあるが、その中で思い起こされなくてはならないのは、この防御策という意味での権利の擁護論なのである。ここで重要なのは、権利がなければ私たちはどこにいるだろうかという問題である［Shklar, 1986, p. 23］。

センが潜在能力だけではなく個人の権利をも重視する理由もここにあるように思われる。権利を重視する点ではセンとＧＦＦとでは変わるところがないが、その理由は大きく異なっている。センにとっては権利はＧＦＦが理解するような単なる持分や許容された戦略を示すだけの概念装置ではない。むしろ、彼は既存の制度の不正義を告発し、それを修正していくための不可欠の手段としても権利概念を重視しているように思われる。この意味での権利は制度によって承認されていることの単なる追認作業に尽きるものではなく、むしろ既存の制度に抵抗し、それを修正するための手がかりとしての役割を有している。かくして、私たちにとって正義の問題が不正義の是正にあるのであれば、正義の女神に制度の設計という幕が終わればすぐに自分の出番がなくなったとばかりに退場してもらっては困る。というのも、彼女には被害者たちの権利主張をきっかけとして不正義を認識しそれを是正するという役割が第二幕で割り振られているからである。

結語　不正義を申し立てる声に耳を傾けて

センの理論に接すると、私はいつもその多様性や深みのゆえに熱帯雨林の中をさまよう探検者の気持ちになる。(1)「この森を抜けると本当に目的地に着くことができるのか」「そもそも目的地はどこなのか」と焦りさまよいながらも、熱帯雨林の豊かさは私を魅了してやまなかった。そのうち、実はこの豊かさはセンの理論の作り出したファンタジーではなく、世界そのものの特徴なのであり、センはこの豊かさを切り詰めずに示そうとしているだけだということに気づき、次第に私はこの熱帯雨林を通ることが目的地への近道であるのかどうかよりも、熱帯雨林の中にいること自体に喜びを感じるようになっていった。

センは多様な価値を多様なままに示そうとする。総体的な考慮に偏る者がいれば、分配的考慮の重要性を説き、分配的考慮に凝り固まる者があれば、総体的考慮をもってほぐそうとする、といった具合に。このように「あれもこれも」取ろうとするセンの理論に対して当然加えられる批判は、「いいとこ取り」をしすぎており、理論的整合性を失うというものであろう(2)。

理性はしばしば正義という目的地に最短距離で到着できるように、現実世界という熱帯雨林を切り拓いて、その豊かさを犠牲にしてまで立派なハイウェイを建設しようとする。センはそのような理性への盲信を戒めているように思われる。センが他の理論を批判する際に一貫して主張してきたのは「あなたの小ぎれいな理論は価値あるものを排除することによって成立している」ということである。つまり、センに言わせれば、重要なのは理論的整合性ではなく価値なのであり、理論のために安易に価値を犠牲にしてはならないのである。

センは理性への盲信を戒めているからといって、熱帯雨林の中にまったく道が存在しないとか、目的地など存在せずどこへ向かおうと勝手だという自己満足的な懐疑主義に耽っているわけでもない。というのも、熱帯雨林の中にも無数の獣道は存在するし、約束の地がなかったとしても足を踏み入れてはならぬ地獄は存在するからである。正義の女神や理性に対する過剰な期待がかなわないとしても、絶望するにはまだ早いのである。本書はセンの理論を不正義論として解釈することにより、センの多様な主張に暴力的ではない仕方で統一を与えようとしたものである。

しかし、不正義の是正と言っても簡単なことではなく、このような複雑な作業を求めることの方が理性への盲信の証左と言えるのではなかろうか。人間は正義の女神とは異なり時間的、能力的に限定された存在であり、だからこそ単純化を行い、理論的整合性を求める必要があるのではなかろうか。

古典的功利主義に対する常套的な批判の一つは「人間には行為の無限の帰結を予測し、その善悪を計算する能力も時間的余裕もない」というものであったが、この批判はセンの理論に対してよりいっそう当てはまるであろう。というのも、センは古典的功利主義よりも多くの情報を要求し、より複雑な判断を求めるからである。もしそうであるとするならば、「正義の女神」にとってどのような情報が必要かという本書の問題設定それ自体がそもそも的外れであり、「人間」向きのより単純化された理論装置が必要ではないだろうか。前章で検討したGFFの主張もそのようなものとして解釈することができる。GFFが重視する概念装置であるルールは個別的な事態のもつ豊かな特色を一般的な規則への包摂という形で切り詰めることによって、世界の複雑性を縮減するという課題を果たしている。正義の女神ならぬ身の上である人間がルール以外の情報を排除するのも無理からぬところではなかろうか。

確かに、千里眼の正義の女神と乱視で近視の人間とでは視力に相違があることは否定できず、もしセンの理論が単純化を諫めているにすぎないとしたら「無い物ねだり」と揶揄されても仕方がないだろう。しかし盲目であることと目隠しを付けることとは別物であり［Cover et al., 1988, p. 1232］、情報制約は時間や能力の限界とは必ずしも関係せず、規範的な要請として意図的に賦課されるものであることに留意すべきである。情報制約が「見えないものは見てはならない」という教えにすぎないのであればほとんど無内容な概念であろうが、情報制約のポイントはむしろ「見ようと思えば見えるものをあえて見ない」ことを求める点にある。したがって、人間の能力の限界は情報制約を正当化するものではない。

「これは不正義だ」という叫びは、私たちを「そうだ、そうだ」と尻馬に乗る人たちと「そんなはずはない」と言下に否定する人たちとに二分する。「そんなはずはない」という命題は理論的な不可能性を意味しており、そこには理論に対する懐疑はかけらも存在しない。不正義の可能性に対して耳を傾けるためにはまず第一に「はずはない」という思い込みをあらためる必要があり、センが正義の女神に求めているものも、目隠しを解き、思い込みから自由になり、不正義を申し立てる人たちの声に耳を傾けることなのである。

歴史的には正義の女神像はいろいろな仕方で描かれており、現在私たちが目にするその姿はルネッサンス期以降に確立されたものである。中でも目隠しは比較的最近付け加えられた要素である。目隠しが公平、えこひいきをしないといったポジティヴなイメージを獲得したのもルネッサンス以降のことであり、それ以前においては恋する乙女にキューピッドが目隠しを付ける図像から明らかなように、偏狭や愚かさの象徴でさえあった。それ以前の正義の女神は目隠しを付けていないだけでなく、中には事柄の本質を見抜くための第三の目をもつ姿で描かれているものさえあった。近代的な正義の女神像の典型を功利主義に見いだせるとするならば、センの正義の女神に近いのは、近代以前に描かれたように目隠しを付けず第三の目を有する女神像であるのかもしれない。

注

序論

（1） ただしわが国の最高裁判所の大ホールに展示されている日本製の正義の女神は、その仏像的な顔立ちだけでなく、目は閉じているものの目隠しを付けていない点にも特徴があり、説明責任という観念の欠如を物語っているようでもあり大変興味深い。

（2） 正義の女神のそれ以外の描き方と現在の像のみが生き残っている理由については、参照、[Curtis and Resnik, 1987]。

（3） 目隠しの解釈については参照、[Curtis and Resnik, 1987, pp. 1755-1764] [村上　1997　五五一—六一頁]。

（4） 井上達夫も正義に関するシニカルな態度を斥け、正義の問題に対する正解がなければ問いそのものにも意味がないとする立場を批判している[井上　1986　第一章]。

（5） そのような例外としては、参照、[Scanlon, 1978] [Sen, 1985d]。ただし、スキャンロンはその後、帰結主義と一定の距離をとるようになっている[Scanlon, 1998, ch. 2]。

（6） たとえば、参照、[Dworkin, 1978b, ch. 9, 邦訳第八章]。

第一章

（1） 言うまでもないことだが、情報分析が有効であるということは、万能であるということを意味するものではない。情報基礎が適切なものであっても、その情報の利用の仕方が不適切であれば、原理もまた不適切であろう。

（2） したがって、consequentialism は日本語の「後講釈」や「結果論」とか「結果主義」という言葉に近いニュアンスをもっているように思われる。センはこのようなニュアンスを嫌い、自分の立場を「帰結ベースの評価」あるいは「帰結評価」といった言葉で表現している［Sen, 2000, pp. 477-478］［Sen, 1982d, p. 30］。本書では、「結果論」のもつ蔑称的な含意を回避しつつも、帰結評価といった言葉のあいまいさを避けるため、帰結主義という言葉を用いることとする。

（3） 倫理学における目的論という概念に関しては、参照、［Frankena, 1973, ch. 2, 邦訳第二章］。

（4） 目的論という言葉は倫理学にとって基礎的な二つの概念、すなわち「正」と「善」との関係に注目して定義されるのに対して、帰結主義は道徳的推論の構造、とりわけ内在的価値をもつものが何であるかに基づいて定義される、という焦点の違いがある。

（5） 正確にはライアンズはこれを帰結主義一般ではなく、「行為」帰結主義の定義として提示している。行為帰結主義とは行為をそのもたらす結果に応じて判定する立場であるが、帰結主義の評価の対象は行為に限定されるわけではない。この問題については後に検討する。

（6） ただし、ロールズは、目的論と帰結主義とを区分しているようであり、結果を考慮するという意味での帰結主義は是認するものの、彼の意味での目的論は拒否している［Rawls, 1971, p. 30］。したがって、厳密に言うと彼の目的論の定義を帰結主義の定義として提示することは誤りであるが、彼の目的論の定義は帰結主義に関する後の議論に強い影響を与えているため、あえてこのような形で取り上げることとする。参照、［塩野谷 1984 二七二頁］。

（7） この点についてはさらに第三章で検討する。

（8） 目的論の枠内で平等な分配を善として捉える可能性については、参照、［Broome, 1991, ch. 9］。なお、極大化原理を総和主義の一種としてではない仕方で解釈することも可能であるが、ロールズがこのような解釈をとっているように思われないので、この可能性についてこれ以上追求しないこととする。極大化のもう一つの解釈については後述する（4・2・2）。

（9） 完備性とは、あるランキングがあらゆる選択肢の順序を付けることができるという性質である。たとえば、整数の大小を比較することによって、私たちは完備的な順序を得ることができる。これに対して不完備性とは、必ずしもすべての選択肢の順序を付けることができない性質のことである。たとえば、レストランのメニューから選択する際は、最善の選択肢さえ分かっていれば十分であり、往々にして、それ以外の選択肢の順序は付けられていない。この場合には、その順序付けは不完備的である。

(10) なお、センは、シェフラーによる極大化原理の定義（二つの選択肢のうち、目的がより実現される方を選択すること）に基づいて、シェフラーの帰結主義の定義は完備性を要求していないと理解している［Sen, 2000, p. 483］。参照、［Scheffler, 1988a, p. 252］。しかし、シェフラーがセンの言う意味での極大化（より悪い選択肢を選択しないこと）を念頭においていたかは疑問である。実際、シェフラーは後の論文においても、先の帰結主義の定義を維持している［Scheffler, 1988b, p.1］。この問題については後述する（4・2・2）。

(11) たとえば、参照、［Frankena, 1973, ch. 2, 邦訳第二章］。

(12) パターン付き原理が「自然的」次元に限定する必要があるのは、理想とされるパターンが人為的に操作可能なものである場合には、パターンとの合致が規範的意味を失うからであろう。参照、［Nozick, 1981, p. 733, n. 71, 邦訳下巻四一五―四一六頁、注七一］。

(13) もっとも、この原理はその当時に生きている人が死亡してはならないと命じている点で、不条理ではあるが。

(14) 同様の理解はC・テイラーにも見られる［Taylor, 1982, p. 144］。彼は、結果として生ずる事態のうちにある人がある行為を行なったという事実を含めると帰結主義はその意味を失うと主張している。

(15) ただし、ウィリアムズが指摘するように、功利主義も少なくとも以下の二つの仕方で行為を考慮に入れることができる［Williams, 1973, pp. 86-87］。第一に功利主義においても快楽をもたらす「原因」として行為は注目される。第二に快楽が一定の行為と不即不離の関係にあり、その行為によってのみ当該快楽がもたらされる場合、その行為は事態の構成要素として理解されうる。しかし、以上のような行為への注目は行為の内在的価値の承認とは程遠い。第一の仕方において行為は快楽という内在的価値を有するものの原因としての価値しかもたず、第二の仕方においては、行為は内在的価値をもつ快楽への配慮の反射効として配慮されるにすぎないからである。

(16) 行為と結果を事態の構成要素とする見解としては、他にも、[Scheffler, 1982, pp. 1-2, n. 2]、[Broome, 1991, pp. 3-4] などがある。

(17) ただし、義務論者は正しい行為という観念が根源的であるからと言って、ある行為の正しさを承認しつつも、その行為の結果として生ずる事態の悪さの故にその行為が行われるべきではないと主張できないわけではない。ある観念が根源的か派生的かは、その観念が理論の中でどのような位置を占めているのかによるのであり、その重みによるのではないからである。

(18) たとえば、参照、[Gauthier, 1986, ch. 2, 邦訳第二章]。

(19) たとえば、ラズは目標の実現を個人の福利と結び付けているし [Raz, 1986, p. 297]、ロールズも人間の幸福を自分の合理的な人生計画を成功裏に遂行することのうちに求めている [Rawls, 1971, p. 548]。

(20) ただし、ラズは生物学的に規定されたニーズが福利の唯一の決定要因ではなく、価値ある目標のために、それらのニーズを一定程度犠牲にすることが福利の減少にはつながらないような場合もありうることを強調し、福利に関する目標説を基本的に維持している [Raz, 1986, p. 297]。

(21) たとえばコミットメントは自分の福利に貢献するから重要なのではなく、それが重要であるから自分の福利に貢献することになる。

(22) なお、福利を狭く捉えることで、功利主義に対する評価を歪めるのではないかという疑念があるかもしれない。すなわち、功利主義は福利を広く捉えていたのであり、福利を狭く解釈した上で、功利主義による福利の解釈である厚生主義に対して、福利を完全には捉えていないと批判するのはフェアではないという疑念である。しかし、以下で論ずるように、厚生主義は狭い意味での福利でさえをも捉えることができないのであり、まして広義の福利を捉えることなどできない。したがって、福利を狭く解釈することが厚生主義にアンフェアであるとは言えないように思われる。

(23) 主体性を理解する上で鍵となる概念である「目的」にはあいまいさが残されてる。目的はその人がたまたま選択しさえすれば目的となるのか、それとも目的となるためには合理的な吟味が必要となるのか。気まぐれが主体性の基礎となりえない反面、目的に十分な理由を求めることも厳格にすぎるであろう。というのも、センが主張するように［Sen, 1985d, p. 204］、自分で判断するということが主体性の中心的要素の一つだからである。

(24) 前述したように、ラズは目標追求を福利の主たる要素として考えているが［Raz, 1986, p. 306］、本書の用語ではこれは主体性の本質的要素であり、以下ではラズの言う意味での福利を主体性と言い換えて議論を進めることにする。

(25) ちなみに、この区分は後述するパーフィット［Parfit, 1984, pp. 104-105, 邦訳一四七―一四八頁］による行為主体中立的理由と行為主体相関的理由との区分とは別のものであり、結果理由も行為理由も行為主体中立的でも相関的でもありうる。したがって本文中に挙げた行為主体相関的な結果理由と行為主体中立的な行為理由以外にも、子供たちが飢えに苦しまないこと（行為主体中立的な行為結果）、私が自分の子供たちの世話をすること（行為主体相関的な行為理由）の四種類の理由が存在している。

(26) 実際には、個人効用の理解に関してはもう一つ選好説が存在するが、これについては後述することにする。

(27) もちろん、経験の主体は人間に限られるわけではなく、動物等の福利にまでその射程を容易に広げることができる点に快楽主義理論の強みがある。ここでは単純化のため人間に限定して話を進めるが、動物等の問題の重要性を否定するつもりはない。

(28) この論争の詳細については、参照、［Grifin, 1986, ch. 1, sect. 3-4］。

(29) 個人の善と選択という二つを混同し、それらがあたかも同一の物であるかのように想定すると き、人間はいつでも自分の利益になることを選択する存在であるとする「ホモエコノミックス」という経済学の鬼子のような想定が産み落とされてしまう [Sen, 1985a pp. 3-4, 邦訳一三―一四頁]。センは、個人の選好順序というたった一つの物で、当人の厚生や自分のなすべきことについての価値判断を表現したり、当人の行動の予測ができるとする伝統的な経済学の想定を批判し、その描き出す人間像を「合理的な愚か者」として嘲笑している [Sen, 1982a, p. 99, 邦訳一四五―一四六頁]。

(30) ただし、厚生主義については、内在的価値をもつものに関する主張としてではなく、個人にとって価値のあるものの証拠についての理論として解釈することはできる。この解釈については、第三章で扱う。

(31) たとえば、「体脂肪率を一〇%台に落とす」という願望を「病気ではなく運動で体脂肪率を一〇%台に落とす」という願望に記述し直せば、福利の達成方法に言及し、福利自由の要素も組み込むことができる。

(32) たとえば、選好を自由と関連した仕方で理解するためには、その選択肢となるメニューがどのようなものであるかに配慮しなくてはならない。その結果、メニューに魅力的ではない(つまり選択されない)選択肢を付加した場合にさえも選好が変化するというメニュー依存性が生じうるが、この選好のメニュー依存性はサミュエルソンの顕示選好の弱公理によって排除されているものなのである [Sen, 1976, p. 752]。

(33) この狭隘な情報制約の故に、帰結主義では排除されなかった行為や自由についての情報が厚生主義では排除されることになるのである。

(34) 周知のように、総和主義が人気がないもう一つの理由は経済学者の間では「個人間効用比較の不可能性」という問題が強く意識されているからである。

(35) 本書では、集計を総和とは異なった意味で用いている。本書において集計とは、個人の利益を綜合して集団的決定へとまとめあげることを意味しており、個人の利益を加算して総和を得ることはそのための方法の一つにすぎず、平均も集計の方法の一つである。

(36) 集計主義をめぐる問題に関しては、第五章で検討する。

(37) このような集計原理の全体を総体主義と呼ぶこととする。

(38) ここで「示唆」というあいまいな言葉を用いたのは、パーフィットが行っているのは、彼の人格の同一性に関する理論が総和主義をより魅力的なものにすると示すだけであって、総和主義の完全な正当化とは言えないからである [Parfit, 1984, pp. 341-342, 邦訳四六九頁]。

(39) この批判については次章以降で詳述する。

(40) 還元主義的見解については、参照、[森村 1989 第五章]。

(41) つまり、国家は独自の実在ではなく、その構成要素に完全に還元できるという説を信奉している。

(42) このような整理の仕方は [Broome, 1991, ch. 3] を参考にした。

(43) ハーサニのロールズ批判、とりわけそのマキシミン原理の使用に対する批判については、参照、[Harsanyi, 1976, ch. 4]。

(44) 期待効用理論に関して本書が参考にしたものとしては、参照、[岡田 1996 第七章]。

(45) たとえば、参照、[Griffin, 1986, pp. 111-113] [Scanlon, 1982, pp. 120-123]。

(46) 実際にはセンによるハーサニ批判は多岐にわたっている。その詳細については、参照、[Weymark, 1991]。

第II章

(1) 功利主義の側からの反論としては、参照、[Hare, 1981, ch. 9, 邦訳第九章]。

(2) ただし、古典的功利主義の三つの情報制約に対する権利論による批判は相互に関連しあっていることも事実であり、したがってそれほど截然と区分できるものではないことをあらかじめお断りしておく。

(3) 前述したように (1・1・2)、本書はこのような帰結主義理解をとっていない。

(4) ただし、各人がたった一つの目標に完全に統合されていると考えるのも誤りであろう。

(5) ウィリアムズによると、帰結主義だけでなく、そのライバルであるカント主義もこの点では同じ過ちを犯しているのである [Williams, 1981, p. 14]。

(6) たとえば、固有名詞への言及を禁ずる普遍化可能性原理 [Hare, 1981, ch. 6, 邦訳第六章] や、ある考え方が自分のものであるという理由はそれが他の考え方よりも優越する根拠にはならないとする現代のリベラリズムなどもこの原理を支持している。ただし、普遍化可能性原理は固有名詞への言及を禁ずるだけであり、母親とか友人といった立場に言及することは認めている点で不偏性原理よりは弱い [Sen, 1981a, p. 54, n. 15]。

(7) 前述したように、ウィリアムズ自身は権利論者ではなく、ロールズ等のカント主義的権利論に対しても批判的である [Williams, 1981, p. 14]。なお、ウィリアムズの考えに類似した立場から権利論を構築したものとしては、参照、[Lomasky, 1987]。

(8) この点に関しては、参照、[Slote, 1985, ch. 1]。

(9) 目的論と義務論との対立が行為主体中立性と行為主体相関性との対立という形で定式化されるようになったのは、ムーア以降であるといわれる [Darwall, 1986, p. 295]。

(10) たとえばすべての行為主体に「共通の目的」とか、「異なった目的」という言葉は曖昧さを含んでいる。各人が自分の利益を追求することは、各人に共通の目的なのだろうか、それとも異なった目的なのだろうか。

(11) 人 i が自分でその行為を行ってよいことを $A_i(i)$、人 j がその行為を行うことを人 i が許すことができることを $A_i(j)$ とそれぞれ表記するならば、行為者中立性は以下のように定式化できる。

DN : $A_i(i) \Leftrightarrow A_i(j)$.

(12) 先の表記法を用いるならば、観察者中立性は以下のように定式化できる。VN : $A_i(i) \Leftrightarrow A_j(i)$.

(13) 先の表記法を用いるならば、自己評価中立性は以下のように定式化できる。SN : $A_i(i) \Leftrightarrow A_j(j)$

(14) 先の表記法を用いるならば、行為者相関性は以下のように定式化できる。DR : $A_i(i) \not\Leftrightarrow A_i(j)$.

(15) 先の表記法を用いるならば、観察者相関性は以下のように定式化できる。VR : $A_i(i) \not\Leftrightarrow A_j(i)$.

(16) 先の表記法を用いるならば、自己評価相関性は以下のように定式化できる。SR : $A_i(i) \not\Leftrightarrow A_j(j)$.

(17) この問題に対するウィリアムズの回答としては、参照、［Williams, 1981, ch. 3］。

(18) 行為者中立性から $A_g(g) \Leftrightarrow A_g(o)$ が成立し、観察者中立性から $A_g(g) \Leftrightarrow A_o(g)$ が成立し、両者を合わせると $A_g(g) \Leftrightarrow A_o(o)$. すなわち自己評価中立性が成立する。

(19) $A_o(g) \not\Leftrightarrow A_g(g)$.

(20) $A_o(g) \not\Leftrightarrow A_o(o)$.

(21) $A_g(g) \Leftrightarrow A_o(o)$.

(22) $D_y(y) \not\Leftrightarrow D_y(s)$.

(23) $D_y(y) \not\Leftrightarrow D_s(y)$.

(24) $D_y(y) \Leftrightarrow D_s(s)$.

(25) たとえば、「太陽は火の玉である」という命題は位置依存的ではない。

(26) もちろん、この想定は強すぎるが、あくまでも例示のために行なわれる単純化であることをセン［Sen, 1982d, p. 32, n. 48］は強調している。

(27) 義務論的制約と統合性責任の場合には、行為者相関性（DR）と観察者相関性（VR）とが成立するが、自己評価相関性（SR）は成立しない。

(28) この場合には、観察者相関性（VR）と自己評価相関性（SR）は成立するが、行者相関性（DR）は成立しない。

(29) この場合には、行為者相関性（DR）、観察者相関性（VR）と自己評価相関性（SR）のすべてが成立する。

(30) 位置と客観性の関係についてのより広い文脈での検討に関しては、参照、［Sen, 1993b］。なお、評価者相関性という概念は、価値に関する認知主義的立場とも非認知主義的立場とも両立可能である。つまり、「私の立場からは x は正しい」という命題は、位置に関するパラメーターを含んだ世界についての記述的命題でもありうるし、私たちが発明した価値についての非認知的な命題でもありうるのである［Sen, 1982b, pp. 117-118］。

(31) このモデルの現代における代表的な例は、前述した（1・3・3）ハーサニのものである。

（32）ロールズの不偏の観察者モデルに対する批判としては、参照、［Rawls, 1971, pp. 173-175］。

（33）これらの思想動向を法理論に結びつけ、法理論の中に観察者の視点の問題を導入した興味深い試みとしては、参照、［Minow, 1990, ch. 7］。

（34）具体的には、評価者相関性の概念を導入した最初の論文［Sen, 1982d］から一〇年以上経って発表された位置相関性に関する論文［Sen, 1993b］においても、さらにそれから七年経って公刊された帰結主義に関する論文［Sen, 2000］においてもそれほど新しい展開は見られない。

（35）ノージックはこの立場を「権利の功利主義」と呼んでいるが［Nozick, 1974, p. 28, 邦訳四四頁］、本書ではこの用語を用いず、権利帰結主義と呼ぶ。というのも、この立場は功利主義の定義的な特徴である厚生主義を放棄し、権利の実現を事態のよさの評価基準にしているので、これを功利主義と呼ぶことは不適切だからである。

（36）もちろん、義務論的見解が目標という概念をもてないわけではないが、その目標の中には権利は含まれないのである。

（37）権利、平等、公正といった概念の道具的重要性を強調したものとしては、［Scanlon, 1978, p. 99］を参照されたい。

（38）$(6+6) > (1+10)$.

（39）$(10-1) > (6-6)$.

（40）もちろん、ロールズの格差原理は個人効用ではなく、社会的基本財を独立変数にしている点で、ここで考察している厚生主義版の格差原理とは違う。

（41）事態に対する影響要因を一つに限定し、しかも行為以外の影響要因に情報を制約するタイプの功利主義。

（42）たとえば、このような功利主義はウィリアムズが、「植民地総督的」であると称するように［Williams, 1973, pp. 138-140］、効用計算ができる功利主義的エリートとその計算を信ずるだけの大衆とに人間を分断してしまう危険がある。

（43）ただし、義務論的立場がすべてトレードオフに批判的であるわけではない［Sen, 1981a, p.

49]。トレードオフを認める義務論的立場としては、参照、[Scanlon, 1998] [Williams, 1973]。

(44) たとえば、飢餓に苦しんでいる人に助けを求める権利を認めることは、義務を負う人たちの財産権と両立しない。

(45) このような観点からの彼の権利論の整理としては、参照、[若松 1988]。

(46) このような批判としては、参照、[Gewirth, 1982, p. 230]。

(47) このような性質をスタイナー [Steiner, 1994, p. 2, n.4] はライプニッツに倣って「共存可能性(compossibility)」と呼んでいる。

(48) 利益説に関しては [小林 1986] を、選択説に関しては [森村 1989 第三章] をそれぞれ参照されたい。

(49) ただし、ここで言う「買い占め」は極めて弱い条件であり、ノージック [Nozick, 1974, pp. 178-182, 邦訳二九九―三〇六頁] が彼の手続き的権利論の例外として位置付けているロックの但書に関する議論の中で検討しているような、「独占」、あるいは「寡占」でさえある必要はない。買い占め後にも十分な量の食糧が残されていて、ロックの但書に抵触しないような場合でも、一部の人が十分な食糧を入手できないほど市場価格が上昇したら、残りの多くの人々には依然として入手可能であっても、ここで言う買い占めに当たる。

(50) 前述したように、ノージックは権利の制約内では帰結主義的推論の可能性を認めていた [Nozick, 1974, p. 165, 邦訳二八〇頁]。

(51) ただし、セン [Sen, 1982d, p. 15] も指摘しているように、目標権利説は権利一元論に必ずしも与するものではない。

(52) ただし公平を期するためには、ノージック自身も少なくとも二つの箇所で権利行使の結果に注目する可能性に言及していることを指摘しておくべきだろう。第一に、彼は脚注の中で、道徳的惨事を避けるために側面的制約を正当に侵害する可能性に言及しているが [Nozick, 1974, p. 30, 邦訳四六―四七頁]、残念ながらこの問題の検討は回避されている。第二にロックの但し書きに関する議論の中で、ノージックは破局を回避するといったような外在的な理由からではなく、所有権理論に内在的な考慮から、所有権に対して一定の制約を課す可能性について言及している［Nozick, 1974, pp. 180-181, 邦訳三〇二―三〇三頁］。この場合には権利に一定の限界内で帰結主義的推論が導入されることになり、この限りにおいて彼の理論は反帰結主義的なものではなくなる。問題はこの帰結主義的要素の導入が彼の理論の残りの部分に甚大な影響を与えざるをえないにもかかわらず、この点についての検討が十分に行なわれていない点にある。帰結についての考慮を一度導入するならば、彼が排除しようとしてやまないトレードオフも持ち込まれ、彼の権利論の全体構造を揺るがさずにはおかないであろう。このような理由から彼の道徳的破局の扱いに対しては「その場しのぎ」という印象を拭いされないのである［Sen, 1999, pp. 65-66, 邦訳七三頁］。

（53）ただし、ヌスバウムが強調するように、潜在能力アプローチと権利論との連関は、論理的、必然的なものではなく、アリストテレスやトマスの流れを汲む一部のカトリック的自然法論のように潜在能力を重視しながらも、個人の権利に対しては懐疑的なアプローチも存在する［Nussbaum, 1997, p.278］。他方、アリストテレス的理論やカトリック的自然法論の全てが個人の権利に対して批判的であるわけではないことにも留意すべきである。

（54）この方法の最近の発展形態の一つとみなすことができる権利のゲーム形式的定式化については第五章で扱うこととする。

（55）興味深いことに、センが人間理性に対する過信への戒めから制度に対して帰結主義的考慮を導入しようとしているのに対して、ノージックやハイエクといった一部のリバタリアンたちは、人間理性に対する過信を戒めるという同一の目的のために、帰結主義的考慮を排し、自生的に生成した制度への帰依を求めているのである。

第三章

（1）ロールズとドゥウオーキンはともに客観的基準の信奉者ではあるが、いくつかの興味深い点で異なっている。しかし、センの理論の全体像を描くことを目的の一つとしている本書においては、その差異の詳細に立ち入る必要はないだろう。したがって、以下ではロールズとドゥウオーキンの理論のみを扱うことにする。なお、ロールズとドゥウオーキンの異同に関しては、参照、[長谷川　1993] [Roemer, 1996, chs. 5, 7, 8] [Dworkin, 2000, ch. 7]。また、ドゥウオーキンの客観的基準に対するセン自身のコメントとしては、参照、[Sen, 1985b, pp. 143-145]。さらには、ドゥウォオーキンによるセンへの批判としては、参照、[Dworkin, 2000, pp. 299-300]。

(2)　そのような情報として挙げられることが多いのが「攻撃的な趣味(offensive tastes)」である。これは他人を差別することから得られる快楽のように、他者の立場を悪化させることを目指す趣味であり、正義の女神がこれを考慮に入れるべきではないことは明らかであろう [Rawls, 1971, pp. 30-31]。ただし、このような趣味は個人の快楽のみを情報基礎とする厚生主義においては排除されないものの、実際には功利主義的理論の多くはこれらの情報を考慮の対象外としていることにも留意すべきである [Harsanyi, 1982]。

(3)　たとえば、従来、個人の福利についての考慮が前面に打ち出されていた「開発」の文脈においても、センは主体性の重要性を強調し、主体性と福利の相互連関を重視するようになってきている [Sen, 1999]。

(4)　もちろん、議論の出発点に対して異論があっても、結論に異論がなければそれでよいという考え方も可能であり、それはある程度までは正しい。それが正しいのは、結論に異論がなければ出発点にまで遡る必要はないという程度においてであり、それが正しくないのは、結論は常にいくつかの解釈を許すものであり、複数の解釈の間で決定を下すためには出発点に戻らなければならないという程度においてである。

(5)　たとえば、状況に適応的な仕方で形成された選好(適応的選好)をそのまま当該個人の評価として受けとってしまうことは、個人の価値の指標としての厚生主義の致命的欠陥の一つである。

(6)　社会的基本財のリストは時とともに変化しており、後に彼は基本的諸自由、移動と職業選択の自由、公職と責任ある地位に伴う権力と特権、収入と富、自尊心の社会的基礎という五つのカテゴリーに分類し直している［Rawls, 1993, p. 162］。

(7) 自然的基本財の排除に関するこのような解釈は、後述するサグデンに拠っている［Sugden, 1993, p. 1957］。

(8) 社会的基本財の理論は前述した（1・2・2）福利に関する基準のうち、心理状態や願望から独立している点で客観的リスト説に近いと考えることもできるが、両者は必ずしも同一ではない。というのも、後述するように社会的基本財の理論は客観的リスト説のような福利の内容に関する主張ではなく、福利達成の手段、あるいは社会が分配すべきものに関する主張だからである。

(9) ここでは単純化のため、特に断りがない限り贅沢な趣味が自発的に形成された場合のみを扱うこととする。自発的に形成されていない贅沢な趣味の場合には問題は複雑であり、論者によって意見が分かれている。

(10) 厚生主義は福利の平等を要求する理論とのみ結び付くわけではないことにも留意すべきである。たとえば、効用の総和を最大化することを要求する古典的功利主義は、厚生主義に依拠して個人効用にのみ情報を限定するものの、福利の平等を要求しているわけではない。にもかかわらず、古典的功利主義は効用の最も効率的な生産者に資源を優先的に分配することを要求し、資源の不平等を正当化するという点では、そしてその限りにおいては福利の平等を要求する理論と変わらない。

(11) この回答でロールズは厚生主義だけでなく、卓越主義をも回避している。卓越主義も厚生主義も個人の福利についての理論である。それに対して、ロールズは正義の問題を転換することによって、個人の福利を直接配慮することをその課題とはしていない以上、社会的基本財は厚生主義対卓越主義という個人の福利の性質をめぐる対立とは異なった位相にあると言えよう。

(12) 人iが所有する財xをx_iと表現するならば、iが支配権を有する財の特性cは$c(x_i)$として表現できる。

(13) 人iがその所有する財x_iの特性$c(x_i)$から得る機能関数$f(\cdot)$は財の特性cとそれ以外の要因

z_iの関数 $f(c(x_i), z_i)$ として表現できる。

(14) 人 i が、その達成した機能から得る効用関数 $u(\cdot)$ は、機能以外の効用に影響を与える要因を y_i とするならば、$u(f(c(x_i), z_i), y_i)$ として表現できる。

(15) 実際にはロールズが格差原理によって要求していることは、平等ではなく、最も恵まれない人の状態を改善することである。しかしその場合でも最も恵まれない人は食料という財の多寡によって同定されるため、AではなくBに食料を供給するという結論が正当化されるのであり、この点において単純な平等主義と変わらない。

(16) コーエンが機能や潜在能力ではなく、中間物という概念を用いるのは、彼が機能や潜在能力を行為に密接に関連したものとして狭く捉えたために、状態に関連した要素までをも含めた別のより広い概念を必要としたからである。この理解がセンの概念に対する正しいものであるかについては疑念があるが [Sen, 1993a, pp. 42-46]、本章ではこの理解にコミットすることなく、位置関係を示すためだけにこの語を用いることとする。位置関係についてはセン自身も認めている [Sen, 1982a, p. 30]。

(17) ただし、機能の中に幸福のような功利主義的要素を導入することに対して批判がないわけではない。たとえば、センと同じく機能や潜在能力を重視するアプローチをとりながらも、ヌスバウムはアリストテレス的観点から幸福を機能の一種とすることに疑義を提出している [Nussbaum, 1986, pp. 294-295]。センとヌスバウムの機能概念の相違については、参照、[Crocker, 1995, pp. 154-156]。

(18) 功利主義的思考様式と社会契約論的思考様式の対比としては、参照、[Sugden, 1989]。

(19) 実際、ロールズはセンの批判に応えて、自らの理論の目的が社会的協働のため公正な条項の探求という限定されたものであることを強調している。参照、[Rawls, 1993, p. 183ff]。

(20) たとえば、先天的な肝臓病患者と酒の飲みすぎから発症した後天的な肝臓病患者とでは、その現状に対する責任という点では大きく異なっているが、福利成果に関しては同一でありうる。

(21) ロールズの理論を主体性の観点から読む試みとしては、参照、[若松 1987 第二章]。

(22) ただし、人間開発指数と潜在能力アプローチとの関係はそれほど簡単なものではなく、人間開発指数が潜在能力アプローチを過度に単純化している点も無視することはできない。この点に関しては、黒崎卓・山崎幸治による訳者解説を参照されたい [Sen, 1981b]。

(23) 参照、[鈴村・後藤 2001 第六章]。

(24) たとえば、バレリーナの機能と相撲取りの機能は両立せず、人はどちらかにしかなれないかもしれない。

(25) たとえば、ロールズと類似した立場から、ドゥウオーキンは、その結果に対して本人が責任を負うべき事柄である「選択」と、個人ではなく社会が責任を負うべき「偶然事」とを区分しているが [Dworkin, 2000, chs. 1, 2]、これに対しては「選択の中にも個人の責任ではない事柄も存在する」というコーエンなどの批判が存在する [Cohen, 1989, p. 92]。この問題はリベラリズムの基本的な論点として大変興味深い問題ではあるが、この点に関してセンは基本的にロールズと同一の責任観念を支持しており、独自の見解を有しているわけではない。したがって、センの理論の全体像を描き出すことを課題としている本書の立場からは、残念ながらその検討は他日に期す以外にはない。この問題の検討としては、参照、[Dworkin, 2000, ch. 7] [Roemer, 1996, chs. 7, 8] [竹内 1995]。

(26) この問題に対して確定的な結論を出すためには個人の責任についてのさらなる考察が必要である。たとえば、機能の中にも個人の選好に依存するものが存在する。センがしばしば機能の例として言及する「公衆の面前に恥ずかしくない格好で現れる」という機能は、どのような社会に住んでいるかだけでなく、どのような職種に就いているか、どのような趣味を服装に対して有しているか等にも依存している。したがって、機能と選好とを明確に区分することは困難であり、機能と当人の責任との関係は複雑なものとなろう。しかし前述したような理由で本書はこの問題を扱うことができないので、ここで提出した機能アプローチの正当化も、ロールズのアプローチとの比較に基づいた相対的なものにすぎず、絶対的なものではないことをお断りしておく。

(27) もちろん、贅沢な趣味の場合でも、例外的な事例は存在しうる。前者が高価なワインを飲む以外に幸福であるという機能を実現することができず、総体的に見て、前者の潜在能力集合が平均よりも低く、なおかつ幸福である機能以外の機能を実現することが困難である場合などでがそれに当たる。

(28) その概観については、センの『貧困と飢饉』とその訳者解説を参照されたい [Sen, 1981b]。

(29) たとえば、ニューヨーク市ハーレム地区のアフリカ系アメリカ人男性は平均所得においてはるかにバングラディッシュの男性を上回っているにもかかわらず、四〇歳以上まで生き残る確率は低いのである [Sen, 1999, pp. 21-24, 邦訳二一―二三頁]。

第四章

(1) ドゥウオーキンの権利論はあちらこちらで断片的に述べられているため、その体系的な理解は思いのほか困難である。本章では権利と目標の関係についてのみ検討し、その全体像を描くことはしない。ドゥウオーキンの理論の全体像については、参照、[長谷川 1991 九五―一〇六頁]。

(2) ただし、後述するようにドゥウオーキンの目標の定義にはあいまいな点が残されているため、以下でこの定義に限定を加えることとする。

(3) ただし、目標をより基本的な要素とする政治理論が派生的な別の目標をもつことには何の矛盾も存在しない。同様のことはより基本的な権利と派生的な権利、より基本的な義務と派生的な義務との関係についても言える。参照、[Dworkin, 1978b, p. 171, 邦訳二二五頁]。

(4) ドゥウオーキンは目標基底的理論の例として功利主義を、権利基底的理論の例としてトーマス・ペインの自然権論を、義務基底的理論の例としてカントの定言命法をそれぞれ挙げている

[Dworkin, 1978b, p. 172, 邦訳二二六頁]。

(5) ただし、以下の三点は相互に関連しており、明確に区分できるものではない。

(6) したがって、政治目的の一種として、権利は特定の事態の実現を目指すこととなり、先の定義の下では目標と区分できなくなってしまう。そこで、以下ではドゥウオーキンの目標の定義に以下の三つの限定を加えて、権利と対照的な政治目的として目標を理解する。すなわち、目標とは個別化されない、トレードオフを認める集計主義的な政治目的である。

(7) 分配概念が有するあいまいさについては後述(4・1・2)する。

(8) これを前述した個別化の論理的帰結として捉えることも可能である。しかし前述したように個別性は程度の次元をもつ概念であり、トレードオフと馴染みやすい側面を有しているように思われる。そこで、本書ではドゥウオーキンのトレードオフ批判という趣旨を生かすため、分配の一つの意味として扱うこととする。

(9) ただし、このような目標が目標基底的な理論の魅力をうまく表現しているとは言えないことも事実である。通常の目標基底的な理論は独立性を排除し、他の考慮とのトレードオフを行っており、まさにそこに魅力があるようにも思われる。したがって、目標の中に独立性を取り込むことはできるが、これはあくまでも論理的可能性にすぎず、そのための代価を支払うべきかは後述するようにまた別の問題である。

(10) もちろん、境界線を引くという作業にはここで言及されていないような利点が存在し、その利点によってトレードオフのもつ明確性という利点が凌駕される可能性がまったくないとは言えないことも事実である。しかし、センにこの点に関する突っ込んだ考察があるわけではないので、この可能性の検討は今後の課題とさせていただきたい。

(11) 経済学において用いられるいくつかの効率性概念の区分に関しては、参照、[Le Grand, 1990, pp. 559-563]。

(12) しかし、彼の効率性への関心は、最も不遇な人の利害を最優先するという主張のために、その有効範囲が著しく限定されている[Sen, 1992a,

p. 146, 邦訳二三二頁]。

(13) その後ロールズは、「最も広範な」という表現を放棄し、「十全たる」という表現に変更している[Rawls, 1993, p. 291]。この変更は彼が「広範」という言葉の有している自由の量のみが重要であるという含意を嫌い、自由の質的重要度を強調しようとした結果である[Rawls, 1993, pp. 331ff]。しかし、効率性が価値の量的な極大化のみを目指さなくてはならない必然性はなく、質的な効率性、すなわち重要度の低い価値を下げることなく、重要度の高い価値の向上を目指すことも可能であるので、総体と分配の区分に関心を寄せている本章の文脈においてはこの変更を無視することは許されよう。

(14) ノージックの理論においてそのような可能性が残されているのは、彼の批判の照準が分配的考慮であれ総体的な考慮であれ個人間比較を行うことに向けられており、パレート原理のような個人間比較を伴わない総体的な考慮をはなから否定しているわけではないことの反映であろう。ただし、ノージックはそのような政策をとる余地が仮に残されていたならばの話であると限定をつけている点にも留意すべきである。ノージックの自由の定義からして、そのような政策の余地は限りなく小さいであろうし、そのような政策は権利の問題ではなく、各人はそのような政策に対して権利を有しているわけでもない。これらの点からして、ノージックが効率性を「認めている」と肯定文で記述することはできないが、ドゥウオーキンと異なり、ノージックの理論においては効率性に関する考慮が定義上「排除されているわけではない」と否定文で語ることは許されるであろう。

(15) ヌスバウムによるいささか古いバージョンのリストについてではあるが参照、[Nussbaum, 1990a, p. 225]、[川本 1995 七七—七九頁]。

(16) ヌスバウムとセンの潜在能力の具体的内容の異同については、参照、[Crocker, 1995, pp. 174–176]。

(17) センによる「アジア的価値」説に対する批判としては、参照、[Sen, 1999, ch. 6, 10, 邦訳第六章、第一〇章]。

(18) 実際には、ヌスバウムはセンと自分の相違点をもう一つ指摘している［Nussbaum, 2000, p. 14］。それは福利と主体性の区分に関するものであり、前述したようにこの区分はセンにとって重要なものだが、ヌスバウムはこの区分が不要であると考える。この区分については前述したので、ここではこれ以上扱わない。

(19) ただし、その後彼女の主張は変遷しており、センとの明確な対比を失いつつある。具体的には、ヌスバウムは自分の潜在能力のリストの基礎をロールズの重畳的合意に類似したものに求めるようになっている［Nussbaum, 2000, p. 76］。

(20) 後述するように（4・2・2）、センは不一致を完全に解決することを求めてはいない。正義の女神に対する要求水準をこのように下げることによって、客観主義をとらなくても必要とされる程度に不一致を解消する可能性もそれだけ高まることに留意すべきである。

(21) 客観性に対するセンのこのような理解が、彼のアジア的価値説に代表される文化相対主義的な主張に対する文化内在的な批判方法とも密接に関連するであろうことは容易に推測できる。ただし位置相関性の概念は、文化間の対話の状況においてのみならず、一つの文化の内部においても重要であり、文化の一体性を過度に強調し、一つの文化においては一つの立場や位置しか存在しないかのように語る立場に対してセンが批判的であることにも留意すべきである［Sen, 1999, p. 247, 邦訳二八二―二八三頁］。

(22) センがランキングの背後にあるものに謙抑的であるもう一つの理由は、各構成要素のウェイトづけは理論が行うべきことではなく、特定のやり方に閉じ込めようとすることは民主的な意思決定の余地をきびしく切り詰めることになるという点に求められる［Sen, 1999, p. 286, 邦訳三三〇頁］。

(23) ただし、正確にはセンの立場は正義に関する決定を行う際の情報基礎が多元的であることを主張する情報多元主義であり、これは情報と決定をつなぐ原理の多元主義を必ずしも含意するものではない［Sen, 1985d, pp. 176-178］。多元的な情報を駆使しながらも、それらを統一するたった一つの原理を擁護することは不可能ではない。たとえば、価値の調停原理を利用する道徳理論は、単一の調停原理を用いる限りでは原理一元主義であるが、調停されるべき多元的な価値、情報の存在を前提としている点では情報多元主義なのである。しかし、実際にはセンも調停原理の射程が限定されていることを認めているので、以下では情報多元主義と原理多元主義の区分には言及しないこととする。

(24) 最近ではこのような状況を表現するのに、価値の「通約不可能性(incommensurability)」という言葉を用いることがはやっている。たとえば、ラズは通約不可能という言葉と比較不可能という言葉を同義に用い、前者を中心に議論を展開している [Raz, 1986, p. 322]。しかし、厳密には通約不可能性と比較不可能性とは同一ではない。というのも、二つの選択肢はそれらの価値を比較衡量するような共通の尺度を有していないという意味で通約不可能かもしれないが、それにもかかわらず依然として比較可能であるかもしれないからである。たとえば、音楽と美術は通約不可能であるため、バッハの楽曲とピカソの絵画とでは、どちらが優れているとも同等の価値があるとも言えないかもしれない。しかし、いくらうぬぼれの強い私でも自分の鼻歌がピカソの絵画よりは劣っているという結論を引き出すことには何の困難をおぼえない。両者は通約不可能であるにもかかわらず、比較可能だからである。正義の女神の天秤は通約可能性を含意しており、価値の間に通約不可能性が存在している状況は彼女の存在の前提条件を掘り崩すもののように思われるかもしれないが、彼女にとって本当に厄介な状況は比較不可能性が存在しているような場合であり、通約不可能性は比較不可能性の必要条件ではあっても、十分条件ではないのである。

(25) これを xRy と表記する。

(26) これを yRx と表記する。

(27) この場合にはその順序付けの下では x と y とが無差別とであると呼び、xIy と表記する ($xIy \equiv xRy \,\&\, yRx$)。また、$xRy$ ではあるが、yRx ではない場合を xPy と表記する。

(28) 選択肢の集合を S と表記するならば、完備性は次のような条件である。$\forall x,y \in S : (x \neq y) \rightarrow (xRy \vee yRx)$.

(29) ただし、個人による順序づけが完備性を有していても、社会の順序づけが完備性を有するとは限らない。たとえば、パレート原理から導かれた社会的順序関係はその基礎となる個人の順序が完備性を有する場合でさえも完備性を有するとは限らないのである［Sen, 1979a, p. 22, 邦訳三〇頁］。まさにこの特徴の故に、パレート原理はある分配が正義にかなっているための必要条件ではあるが十分条件ではなく、他の原理（それが何であるかに関して意見の一致はないようだが）によって補完されなくてはならないと理解されることが多いようである。すなわち、パレート原理に対する絶対的な信仰が存在しているように思われる厚生経済学においてさえも、パレート原理は絶対的な唯一神ではなく、完備性こそがより上位の絶対神として崇められているのである。

(30) もともとは、一四世紀フランスの神学者ビュリダンの理論を揶揄するために、おそらくはその敵対者が作り上げた寓話に依拠している。

(31) 同様の区分としては、参照、［Debreu, 1959, p. 8, 邦訳一三頁］。ただし、そこでは「最適」ではなく「最大（greatest）」という言葉が用いられている。

(32) ロバの選択肢の集合をSとし、ロバによる選択肢の選好関係をRとするならば、最善の要素の集合である最適集合$B(S,R)$は$B(S,R) = [x|x \in S \,\&\, \text{for all } y \in S : xRy]$として定義される［Sen, 1997, p. 756］。

(33) 先の表記法を踏襲するならば、極大な要素の集合である極大集合$M(S,R)$は$M(S,R) = [x|x \in S \,\&\, \text{for no } y \in S : yPx]$として定義される［Sen, 1997, p. 763］。

(34) 最適集合と極大集合との関係については、参照、［Sen, 1997, p. 764］。

(35) もちろん、情報基礎を貧弱にすればするほど完備性が達成できるというような単純な話ではない。完備的な順序をもたらすかもしれない情報を排除してしまえば、完備的な順序を得ることは困難になるからである。しかし、情報基礎を豊かにすればするほど、異質な要素が混入するため、完備的な順序を得ることが困難になるとは言えるだろう。

(36) ロールズはこの限定によって、当該個人が保有する社会的基本財の量の比較に基づく完備的な順序を獲得することになる。

(37) 後述するリベラル・パラドックスは従来の社会的選択理論の枠組みの中で自由という情報が無視されてきたこと、その精緻に見える体系が自由についての情報を排除することで購われていることの告発として理解することができる。

(38) ただし、裁判官は原告か被告かのどちらか一方を勝訴させなくてはならならず、両者の主張が無差別であるとは判断できないので、完備的な順序でさえも場合によっては役に立たず、正義の女神よりもつらい立場にあると言えよう。

(39) 共通部分アプローチによってもたらされる部分順序の性質に関しては、参照、[Sen, 1985a, ch. 5, 邦訳第五章]。

(40) シュクラーの共通悪という概念に対する同様の疑念としては、参照、[大川　1999　二五―二六頁]。

(41) 「基礎的な」潜在能力に限って言えば、センもニーズの解釈として潜在能力を提示している[Sen, 1982a, p. 368, 邦訳二五四頁]。ニーズ論の文脈にセンを位置付けたものとして、参照、[山森　2001]。

(42) ヌスバウムはノージックとは異なったタイプの側面的制約としての権利論が可能であり、自分が擁護しているのは後者のタイプの権利論であることを強調している [Nussbaum, 1997, p. 297]。ただしそれがどのようなものであるのかは定かではない。

(43) このような観点から、近年ヌスバウムは潜在能力を多様な善についての理想をもつ人々の間での重畳的合意の対象として理解するに至っている [Nussbaum, 2000, p.5]。

(44) この点を強調するものとして、参照、[Rawls, 1993, pp. 150-154]。

(45) ヌスバウムは、アリストテレスにそのようなパターナリスティックな要素があることを認めながらも、アリストテレス的な立場はアリストテレスの立場を踏襲する必要がないと論じている[Nussbaum, 1990a, p. 239]。本書では、「アリストテレス的」という言葉のこのようないささかつまみ食い的な用法には従わない。

(46) 同様の権利理解に立つものとしては、参照、[Scanlon, 1978, p. 104]。

第五章

(1) 後述するように(5・1・1)、セン自身は「社会的厚生関数」ではなく「社会的決定関数」という用語を用いているが、この段階では両者を区分せずに論述を進めたい。

(2) そのような疑念の最たるものは言うまでもなくアローの「不可能性定理」である[Arrow, 1963]。

(3) この論争のサーヴェイとしては、いささか古いが[Sen, 1976][Wriglesworth, 1985][佐伯 1980 第四章]が有益である。

(4) 最近の議論に関しては、リベラル・パラドックスの特集を組んだ *Analyse und Kritik*, 18 (1996) 所収の諸論文を参照されたい。

(5) この部分の論述は、基本的に拙稿に依拠している[若松 1999]。

(6) もちろん、前述したように(4・2・2)最善の要素が存在しないからといって、社会的選択が不可能になるとまではセンも考えてはいない。

(7) 具体的には、Xが有限集合である場合には、選好関係が順序であることは選択関数を生成するための十分条件ではあるが、有限ではないときにはX上での順序の存在は選択関数の存在を保証しない。また、Xが有限である場合にも、選好関係が存在するためには完備律と反射律を満たさなくてはならないが、推移律まで満たす必要はないという意味において、順序は選択関数の必要条件ではない[Sen, 1979a, pp. 14-16, 邦訳二一—二三頁]。

(8) ただし、この名称はリベラル・パラドックスをセンが初めて定式化した際には用いられていない。当初は、この条件を指し示すために「最小限のリベラリズム」とか「リバタリアニズム」といった名称が用いられていたが、これらの名称のもつ政治的含意を避けるため、最小限の自由という表現に落ち着いたようである[Sen, 1983, n. 5]。

(9) すなわち、$xP_iy \to xPy$ かつ $yP_ix \to yPx$.

(10) $[\forall i : xP_iy] \to xPy.$

(11) このような想定が不自然なものであることは明らかである。というのも、もし個人1が自分のシャツの色についてのみ異なる社会状態の対 $((w,w),(b,w))$ に対して決定権を有するのであれば、同様の理由から個人1は $((b,b),(w,b))$ に対しても決定権を有するべきだからである。確かに、サグデンのいうように、承認された個人的領域という観念からすると、二つの対のうち、一方に対する決定権を与え、他方に与えない理由はない [Sugden, 1985, p. 218]。このような仕方で最小限の自由を拡張すると、「ギバードのパラドックス」[Gibbard, 1974] が発生し、パレート原理なしでも社会的決定は不可能となる。ただし、すぐ後に述べるように、センが論証しようとしているのが不可能性であり、そのためにはできるだけ弱い条件から不可能性を導出するべきであること、さらにはこの論証によってセンが攻撃のターゲットとしているのが権利概念ではなくパレート原理であることを考えるならば、自由のこのような限定の仕方は間違っているとまでは言えないだろう。

(12) ただし、個人の選好という概念は多義的であり、その解釈によってはリベラル・パラドックスの解釈も異なってくる [Sen, 1992b, pp. 142–144]。

(13) 社会的選択理論における権利概念の分析に関しては、参照、[Craven, 1992, pp. 109–110]。

(14) このような理解に対する批判に関しては、参照、[Breyer, 1996] [Sen, 1996b]。

(15) この点は最小限の自由の所有者が少なくとも二人いれば足りるとされていることからも窺えるであろう。

(16) GFFの歴史に関しては、参照、[Gaertner, et al., 1992]。

(17) 先に引用した一節において、ノージックも権利が決定するのはアスペクトであることを強調している。

(18) 個人の選好順序は、ゲーム理論においては各プレイヤーの利得関数として表現されるのが普通である [Gärdenfors, 1981, p. 349]。しかし新厚生経済学の流れを汲む社会的選択理論においては、利得のような数値ではなく、選好関係によってプレイヤーの効用を表現することが多いようである［Peleg, 1966］。

(19) この点は、投票の自由の場合にもっとも明白であろう。投票の自由は個人が投票という一定の行動をとることを保障するものではあるが、自分の投票した候補者が当選するといったような特定の投票結果を保障するものではない［Fleurbaey and Gaertner, 1996, pp. 59-60］。

(20) センはその後も二つの自由の区分の仕方は維持しているが、それぞれの自由の呼び方は変更している。その名称はまだ揺れておりそれほど優れているとも思えないので、ここでは直接的自由と間接的自由という比較的古い呼び方をその簡潔性の故に用いることとする。

(21) 二つの自由観についての詳細は、参照、［若松 1988 一三四―一三六頁］。

(22) ただし、個人の願望と選択が対立する場合には、いつでも願望が優先されるべきであると主張しているわけではない。選択がすべてではないということは、選択が無であるということを意味しない。

(23) そのような試みとしては、参照、［Suzumura, 1996, pp. 30-323］［Pattanaik and Suzumura, 1994, pp.437-438］。

(24) なお、シュクラー自身は通常の思考様式とリーガリズムとの関係について言及していないが、両者の定義からして両者を同一視してよいように思われる［Yack, 1991, p. 1335］。また、シュクラーの通常の思考様式に対する批判に関しては、参照、［大川 1999 四六―五三頁］［若松 1998a 三―七頁］。

(25) また、リーガリズムはGFFが許容された戦略に注目する理由だけでなく、個人の願望ではなく選択に排他的な重要性を与える理由をも説明できるかもしれない。ルールに違反するとされるのは、単なる心のもち方ではなく、意図的に選択された行為であることが多く、まだ具体的な行動の選択へと結実していない願望はルール違反の対象となりにくい。したがって、GFFによる選択への関心の集中は、リーガリズムの自然な延長線上にあると考えることができよう。

(26) 権利の形式的構造の問題は初期付与の問題と

切り離すことができないという本書の主張は、「法とは何か」という問題が「法とは何であるべきか」という問題と不可分であるというドゥウォーキンの主張と興味深いことに類似している。

(27) 通常の思考様式が受動的不正義を視野に収めることができないという主張に対しては、当然のことながら、警察に通報する義務を負わせるようなルールを制定したらよいという反論が存在する[Nussbaum, 1990b, p. 30]。しかし、前述したように私たちの能力の限界のゆえに、そのようなルールの制定にも限界があり、不正義をルール違反に限定しようとする試みは不正義の矮小化につながるのである。

(28) 繰り返すまでもなく、これは正義の問題を制度の設計に求める立場の見解であり、GFFの主張でもある。

(29) ニーズの解釈の問題に切り込むことなしに、ニーズの分配の問題に集中することの問題点としては、参照、[山森　2001　五六―五八頁]。

(30) ただし、助けを「示唆」するということは他者の義務を含意するということまでをも意味しているものではない。センは道徳的権利の概念が特定の人にそれに対応する義務（完全義務）を負わせるものではなく、助けることができる人々一般に助けを要求するにとどまっている場合でさえも有意義であると主張している[Sen, 1999, pp. 230-231, 邦訳二六三―二六四頁]。

結語

(1) これはセンがベンガル出身であることからの安直にすぎる連想なのかもしれないが、情けないことに私はこの連想に憑かれている。

(2) 実際、私が参加したセンのセミナー『効用と権利』（一九九七年度の秋学期にハーバード大学の哲学科で開講された）の参加者のほとんどがもった感想は、このようなものであった。

あとがき

他人から感謝されることが感謝された人にとって名誉になるとは限らない（ほめ殺し？）。従って、行為の帰結を重視する人間の一人として、ここで謝辞を連ねることが感謝の意の表明にはとどまらない悪い効果を持つのではないかと危惧するが、本書の成立過程を示す意味も込めて、あえて慣例に従うこととする。

本書はハーバード大学哲学科における在外研修（一九九七年四月〜一九九九年三月）の成果の一端である。在外研修の機会を与えていただいた成城大学法学部とそのスタッフにお礼申し上げたい。次に、ハーバードに受け入れていただいたスキャンロン教授の寛大さに感謝したい。教授は以前、帰結主義的な立場から権利論を組み立てようとしており、その著作から私も大きな示唆を得てきたが、お会いしてみると義務論的な立場への移行を模索されており、結論は共有できなかったが、問題の深みを教えていただいた。また、この問題に対する関心をもつきっかけを与えてくれたノージック教授にもお礼申し上げたい。教授は「社会哲学」と題された講義を担当され、その名著『アナーキー・国家・ユートピア』に対してどのような変更をなされるのか楽しみにしていたのだが、体調を崩され講義自体がキャンセルされただけでなく、先般（二〇〇二年）亡くなられてしまったことは残念でならない。ご冥福をお祈りしたい。そして、何と言っても本書の成立に一番強い影響を与えたのがセン教授であった。教授のノーベル経済学賞受賞の前年に、つまり教授の忙しさが殺人的なものになる直前に、ハーバードにおける教授の最終セミナーを堪能できたのは幸いであった。このセミナーは「効用と権利」と題されたもので、教授自身も自らの権利論をまとめる必要性を感じられているようで、埋められるべきギャップが浮き彫りにされたという意味で興味深いものであった。私の訳のわからない質問にセミナーの最終回を割いてまで丁寧にお答えいただいたことには今でも感謝している。またハーバードで知り合った友人であり、私の拙い英語にもかかわらず論争相手として長時間付き合ってくれたジョアン・ヴェルジス・ジフラ、アタン・ハヴィル両氏の忍耐強さに感謝したい。三人ともそれぞれ帰国し今や遠く離れてしまったが、もう一度いつかどこかのカフェで店主に追い出されるまで馬鹿話をしたいと切に願っている。

ハーバードが私の定まらない問題関心を孵化させてくれた場だとするならば、京都大学大学院法学研究科はこの関心を産み落としてくれた場であり、今でも訪れるたびに、私はふるさとに戻ってきたような甘酸っぱい気分と親不孝者特有の居心地の悪さとを同時に味わう。中でも指導教官である田中成明教授には現代正義論という舞台の重要性と、この舞台を相対化する必要性とを教えていただいた。先生の教えは大変深く、いまだに消化しきれていないが、先生なくしては現在の私がありえないことは事実である。また、アナーキズム研究の権威である勝田吉太郎先生の研究室でノージックの『アナーキー・国家・ユートピア』を丹念に読んだことも懐かしくも楽しい思い出である。ましてや公共選択理論にお詳しい足立幸男先生までおられたのだから、今から思うとノージックを読むのにこれほどすばらしい環境はあまりなかったろう。佐藤幸治先生の下でウェルマンの『権利論』を講読したのも、権利概念について考えるきっかけを与えてくれた。諸先生方に心からの感謝を申し上げたい。

京都大学においてもジョアンやアタンのように忍耐強く馬鹿話に付き合ってくれた人たちがいた。深夜の喫茶店で「犬に言語は存在するか」等、どうでもよい話を延々としたことで私は救われたのかもしれない。亀本洋、玉木秀敏・美穂夫妻、服部高宏、平井亮輔、平野仁彦各氏に感謝したい。京大の外部においても、三島淑臣、川本隆史の両先生は喫茶店ではなく酒席を延々とお付き合いいただき、私の世間と了見の狭さを少しは矯正していただいた。ここに感謝の意を評したい。

勁草書房の徳田慎一郎さんは、本書の執筆の機会をお与えいただいただけでなく、不良債権のように利息さえも返せない私を最終処理するどころか、再建計画が頓挫してもあきらめることなく完済へと導いてくださった。まだ見ぬ書物に対する彼の執念に感謝したい。

最後に本書を結婚十年目、二一世紀最初の一三夜にようやく授かった娘菜々と、それまで一緒に待ち続けた妻美穂に捧げたい。

二〇〇二年一二月

若松良樹

著者略歴

1958年　宮城県に生まれる
1988年　京都大学大学院法学研究科博士課程単位取得退学
現　在　成城大学法学部教授，博士（法学）
著　書　『現代理論法学入門』（共著，法律文化社，1993年），『概説西洋政治思想史』（共著，ミネルヴァ書房，1994年），『現代法の展望』（共著，有斐閣，2004年），『政治経済学の規範理論』（共著，勁草書房，2011年）
翻　訳　トーマス・ネーゲル『哲学ってどんなこと？』（共著，昭和堂，1993年）

センの正義論　効用と権利の間で

2003年6月25日　第1版第1刷発行
2011年9月25日　第1版第3刷発行

著　者　若《わか》松《まつ》良《よし》樹《き》

発行者　井　村　寿　人

発行所　株式会社　勁《けい》草《そう》書　房

112-0005　東京都文京区水道2-1-1　振替　00150-2-175253
（編集）電話　03-3815-5277／FAX　03-3814-6968
（営業）電話　03-3814-6861／FAX　03-3814-6854
港北出版印刷・ベル製本

ISBN978-4-326-15371-8　　Printed in Japan

人名索引

す

せ

た

て

と

ぬ

ね

の

は

事項索引

せ

へ

ほ

め

も

り

アルファベット

参考文献

外国語文献

[Anscombe, 1958] G. E. M. Anscombe (1958). Modern Moral Philosophy. *Philosophy 33*, 1-19.

[Arneson, 1990] R. J. Arneson (1990). Primary Goods Reconsidered. *Noûs 24*, 429-454.

[Arrow, 1963] K. Arrow (1963). *Social Choice and Individual Values* 2nd edn. (New Haven CT: Yale University Press). 邦訳『社会的選択と個人的評価』長名寛明訳，日本経済新聞社，1977年.

[Arrow, 1999] K. Arrow (1999). Amartya K. Sen's Contributions to the Study of Social Welfare. *Scandinavian Journal of Economics 101*, 163-172.

[Atkinson, 1999] A. Atkinson (1999). The Contributions of Amartya Sen to Welfare Economics. *Scandinavian Journal of Economics 101*, 173-190.

[Bentham, 1789] J. Bentham (1789). *An Introduction to The Principles of Morals and Legislation.* 邦訳「道徳および立法の諸原理序説」山下重一訳，関嘉彦責任編集『世界の名著49』中央公論社，1979年.

[Berlin, 1991] I. Berlin (1991). Two Concepts of Liberty in *Liberty* (D. Miller ed) pp. 33-57 (Oxford, U. K.: Oxford University Press).

[Breyer, 1996] F. Breyer (1996). Comment on The Papers by J. M. Buchanan and by A. de Jasay and H. Kliemt. *Analyse und Kritik 18*, 148-152.

[Broome, 1991] J. Broome (1991). *Weighing Goods* (Oxford,U.K.: Basil Blackwell).

[Buchanan, 1954] J. M. Buchanan (1954). Social Choice, Democracy and Free Market. *Journal of Political Economy 62*, 114-123. 邦訳「社会的選択，民主制，自由市場」『公と私の経済学』田中清和訳，

第六章，多賀出版，1991年.

[Buchanan, 1996] J. M. Buchanan (1996). An Ambiguity in Sen's Alleged Proof of the Impossibility of A Pareto Libertarian. *Analyse und Kritik 18*, 118-125.

[Cohen, 1989] G. A. Cohen (1989). On the Currency of Egalitarian Justice. *Ethics 99*, 906-944.

[Cohen, 1993] G. A. Cohen (1993). Equality of What? On Welfare, Goods, and Capabilities in *The Quality of Life* (M. Nussbaum and A. Sen eds) pp. 9-29 (Oxford, U.K.: Oxford University Press).

[Cover et al., 1988] R. Cover, O. Fiss, and J. Resnik (1988). *Procedure* (Westbury, N.Y.: The Foundation Press).

[Craven, 1992] J. Craven (1992). *Social Choice* (Cambridge, U.K.: Cambridge University Press).

[Crocker, 1995] D. A. Crocker (1995). The Foundations of Sen's and Nussbaum's Development Ethics, Part 2 in *Women, Culture, and Development* (M. Nussbaum and J. Glover eds) pp. 153-198 (Oxford, U.K.: Clarendon Press).

[Curtis and Resnik, 1987] D. Curtis and J. Resnik (1987). Images of Justice. *The Yale Law Journal 96*, 1727-1772.

[Darwall, 1986] S. Darwall (1986). Agent-Centered Restrictions from the Inside Out. *Philosophical Studies 50*, 291-319.

[Debreu, 1959] G. Debreu (1959). *Theory of Value* (New Haven, CT: Cowless Foundation for Yale University). 邦訳『価値の理論』丸山徹訳，東洋経済新報社，1977年.

[Dworkin, 1978a] R. Dworkin (1978). Liberalism in *Public & Private Morality* (S. Hampshire ed) pp. 113-143 (Cambridge, U.K.: Cambridge University Press).

[Dworkin, 1978b] R. Dworkin (1978). *Taking Rights Seriously* (Cambridge, MA: Harvard University Press). 邦訳『権利論』木下毅・小林公・野坂泰司訳，木鐸社，1986年.

[Dworkin, 1984] R. Dworkin (1984). Rights as Trumps in *Theories of Rights* (J. Waldron ed) pp. 153-167 (Oxford, U.K.: Oxford

University Press).

[Dworkin, 2000] R. Dworkin (2000). *Sovereign Virtue* (Cambridge, MA: Harvard University Press). 邦訳『平等とは何か』小林公他訳, 木鐸社, 2003年.

[Elster, 1982] J. Elster (1982). Sour Grapes Utilitarianism and the Genesis of Wants in *Utilitarianism and Beyond* (A. Sen and B. Williams eds) pp. 219-238 (Cambridge, U.K.: Cambridge University Press).

[Feinberg, 1973] J. Feinberg (1973). *Social Philosophy* (Englewood Cliffs, NJ: Prentice-Hall).

[Fleurbaey and Gaertner, 1996] M. Fleurbaey and W. Gaertner (1996). Admissibility and Feasibility in Game Forms. *Analyse und Kritik 18*, 54-66.

[Forst, 1992] R. Forst (1992). How (not) to Speak about Identity. *Philosophy & Social Criticism 18*, 293-312.

[Frankena, 1973] W. K. Frankena (1973). *Ethics* 2nd edn. (Englewood Cliffs, NJ: Prentice Hall). 邦訳『倫理学 (改訂版)』杖下隆英訳, 培風館, 1975年.

[Gaertner et al., 1992] W. Gaertner, P. Pattanaik, and K. Suzumura (1992). Individual Rights Revisited. *Economica 59*, 161-77.

[Gauthier, 1986] D. Gauthier (1986). *Morals by Agreement* (Oxford, U.K.: Oxford University Press). 邦訳『合意による道徳』小林公訳, 木鐸社, 1999年.

[Gewirth, 1982] A. Gewirth (1982). *Human Rights* (Chicago, IL: The University of Chicago Press).

[Gibbard, 1974] A. Gibbard (1974). A Pareto-Consistent Libertarian Claim. *Journal of Economic Theory 7*, 388-410.

[Griffin, 1982] J. Griffin (1982). Modern Utilitarianism. *Revue Internationale de Philosophie 36* (141), 331-375.

[Griffin, 1986] J. Griffin (1986). *Well-being* (Oxford, U.K.: Clarendon Press).

[Gärdenfors, 1981] P. Gärdenfors (1981). Rights, Games and Social

Choice. *Nôus 15*, 341-56.

[Hare, 1981] R. M. Hare (1981). *Moral Thinking* (Oxford, U.K.: Clarendon Press). 邦訳『道徳的に考えること』内井惣七・山内友三郎監訳，勁草書房，1994年.

[Harris, 1974] J. Harris (1974). Williams on Negative Responsibility and Integrity. *Philosophical Quarterly 24*, 265-273.

[Harsanyi, 1976] J. C. Harsanyi (1976). *Essays on Ethics, Social Behavior, and Scientific Explanation* (Dordrecht, Holland: D. Reidel Publishing Company).

[Harsanyi, 1982] J. C. Harsanyi (1982). Morality and the Theory of Rational Behavior in *Utilitarianism and Beyond* (A. Sen and B. Williams eds) pp. 39-62 (Cambridge, U.K.: Cambridge University Press).

[Hart, 1979] H. Hart (1979). Between Utility and Rights. *Columbia Law Review 79*, 828-846. 邦訳「効用と権利の間」『権利・功利・自由』小林公・森村進他訳，第六章，木鐸社，1987年.

[Hohfeld, 1919] W. N. Hohfeld (1919). *Fundamental Legal Conceptions as Applied in Judicial Reasoning* (New Haven, CT: Yale University Press).

[Kanger, 1985] S. Kanger (1985). On Realization of Rights. *Acta Philosophica Fennica 38*, 71-78.

[Kreps, 1990] D. Kreps (1990). *Game Theory and Economic Modelling* (Oxford, U.K.: Clarendon Press). 邦訳『ゲーム理論と経済学』高森寛・大住栄治・長橋透訳，東洋経済新報社，2000年.

[Le Grand, 1990] J. Le Grand (1990). Equity versus Efficiency : the Elusive Trade-Off. *Ethics 100*, 554-568.

[Lomasky, 1987] L. E. Lomasky (1987). *Persons, Rights, and the Moral Community* (Oxford, U.K.: Oxford University Press).

[Lyons, 1965] D. Lyons (1965). *Forms and Limits of Utilitarianism* (Oxford, U.K.: Clarendon Press).

[Mill, 1848] J. S. Mill (1848). *Principles of Political Economy* (London, U.K.: Penguin Books).

[Minow, 1990] M. Minow (1990). *Making All the Difference* (Ithaca, NY.: Cornell University Press).

[Nagel, 1986] T. Nagel (1986). *The View from Nowhere* (Oxford, U. K.: Oxford University Press).

[Nozick, 1974] R. Nozick (1974). *Anarchy, State and Utopia* (New York, NY: Basic Books). 邦訳『アナーキー・国家・ユートピア』嶋津格訳，木鐸社，1989年.

[Nozick, 1981] R. Nozick (1981). *Philosophical Explanations* (Cambridge, MA.: The Belknap Press of Harvard University Press). 邦訳『考えることを考える（上・下)』坂本百大監訳，青土社，1997年.

[Nussbaum, 1986] M. Nussbaum (1986). *The Fragility of Goodness* (Cambridge, U.K.: Cambridge University Press).

[Nussbaum, 1988] M. Nussbaum (1988). Nature, Function, and Capability in *Oxford Studies in Ancient Philosophy* (J. Annas and R. H. Grimm eds) supplementary volume, pp. 145-184 (Oxford, U. K.: Clarendon Press).

[Nussbaum, 1990a] M. Nussbaum (1990). Aristotelian Social Democracy in *Liberalism and the Good* (R. B. Douglass, G. M. Mara, and H. S. Richardson eds) 10, pp. 203-252 (New York, NY: Routledge).

[Nussbaum, 1990b] M. Nussbaum (1990). The Misfortune Teller. *New Republic, Nov. 26,* 30-34.

[Nussbaum, 1997] M. Nussbaum (1997). Capabilities and Human Rights. *Fordham Law Review 66*, 273-300.

[Nussbaum, 2000] M. Nussbaum (2000). *Women and Human Development* (Cambridge, U.K.: Cambridge University Press).

[Parfit, 1984] D. Parfit (1984). *Reasons and Persons* (Oxford, U.K.: Clarendon Press). 邦訳『理由と人格』森村進訳，勁草書房，1998年.

[Pattanaik, 1996a] P. Pattanaik (1996). The Liberal Paradox: Some Interpretations When Rights are Represended as Game Forms. *Analyse und Kritik 18*, 38-53.

[Pattanaik, 1996b] P. Pattanaik (1996). On Modelling Individual

Rights: Some Conceptual Issues in *Social Choice Re-examined* (K. Arrow, A. Sen, and K. Suzumura eds) vol. II, pp. 102-128 (Houndmills, Basingstoke, Hampshire, U.K.: Macmillan).

[Pattanaik and Suzumura, 1994] P. Pattanaik and K. Suzumura (1994). Rights, Welfarism, and Social Choice. *The American Economic Review 84*, 435-439.

[Peleg, 1966] B. Peleg (1966). The Independence of Game Theory of Utility Theory. *Bulletin of the American Mathematical Society 72*, 995-999.

[Rawls, 1971] J. Rawls (1971). *A Theory of Justice* (Cambridge, MA: Harvard University Press).

[Rawls, 1982] J. Rawls (1982). Social Unity and Primary Goods in *Utilitarianism and Beyond* (A. Sen and B. Williams eds) pp. 159-186 (Cambridge, U.K.: Cambridge University Press).

[Rawls, 1993] J. Rawls (1993). *Political Liberalism* (New York, NY: Columbia University Press).

[Raz, 1986] J. Raz (1986). *The Morality of Freedom* (Oxford, U.K.: Clarendon Press).

[Regan, 1983] D. Regan (1983). Against Evaluator Relativity: A Response to Sen. *Philosophy & Public Affairs 12*, 93-112.

[Roemer, 1996] J. Roemer (1996). *Theories of Distributive Justice* (Cambridge, MA: Harvard University Press). 邦訳『分配的正義の理論』木谷忍・川本隆史訳，2001年，木鐸社.

[Samuelson, 1947] P. Samuelson (1947). *Foundations of Economic Analysis* (Cambridge, MA: Harvard University Press). 邦訳『経済分析の基礎』佐藤隆三監訳，1967年，勁草書房.

[Scanlon, 1975] T. M. Scanlon (1975). Preference and Urgency. *The Journal of Philosophy 72*, 655-669.

[Scanlon, 1978] T. M. Scanlon (1978). Rights, Goals and Fairness in *Public & Private Morality* (S. Hampshire ed) pp. 93-111 (Cambridge, U.K.: Cambridge University Press).

[Scanlon, 1982] T. M. Scanlon (1982). Contractualism and Utilitari-

anism in *Utilitarianism and Beyond* (A. Sen and B. Williams eds) pp. 103-128 (Cambridge, U.K.: Cambridge University Press).

[Scanlon, 1991] T. M. Scanlon (1991). The Moral Basis of Interpersonal Comparisons in *Interpersonal Comparisons of Well-being* (J. Elster and J. Roemer eds) pp. 17-44 (Cambridge, U.K.: Cambridge University Press).

[Scanlon, 1998] T. M. Scanlon (1998). *What We Owe to Each Other* (Cambridge, MA.: The Belknap Press of Harvard University Press).

[Scheffler, 1982] S. Scheffler (1982). *The Rejection of Consequentialism* (Oxford, U.K.: Clarendon Press).

[Scheffler, 1988a] S. Scheffler (1988). Agent-Centered Restrictions, Rationality, and the Virtues in *Consequentialism and Its Critics* (S. Scheffler ed) pp. 243-260 (Oxford, U.K.: Oxford University Press).

[Scheffler, 1988b] S. Scheffler (1988). Introduction in *Consequentialism and Its Critics* (S. Scheffler ed) pp. 1-13 (Oxford, U.K.: Oxford University Press).

[Schwartz, 1973] A. Schwartz (1973). Moral Neutrality and Primary Goods. *Ethics 83*, 294-307.

[Sen, 1970] A. Sen (1970). The Impossibility of A Paretian Liberal. *Journal of Political Economy 78*, 152-157. 邦訳『合理的な愚か者』大庭健・川本隆史訳，勁草書房，1989年，1-14.

[Sen, 1976] A. Sen (1976). Liberty, Unaminity and Rights. *Economica 43*, 217-245, 邦訳『合理的な愚か者』大庭健・川本隆史訳，勁草書房，1989年，36-119.

[Sen, 1979a] A. Sen (1979). *Collective Choice and Social Welfare* (Amsterdam, The Netherlands: Elsevier Science Publishers). 邦訳『集合的選択と社会的厚生』志田基与師監訳，勁草書房，2001年.

[Sen, 1979b] A. Sen (1979). Utilitarianism and Welfarism. *The Journal of Philosophy 76*, 463-489.

[Sen, 1981a] A. Sen (1981). A Positive Concept of Negative Freedom in *Ethics* (E. Morscher and R. Stranzinger eds) pp. 43-56

(Vienna, Austria: Hölder-Pichler-Tempsky).

[Sen, 1981b] A. Sen (1981). *Poverty and Famines* (Oxford, U.K.: Oxford University Press). 邦訳『貧困と飢饉』黒崎卓・山崎幸治訳, 岩波書店, 2000年.

[Sen, 1982a] A. Sen (1982). *Choice, Welfare and Measurement* (Cambridge, MA: Harvard University Press). 邦訳『合理的な愚か者』大庭健・川本隆史訳, 勁草書房, 1989年. (抄訳)

[Sen, 1982b] A. Sen (1982). Evaluator Relativity and Consequential Evaluation. *Philosophy & Public Affairs 12*, 113-132.

[Sen, 1982c] A. Sen (1982). Liberty as Control. *Midwest Studies in Philosophy 7*, 207-221.

[Sen, 1982d] A. Sen (1982). Rights and Agency. *Philosophy & Public Affairs 11*, 3-39.

[Sen, 1983] A. Sen (1983). Liberty and Social Choice. *The Journal of Philosophy 80*, 5-28.

[Sen, 1985a] A. Sen (1985). *Commodities and Capabilities* (Amsterdam, The Netherlands: North Holland). 邦訳『福祉の経済学』鈴村興太郎訳, 岩波書店, 1988年.

[Sen, 1985b] A. Sen (1985). Rights and Capabilities in *Morality and Objectivity* (T. Honderich ed) pp. 130-148 (London, U.K.: Routledge & Kegan Paul).

[Sen, 1985c] A. Sen (1985). Rights as Goals. *Archiv für Rechts- und Socialphilosophie Beiheft* (21), 11-25.

[Sen, 1985d] A. Sen (1985). Well-being, Agency and Freedom. *The Journal of Philosophy 82*, 169-221.

[Sen, 1987a] A. Sen (1987). The Standard of Living: Lecture 1, Concepts and Critiques in *The Standard of Living* (G. Hawthorn ed) pp. 1-19 (Cambridge, U.K.: Cambridge University Press).

[Sen, 1987b] A. Sen (1987). The Standard of Living: Lecture 2, Lives and Capabilities in *The Standard of Living* (G. Hawthorn ed) pp. 20-38 (Cambridge, U.K.: Cambridge University Press).

[Sen, 1987c] A. Sen (1987). *On Ethics and Economics* (Oxford, U.K.:

Basil Blackwell). 邦訳『経済学の再生』徳永保憲他訳，麗沢大学出版会，2002年.

[Sen, 1990a] A. Sen (1990). Individual Freedom as A Social Commitment. *The New York Review of Books, June 14*, 49-54, 邦訳「社会的コミットメントとしての個人の自由」川本隆史訳，『みすず』第358号，68-87，1991年.

[Sen, 1990b] A. Sen (1990). Justice: Means versus Freedoms. *Philosophy & Public Affairs 18*, 111-121.

[Sen, 1991a] A. Sen. Arrow Lectures: Freedom and Social Choice. unpublished (1991).

[Sen, 1991b] A. Sen (1991). Welfare, Preference and Freedom. *Journal of Econometrics 50*, 15-29.

[Sen, 1992a] A. Sen (1992). *Inequality Reexamined* (Oxford, U.K.: Clarendon Press). 邦訳『不平等の再検討』池本幸生・野上裕生・佐藤仁訳，岩波書店，1999年.

[Sen, 1992b] A. Sen (1992). Minimal Liberty. *Economica 59*, 139-159.

[Sen, 1993a] A. Sen (1993). Capability and Well-Being in *The Quality of Life* (M. Nussbaum and A. Sen eds) pp. 30-53 (Oxford, U.K.: Oxford University Press).

[Sen, 1993b] A. Sen (1993). Positional Objectivity. *Philosophy & Public Affairs 22*, 126-145.

[Sen, 1995] A. Sen (1995). Rationality and Social Choice. *The American Economic Review 85*, 1-24.

[Sen, 1996a] A. Sen (1996). Legal Rights and Moral Rights. *Ratio Juris 9*, 153-167.

[Sen, 1996b] A. Sen (1996). Rights: Formulation and Consequences. *Analyse und Kritik 18*, 153-170.

[Sen, 1997] A. Sen (1997). Maximization and the Act of Choice. *Econometrica 65*, 745-779.

[Sen, 1999] A. Sen (1999). *Development as Freedom* (Oxford, U.K.: Oxford University Press). 邦訳『自由と経済開発』石塚雅彦訳，日

本経済新聞社，2000年.

[Sen, 2000] A. Sen (2000). Consequential Evaluation and Practical Reason. *The Journal of Philosophy 97*, 477–502.

[Shklar, 1964] J. Shklar (1964). *Legalism* (Cambridge, MA: Harvard University Press). 邦訳『リーガリズム』田中成明訳，岩波書店，1981年，2000年.

[Shklar, 1986] J. Shklar (1986). Injustice, Injury, and Inequality in *Justice and Equality Here and Now* (F. Lucash ed) Chapter 1, pp. 13–33 (Ithaca, N.Y.: Cornell University Press).

[Shklar, 1989] J. Shklar (1989). The Liberalism of Fear in *Liberalism and the Moral Life* (N. L. Rosenblum ed) pp. 21–38 (Cambridge, MA: Harvard University Press).

[Shklar, 1990] J. Shklar (1990). *The Faces of Injustice* (New Haven, CT: Yale University Press).

[Slote, 1985] M. Slote (1985). *Common-Sense Morality and Consequentialism* (London, U.K.: Routledge and Kegan Paul).

[Steiner, 1994] H. Steiner (1994). *An Essay on Rights* (Oxford, U.K.: Blackwell Publishers).

[Sugden, 1985] R. Sugden (1985). Liberty, Preference, and Choice. *Economics & Philosophy 1*, 213–229.

[Sugden, 1989] R. Sugden (1989). Maximizing Social Welfare in *The Good Polity* (A. Hamlin and P. Pettit eds) pp. 69–86 (Oxford, U.K.: Basil Blackwell).

[Sugden, 1993] R. Sugden (1993). Welfare, Resources, and Capabilities: A Review of Inequality Reexamined by Amartya Sen. *Journal of Economic Litterature 31*, 1947–1962.

[Suzumura, 1996] K. Suzumura (1996). Welfare, Rights, and Social Choice Procedure: A Perspective. *Analyse und Kritik 18*, 20–37.

[Taylor, 1982] C. Taylor (1982). The Diversity of Goods in *Utilitarianism and Beyond* (A. Sen and B. Williams eds) pp. 129–144 (Cambridge, U.K.: Cambridge University Press).

[Waldron, 1988] J. Waldron (1988). *The Right to Private Property*

(Oxford, U.K.: Clarendon Press).

[Waldron, 1993] J. Waldron (1993). *Liberal Rights* (Cambridge, U.K.: Cambridge University Press).

[Wellman, 1985] C. Wellman (1985). *A Theory of Rights: Persons under Laws, Institutions and Morals* (Totowa, NJ: Rowman & Allanheld).

[Weymark, 1991] J. Weymark (1991). A Reconsideration of the Harsanyi-Sen Debate on Utilitarianism in *Interpersonal Comparisons of Well-being* (J. Elster and J. Roemer eds) pp. 255-320 (Cambridge, U.K.: Cambridge University Press).

[Williams, 1973] B. Williams (1973). A Critique of Utilitarianism in *Utilitarianism for and against* (J. J. C. Smart and B. Williams eds) pp. 75-150 (Cambridge, U.K.: Cambridge University Press).

[Williams, 1981] B. Williams (1981). *Moral Luck* (Cambridge, U.K.: Cambridge University Press).

[Williams, 1987] B. Williams (1987). The Standard of Living: Interests and Capabilities in *The Standard of Living* (G. Hawthorn ed) pp. 94-102 (Cambridge, U.K.: Cambridge University Press).

[Wriglesworth, 1985] J. L. Wriglesworth (1985). *Libertarian Conflicts in Social Choice* (Cambridge, U.K.: Cambridge University Press).

[Yack, 1991] B. Yack (1991). Injustice and the Victim's Voice. *Michigan Law Review 89*, 1334-1349.

[von Neumann and Morgenstern, 1953] J. von Neumann and O. Morgenstern (1953). *Theory of Games and Economic Behavior* 3rd edn. (Princeton, N.J.: Princeton University Press).

邦語文献

[井上 1986] 井上達夫 (1986).『共生の作法』(創文社).

[大川 1999] 大川正彦 (1999).『正義』(岩波書店).

[岡田 1996] 岡田章 (1996).『ゲーム理論』(有斐閣).

[川本 1995] 川本隆史 (1995).『現代倫理学の冒険』(創文社).

[小林 1986] 小林公 (1986). 権利概念に関する一考察. **法の理論** 7,

45-79.
[佐伯 1980] 佐伯胖 (1980).『「きめ方」の論理』(東京大学出版会).
[塩野谷 1984] 塩野谷祐一 (1984).『価値理念の構造』(東洋経済新報社).
[鈴村 1998] 鈴村興太郎 (1998). 機能・福祉・潜在能力. **経済研究** (一橋大学経済研究所編) 49, 193-203,
[鈴村・後藤 2001] 鈴村興太郎・後藤玲子 (2001).『アマルティア・セン』(実教出版).
[竹内 1995] 竹内章郎 (1995). リベラリズム哲学における「責任」概念の転換. **哲学** (日本哲学会編) 46, 259-268.
[玉木 1998] 玉木秀敏 (1998). リベラルな正当化.『法思想の伝統と現在』(三島淑臣教授退官記念論集編集委員会編), 241-249 (九州大学出版会).
[長谷川 1991] 長谷川晃 (1991).『権利・価値・共同体』(弘文堂).
[長谷川 1993] 長谷川晃 (1993). リベラルな平等についての覚え書き. **北大法学論集** 43, 409-430.
[平野 1998] 平野仁彦 (1998). 法制度における個人と普遍.『法思想の伝統と現在』(三島淑臣教授退官記念論集編集委員会編), 233-240 (九州大学出版会).
[村上 1997] 村上裕 (1997). 目隠しされた正義の女神.『法と正義のイコノロジー』(森征一, 岩谷十郎編) 第 2 章, 45-88 (慶應義塾大学出版会).
[森村 1989] 森村進 (1989).『権利と人格』(創文社).
[山森 2001] 山森亮 (2001). 必要と公共圏. **思想** (925), 49-63.
[若松 1987] 若松良樹 (1987). 人権の基礎としての主体性についての一考察 (1). **法学論叢** 121, 22-47.
[若松 1988] 若松良樹 (1988). A・センの権利論. **法哲学年報一九八七** 133-143.
[若松 1995] 若松良樹 (1995). 現代正義論における人格概念の役割. **人文学報** 76, 59-70.
[若松 1998a] 若松良樹 (1998). リベラリズムと多様性. **成城法学** 57, 1-14.

［若松 1998b］ 若松良樹（1998）．リベラルな法と道徳．『法思想の伝統と現在』（三島淑臣教授退官記念論集編集委員会編），218-232（九州大学出版会）．
［若松 1999］ 若松良樹（1999）．二つの権利モデル．『21世紀を展望する法学と政治学』（成城大学法学会編）第15章，69-107（信山社）．